民映研作品総覧

1970-2005

日本の基層文化を撮る

[編集] 民族文化映像研究所

[発行] はる書房

本書は、一九九六年に民映研（民族文化映像研究所の略称）によって刊行された『民族文化映像研究所作品総覧』（新装版）と、二〇〇一年に発行された増補版をもとに復刊したものである。

新版刊行にあたって

『民族文化映像研究所作品総覧』は、民映研（民族文化映像研究所の略称）が一九八九年に作品番号72までの初版を、九六年には作品番号97までを追加した新装版を発行し、二〇〇一年には作品番号117までを収めた増補版を発行しました。二〇二一年版となる今回、はる書房が発行元となり作品番号119までの16㎜プリント作品全てが網羅された作品総覧を上梓できました。とてもありがたいことです。テキストはオリジナルのまま、写真は16㎜作品本編よりカラーで数点ずつ掲載としました。映画を見ることが叶わなくとも楽しめる一冊になりました。

志を備えた三人、姫田忠義、伊藤碩男、小泉修吉が集い、活動を始めた一九六一（昭和三六）年からは六〇年の年月が過ぎ、一九七六（昭和五一）年七月一日「民族文化映像研究所」という名を得てからでも四五年の歳月となりました。作品総覧に載る作品は、一九七〇年から概ね二〇〇〇年までに制作された作品。一九九〇年代初頭のバブル崩壊期までの好景気に支えられています。当時は日本にも文化事業を支える経済と土壌がありました。お陰で無形の文化を数多く記録できたのです。

そして年号は令和です。一一八本の作品群は、今見ると制作当時とはまた違った性格も帯びて来ました。二〇一一年三月十一日の東日本大震災以降、民映研作品レンタルＤＶＤの希望者が増えました。ひとつひとつの作品を鑑賞するということよりも、民映研作品に撮られ記録された何かを見るために借りていかれます。日本は好景気の時期に、多くの大切なモノを忘れ失いました。それから二〇年近く経ち、東日本大震災では、津波で具体的なモノを失う経験をしました。多くの方々が、生きる動機を失いかけ、明日への一歩を示唆するヒントを模索されたことと思います。それらへの答えを民映研作品は内包しているのです。

民映研作品上映後の感想で、「モノクロ映画だった」「戦前の日本ですか」等思いがけない言葉がまま登場します。もちろん全作品カラー作品です。大阪万博はもう終わっています。それなのに昔の風景を見た印象が残る。そこに今は無いモノを見出しているとも言い換えられます。制作時には、その時でなければ記録できないモノを記録するという命題をもって作業を続けていました。その時でなければ再現できないことも多い中、再現記録作業をしています。制作時点では、「今撮らなければ」という課題を抱えて必死だったと思います。その結果、作品群には当時の思いはもちろん、当時は想定外の失われたモノが撮られているのです。

全作品に共通して浮かび上がる主題は、「こころの豊かさ」です。こころの豊かさは、飽食時代を通り過ぎ正社員が遠くなった現代日本に、最も失われた感覚ではないでしょうか。現代社会から未来へ向かって進む時に指針として見つめる豊かさを示唆する、ひと昔以上前の日本人が大切にしていた感覚。

作品は祭事、農、漁、猟、技と、それぞれ寄り添い見つめたものは違いますが、その根幹に見えるものは共通します。それは姫田さんたちの視点がぶれなかった証《あかし》。民俗学の学者ではなく、〝野にあるもの〟の視点の賜物だと思います。

民映研活動の初源一九六一年には、私は一九六〇年生まれの一歳児でしたが還暦を迎えました。時間の歩みは早いのです。まだまだ民映研の存在に意義がある時代は続きます。

二〇二一年秋

民族文化映像研究所

代表理事 小原信之

【初版の序】

野にありて耳・目をすます

挨拶にかえて

民族文化映像研究所が正式に発足したのは、一九七六年（昭和五一年）七月一日でしたが、活動の初源は、一九六一年（昭和三六年）に遡ります。つまりこの研究所には一五年間にわたる長い前史があり、その前史のなかでこの研究所の基本的な方向や性格がごく自然に生みだされ、培われています。

方向というのは、何をしようとしているのかということであり、性格というのは、どんな人間がどのようにそれを為そうとしているのかということです。

ささやかではありますが、このたびはじめてこの研究所の『作品総覧』をまとめ、広く世の人にも御覧いただこうとするに当たって、まずそれらのことを記させていただきます。それらは、いわばこの研究所の初心であり、将来の指針でもあるからです。

はじめに方向についてですが、それはこの総覧の初期の作品群の名からも容易に御推察いただけるように、「私たちが生を承けた日本列島に生きる庶民の生活と生活文化を記録する」ということです。私たちはそれを、「日本の基層文化を記録する」という言い方もします。

縁あって私たちがそこを訪ね、記録作業をさせていただいた「庶民の生活と生活文化」には、共通して、自然との深いつながり、深い対応があります。そしてそれが、私たちの言う「基層文化」なのです。

私たちが活動を開始した一九六〇年代初頭は、それ以後今日にいたる日本の政治、社会、経済、さらには文化の方向をも決定づけるような大転換期でした。日米安保条約の改定批准をめぐる激しい政治的闘争が、その焦点ともいうべきものでした。そしてその後のいわゆる経済高度成長期が、今日の日本の経済的繁栄と、それとは裏腹なさまざまなひずみをもたらしたのですが、その激動の時期に私たちはひたすら「日本の庶民」とその人たちが体現している「日本の基層文化」に目を凝らし、その記録作業をつづけてきました。

日本民俗学の大先達、柳田国男が、その著『遠野物語』の序文で言っている「明神の山の木兎《みみづく》のごとく」のようにでした。「今の事業多き時代に生まれながら、問題の大小をもわきまへず、その力を用ゐる所当を失へりといふ人あらば如何。明神の山の木兎《みみづく》のごとく、あまりにその耳を尖らしあまりにその眼を丸くし過ぎたりと責むる人あらば如何。はて是非もなし」。

私たちが縁を得た「日本の庶民」は、経済成長至上、金もうけ至上の潮流に押しまくられ、自らの体に承けついだかけがえのない「基層文化」の貴さをも捨てなんとしていました。私たちが深い教えを受け続けているアイヌの人々も決してその例外ではありませんでした。

次に私たちの研究所の性格、つまりどんな人間が、どのようにそれらの作業をしてきたかということです。

端的に言って、私たちは「野にあるもの」でした。そして、自発的に、自主的に作業をしてきました。「ごく少数の志を同じくするものによる自主記録映画制作活動」、前史時代の私たちは、自分たちの活動をそう呼んでいました。が、私たちが志したのは、いわゆる映画一般ではありません。つまり映画ならコマーシャルでもなんでもやる、という姿勢ではありません。先に述べた「方向」を維持して行くことでした。当然のことながら、活動資金のことなど課題は山積でした。

「貧乏を苦にしないものたち」、私たちの師であり、研究所創設発起者の一人でもあった民俗学者、故宮本常一先生は、そう私たちを評しました。私たちに学問の大事さを教え、またあくまでも人と事実に学ぶことの大事さを教えてくれたのも、民族文化映像研究所の名をいっしょに考えてくださったのも宮本先生でした。

「野にあるもの」には、笠にきる権威も強制力もありません。私たちには、お互いの内に抱く自発性、志しかありませんでした。が、幸い研究所発足以後、各地の公的機関からの委嘱がふえ、国内外の研究者・研究機関との共同作業や交流も次第に活発になってきました。ありがたいことであります。

一九八九年八月

民族文化映像研究所所長

姫田忠義

民映研作品総覧 1970-2005 ——日本の基層文化を撮る

目次

[本書を読むにあたって]

＊作品タイトルの上など、本書内すべての黒丸白抜き数字〈例「❶」〉は作品番号を表わす。㉜は欠番となっている

＊作品タイトル下の地名は撮影地、また〈例「**1970** 年」〉は制作年（度）を表わす

＊グレーの丸「●」以下は作品の上映時間、自主制作または委嘱制作の別、受けた推薦や賞などである

＊本文等で記載している地名は、全て撮影時の市町村（字）名である

＊まつりや行事の日付は、旧暦で行うものについては「旧暦何日」とし、新暦は省いた

＊年齢を明記する際、数え年の時は「数え年何才」とした

＊物や事柄の名称はなるべくその土地での呼び方で記載したが、紙面の都合から（説明しきれないものについては）一般名称を使っている場合がある

民映研作品総覧

1970-2005

――日本の基層文化を撮る

1 山に生きるまつり

宮崎県西都市銀鏡

1970年

●38分 ●自主制作 ●文部省選定

宮崎県の山村、銀鏡《しろみ》の銀鏡神社では、厳粛に霜月（旧暦十一月）のまつりが行われる。そこで行われる三三番の神楽は古風な山の文化を伝えており、一九七七年には国の重要無形民俗文化財に指定されている。

銀鏡のある米良《めら》山地地帯は、焼畑・狩猟を生活の基本としてきた。近年は一二月一二日から一六日にかけて行われているこの霜月のまつりにも、狩猟文化が色濃く反映している。まつりに先立って狩ったイノシシの首を神楽の場に安置し、その前で夜を徹して神楽を行うのである。

一二月一四日の朝、神社境内に設けられた神楽の場（神屋《こうや》）に「おしめ」が立てられる。おしめは神の依り代である。その下には、荒御霊《あらみたま》であるイノシシ、和《にぎ》御霊《みたま》である米、餅などが安置される。そして、各集落からお面様（神面《しんめん》）を捧げた行列が集まる。お面様がそろわないと、まつりは始まらない。

夜に入ると神楽が始まり、翌日午前一〇時頃まで行われる。舞うのは祝人《ほうり》。草分けの家を中心にした旧家の人々で、世襲である。村の男女が歌を掛け合う神楽囃子は、古代の歌垣を思わせる。

神楽は三つの大きい構成要素をもっている。一つは神々の降臨を願う神楽。面をつけないで舞われる。二つ目は真夜中から夜明けにかけて行われる、神々の降臨の神楽。神面をつけた神楽である。

三つ目は、夜明け以降に行われるもの。ずり面とよばれるリアルな面をつけ、ユーモラスな所作で生命の誕生や作物の豊穣をあらわす。なかでも三〇番目のシシトギリの神楽は、古風な狩人の装束をつけた二神が、シシ狩りの所作をする。「とぎる」とは足跡を追うという意味である。

このまつり最後の日、一六日朝、銀鏡川の岩場を祭場としてシシバまつりが行われる。イノシシの左耳の肉片七切れを串にさした七切れ肴を神に供え、その年に獲れた獣の霊を慰めるとともに、これから始まる狩りの豊饒を願うのである。

❷ アイヌの結婚式

北海道沙流郡平取町二風谷／勇払郡鵡川町

1971年

●33分　●自主制作　●文部省選定
●1971年度東京都教育映画コンクール奨励賞　●イタリア・ポポリ映画祭入賞

一九七一年四月一〇日、北海道二風谷《にぶたに》で、アイヌ流の結婚式が行われた。新婦小山妙子さん、新郎貝沢三千治さん、ともにアイヌの血を受けた人である。

明治時代以降、内地日本人の進出と圧迫によりアイヌの生活文化は変容を迫られ、それは結婚式にも及んでいた。過去七、八〇年、アイヌ流の式は行われていないという。

そのアイヌ流結婚式の実現の契機となったのは妙子さんの決意であり、それを支えたのが萱野茂さんをはじめとする二風谷に住むアイヌの人たちであった。

ウウェペケレ、ユーカラなどの伝承、古老たちの見聞をもとに行われた結婚式。そして、その復活に参加したアイヌの人たちの想い。これは、アイヌ（アイヌ語で「人間」の意味）民族精神復興運動の先駆的あらわれの記録である。

そして、これに続く民族文化映像研究所制作のアイヌの生活文化の記録七作品の第一作目となったものである。

結婚式を前にして贈り物が交換される。女は刺繍をした手甲を、男は彫刻をほどこしたマキリ（小刀）を渡す。そして男の家から女の家へのイコロ（宝物）渡し。男の住む村では、新婚夫婦の家作り、御馳走の準備がされる。

そして出発の時、母親は、娘の腰にラウンクッを巻く。素肌に直接巻かれる。その結び方は母から娘へと伝えられてきた、アイヌ社会に底流する母系制のしるしである。花ゴザに包んだわずかな荷物を背負って花嫁は花婿の村へ向かう。

結婚式の儀式。エカシ（長老）が、火の神への祈りをする。花婿と花嫁はトゥキ（高盃）に盛られた御飯を分け合って食べる。

続いて、宴が始まる。鮭汁とシト（団子）がふるまわれ、ウポポ（すわり唄）、ハララキ（鶴の舞）、ホリッパ（群舞）などアイヌの唄と踊りが夜更けまで賑やかに続く。その間に新郎新婦の床入りの儀礼が行われる。

1

山に生きるまつり

1

3

2

4

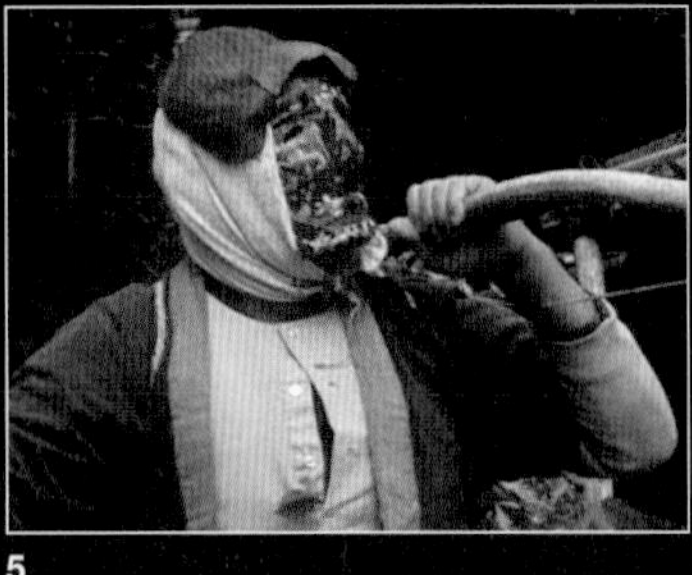
5

1. 七人の鬼神が新しい命を促す
2. まつりの朝、「おしめ」が立てられる
3. イノシシの頭を祭壇に供えて
4. 神々を勧請する祝人（ほうり）
5. シシトギリ。イノシシの足跡を追う

1

3

2

4

1. 山盛りの御飯を食べ合う式の中心儀式
2. 花婿の待つ村に到着、出迎える村人
3. ラウンクッの着け方を習う
4. 花婿が半分食べた後に花嫁が箸をつける

3 チセアカラ
——われらいえをつくる

北海道苫小牧市

1974年

一九七二年の春、萱野茂さんら二風谷の人々によって行われた、アイヌの伝統的な家作りの記録である。

家作りには二つの工法があった。一つは、地面に穴を掘り、柱を立て、その上に梁、桁、屋根と組み上げていく工法。もう一つは、屋根をまず地上で組み立て、それを人力で持ち上げて柱をかますチセプニ（家起こし）という工法。どちらも屋根の構造の基本をなしているのは、三本の材を結束した三脚状のケトゥンニである。ケトゥンニによる工法を、寄棟造りの原型とみる人もある。

アイヌの家作りは、祈りに始まり祈りに終わる。はじめに敷地にポン（小さな）・ケトゥンニを立て、火をたき、イナウ（木を削って作る祭具）を立て、祈る。そこにいた虫や獣たちの霊を慰めるとともに、この土地を一時貸してくださいという意味をもつ火の神への祈りである。

家が完成するとチセノミ（家への祈り）。そこでは、屋根裏にヨモギで作った矢を射るチセチョッチャが行われ、材料となった木や草の悪霊を鎮める儀式をする。あるいはチセコロカムイ（家の守護神）を作り東側の柱の後ろに安置する。囲炉裏の消し炭を火の神からいただき、サンペヘ（心臓）としてつけたイナウである。

アイヌの家作りには、アイヌの知恵や自然観をうかがうことができる。そして、それらと密接にかかわったアイヌ語の表現のおもしろさ。ケトゥンニはそのよい例で、「（自然あるいは神から）私・借りた・木」という意味だという。また、一対のケトゥンニをつなぐ構造材、チセマカニ。「家・開く・木」という意味で、屋根の横ゆれやひずみを防ぐ。

他に、屋根の茅をしっかりとおさえるレウェサクマ（曲げる柴）、あるいは棟の雨漏りを防ぐための針を使わない葺き方、ヤイコケメイキ（自ら針を使う）、壁になる茅がすかないようにとめるイトゥリテセ（のばして編む）の方法など、次々と現れる。

● 57分　●自主制作　● 1974年度教育映画祭優秀賞
● 1974年東京都教育映画コンクール銀賞　● 1974年度キネマ旬報文化映画ベスト・テン第5位

4 うつわ——食器の文化

全国26ヶ所

1975年

●41分　●近畿日本ツーリスト日本観光文化研究所委嘱

わたしたちの身のまわりには、長い歴史の流れを受け継ぎながら、今に生きている生活文化がある。日本的なうつわ（食器）もそうである。その源流と展開を日本全域に訪ねた。

　縄文時代の遺跡からは、大型の土器とともに、今日の碗や皿の源流というべき小型の土器が出土している。続いて展開する弥生土器、須恵器などの土の系統。

　並行して、木の系統を訪ねる。与那国島ではクバの葉を鍋に、アイヌは樺の皮を器にする。縄文時代にすでに現れている木器と漆。そして木の器を飛躍的に進歩させた技術の系譜を受け継ぐ人々との出会い。奈良時代に登場したといわれる手引きロクロを伝える木地《きじ》師《し》。漆かき。輪島の塗師《ぬし》など。

　土と木の器は独自に歩みつつ、互いに深くかかわり合い、今日へ展開してきた。それらを巧みに組み合わせて、日本人は多彩な食器の文化を育んだ。瀬戸内海の塩田経営者の家にある食器群、土佐の皿鉢《さわち》料理、会津若松の食器市などを訪ね、それらを生みだしてきた日本列島の豊かな草木、水、土、そして日本人の生活技術に思いをはせる。

【登場することがら】◎北海道沙流郡平取町二風谷＝樺の皮の器／◎青森県亀ヶ岡遺跡＝炭化物の付着した縄文土器、北津軽郡金木町＝曲げワッパ、上北郡上北町＝木皿で飯を食う／◎岩手県気仙郡住田町＝竹籠、二戸郡一戸町＝漆かき／◎福島県南会津郡田島町針生＝木地師、会津若松市＝食器市／◎千葉県加曽利貝塚＝縄文土器を作る／◎長野県尖石遺跡＝縄文土器／◎石川県輪島市＝漆塗り／◎岐阜県多治見市＝江戸時代の山茶碗・新羅神社／◎静岡県湖西市＝須恵器・窯跡／◎愛知県瀬戸市＝室町期の窯跡／◎三重県伊勢神宮＝須恵器／◎兵庫県篠山市今田町立杭＝登窯／◎奈良県平城宮跡＝鉄器・ワッパ・桶・須恵器、東大寺＝お水取りでの僧の食事／◎広島県尾道市・生口島堀内家＝食器群／◎高知県吾川郡池川町椿山＝焼畑、池川町＝皿鉢料理／◎佐賀県唐津市＝叩きの土器・野焼き・陶土採掘場、波戸岬＝明時代の磁器の破片、有田町＝磁器・磁器原石採掘場／◎宮崎県西都市銀鏡＝アワとヒエ／◎沖縄県与那国島＝クバの葉の鍋

1

2

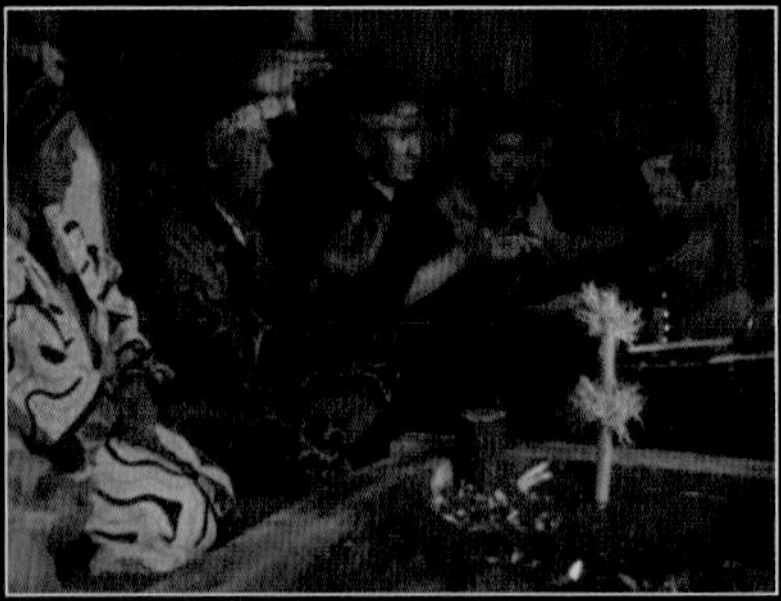

4

3

1. 屋根材を組んだ後、棟木を載せる
2. 屋根組の基準になるケトゥンニ（三脚）
3. チセプニ（家起こし）。地上で組んだ屋根を一気に持ち上げる
4. 火の神にチセの完成を報告（カムイノミ）

1

2

3

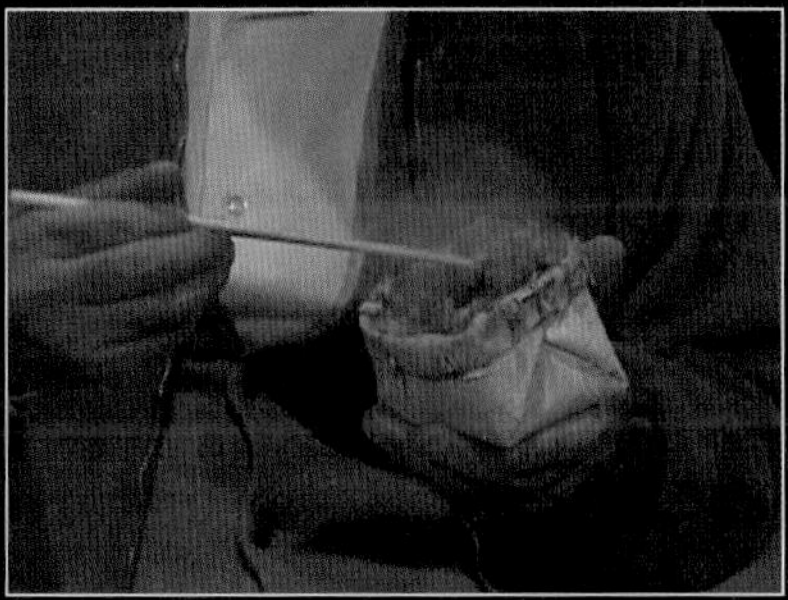

4

1. クバの葉の鍋。直接火にかけて湯を沸かす
2. ロクロの上で糸底の整形
3. 野焼き。窯以前の焼成法
4. アイヌの器。樺の皮を畳んで作る

❺ 奥会津の木地師

福島県南会津郡田島町針生

1976年

●55分　●自主制作　●文部省特選
●日本映画ペンクラブ推薦　●1976年度キネマ旬報文化映画ベスト・テン第3位

日本列島には、近年まで移動性の生活をする人々が活躍していた。山から山へ移動して椀などの木地物を作る木地師も、そのなかにあった。

これは、昭和初期まで福島県南部の山間地で盛んに移動性の活動をしていた木地師の家族、小椋藤八さん、星平四郎さん、星千代世さん、湯田文子さんによる、当時の生活と技術の再現記録である。作品❹「うつわ―食器の文化」の制作過程での藤八さんたちとの出会いから生まれた。

この地域はブナを中心にした落葉広葉樹林帯である。藤八さんたちは、ブナを材料とした椀を作っていた。

まず木地屋敷を作る。屋根も壁も笹で葺く、掘立て造りである。家の中には、囲炉裏のある座敷とフイゴやロクロ台などを置く広い土間がある。屋敷ができあがると山の神を祀り、フイゴまつりをする。

山の神まつりで藤八さんが唱えた唱え言は、古代のタマフリではないかとみる人もある。谷から水も引いてきた。

椀作りが始まる。男たちは、山へ入りブナを倒し、伐り株に笹を立てて神に祈る。そして、その場で椀の荒型を作る。

倒したブナに切り込みを入れて山型を作り、マガリヨキでそれをはつり起こしていく。女たちが荒型を木地屋敷に運び、椀の外側を削って整形するカタブチ作業、中を刳るナカグリ作業と続ける。男たちが、手引きロクロで椀に仕上げていく。

できあがった椀は馬の背で町へ運ばれていく。

人の力で回される手引きロクロは、奈良時代に大陸から導入されたものだという。

藤八さんたちは移動性生活をやめ、手引きロクロの作業もしなくなってすでに五〇年余りたっていた。しかし藤八さんたちの身体には、千年を越す技術の伝統が見事に息づいていたのであった。

6 豊松祭事記

広島県神石郡豊松村

1977年

●94分 ●自主制作 ●日本映画ペンクラブ推薦

広島県の東部、岡山県との県境の山地にある豊松村《とよまつそん》。この村は標高四〇〇〜五〇〇メートルのうねうねとした準平原にある。そのうねりのひとつひとつに「名《みょう》」とよばれる集落がある。数軒から十数軒の集落であり、家の前には水田と畑、背後に山林をもち墓地をもつ。

名とは、古代から中世にかけて日本に発達した社会組織だが、豊松村では、現在でも社会生活やまつりにそれが生きている。

これは、中世的な古風さを偲ばせる豊松村での一年間のまつりを、農耕生活と対比させながら記録したもので、作業は七年間に及んだ。

ここでは、一年間におびただしい数のまつりが行われる。火や水、大地、樹木、動物に対しての祈り。また、人や家の繁栄を願うまつり、祖先のまつり。あるいは作物、特に稲の豊作を願う行事などである。

作物の豊作を願う行事は、正月二日畑に鍬を打つ「小鍬初め」と十一日田を打つ「大鍬初め」に始まる。そして田植え時期、水口の田に栗やウツギの枝を立ててモリキを作り、サンバイ様を迎える。サンバイ様は田の神であるが、豊松では盆前に「サンバイあげ」をして山へ帰っていただく。

豊松のまつりをみていくとそれが季節、あるいは生産行為に対応しているだけではなく、この村の社会組織の展開と対応していることにきづく。

正月から春にかけては家のまつりが中心であり、春から秋にかけては名のまつりが現れ、総鎮守鶴岡八幡宮の秋の大祭では名が集まった八つの郷の集合体のまつりになる、というふうにである。

まつりと社会組織の関係をこれほど構造的に教えてくれるところは少ない。

祖先がワサダ名という名の名主であり、農業を営む内樋恭昌さんは言う。「コンニャクは土の中に住むものですから……」。農業とは土の中に住むものを育てることであり、それを基礎に日本人の生活と文化の基層が培われてきたことを、豊松は改めて教えてくれる。

5

奥会津の木地師

1

3

2

4

5

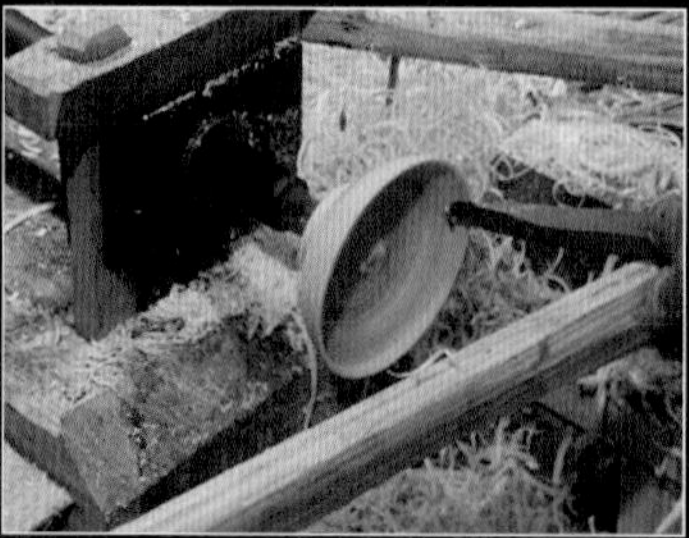

6

1. 椀の原型（荒型）を掘り出す
2. ブナの木の伐採、星平四郎さん
3. 椀の荒型
4. 椀の外側を削る湯田文子さん（手前）
5. 手引きロクロで椀を成形する小椋藤八さん
6. カンナ棒で椀の内側を削る

1

2

3

4

5

1. 遷宮祭。 御羽車に乗った神が遷座
2. 土公祭。 竈の神を祀る
3. 大田植の早乙女
4. 稲刈り前の穂かけ行事。 サンバイ様に感謝
5. 鶴岡八幡宮の秋の例大祭に詣でる人々

7 椿山——焼畑に生きる

高知県吾川郡池川町椿山

1977年

●95分　●自主制作
●1977年度キネマ旬報文化映画ベスト・テン第2位

椿山《つばやま》は、四国の最高峰石槌山の南方、急峻な渓谷奥の斜面にある戸数三〇戸ほどの小集落である。平家落人伝説も伝わる。その椿山は、雑穀主体の焼畑作業を営々と続けてきた。これは、椿山の焼畑を中心にした一年の生活と人々の生きざまを、四年間にわたって記録した長編である。

焼畑は第二次世界大戦後まで全国各地で行われていたが、一九五〇年代に入って急速に消えていった。しかし、椿山の人々は焼畑を続けてきた。その椿山の生活の大きな支えとなってきたのがミツマタ栽培である。春、焼畑地全域にミツマタの花が咲く頃、その刈り取りと皮剝ぎ作業が行われる。ミツマタは和紙、ことに紙幣の原料である。

ここの焼畑には、前年の夏に木を伐って春に焼く「春山《はるやま》」と、夏に木を伐ってすぐ焼く「夏山《なつやま》」とがある。二年から五年作物を作って山に返し、二〇～三〇年の周期でもとの場所に帰る。作物はヒエ、アワ、大豆、小豆、トウモロコシ、ソバ、タイモ（サトイモ）などで、土地の高さや陽当たりなどの条件によってその作付け順序が決まる。

夏。突如、強烈な雨台風が椿山を襲った。周囲の山や谷、そして集落の足下も崩れ、その打撃のために生活のリズムが翌年夏まで完全に狂ってしまった。

再び焼畑作業が始まり、作物の豊饒を願う虫送りの行事や、中世の踊念仏を髣髴《ほうふつ》させる太鼓踊りのある氏《うじ》仏《ほとけ》のまつり、先祖まつりなども復活する。椿山には、十一の先祖組があり、それは、焼畑を軸にしたここの社会生活の基礎単位である。

また、隣村からはるかに遠い地にある椿山には、昨今の日本人がややもすれば忘れがちなものが多々ある。例えば、明日への備え。各家の倉には山と積まれたヒエの俵がある。ヒエを必要とする時代は過ぎ去ったのに、である。

収穫の秋、タイモを掘り、アワやソバを刈り、豆を引く。そして味噌や豆腐を作る。

満山の紅葉ののち、椿山に雪の季節が来る。

8 イヨマンテ——熊おくり

北海道沙流郡平取町二風谷

1977年

●103分　●自主制作　●日本映画ペンクラブ推薦
●1989年第3回イタリア・フェルモ国際北極圏映画祭「人類の遺産」賞
●1991年第5回エストニア・ペルノー国際映像人類学祭最高科学ドキュメンタリー賞

イヨマンテとはイ（それを）・オマンテ（返す）という意味で、熊の魂を神の国へ送り返すまつりをいう。アイヌ民族にとって、熊は重要な狩猟対象であるとともに神であり、親しみと畏敬の対象であった。熊は神の国から、毛皮の着物を着、肉の食べ物を背負い、胆《い》という万病の薬を持って、アイヌつまり人間の世界へ来てくれる。そのお礼に人間界のお土産を持たせ、また来てくださいと送り返すのだとアイヌは言う。

一九七七年三月上旬、このイヨマンテは行われた。指導にあたったのは二風谷アイヌ民俗資料館の萱野茂さん。「本物のイヨマンテを覚えておきたい」というアイヌの青年たちの熱意に支えられて、まつりは実現した。

準備。山から材料の木や草を集めて、祭祀道具を作る。酒やまつりの食べ物を作る。

イヨマンテが始まる。熊は檻から出され、ヌササン（祭壇）の前に連れていかれる。花矢が次々に射られ、最後に矢が射られる。その前でニヌムッチャリ（クルミと干魚を撒く）をする。アイヌの村は豊かで楽しい所だと神の国に言づけてもらいたいという願いが込められている。またアイヌペウレプ（人が熊の役をして遊ぶ）や綱引きをして、豊猟を祈る。

ヌササンの前で熊の解体。肉は作法に従いカムシケニ（肉を背負う木）にかけられる。次いで、魂が宿っているとされるオルシクルマラプト（毛皮をつけた頭）をチセ（家）に招じ入れ、火の神との対面をする。そして夜を徹しての宴。

二日目深夜、ウンメンケ（頭の化粧）。鼻先と耳の毛だけを残して熊の頭から毛皮が取られ、目、舌、脳も取り除かれる。そしてイナウキケ（木の削りかけを使った祭具）や麹《こうじ》、笹で美しく飾る。その頭骨をユクサパウンニ（熊の頭をのせる木）にのせ、カムイシンタ（神の乗り物）をつけ、性器をつるし、祭主のしるしをつけたパスィ（へら）をつるし、着物を着せ、土産を持たせる。そして三日目早朝、ケオマンテ（なきながら送り）の儀式が行われる。

イヨマンテは、アイヌの自然観、生命観が凝縮したまつりである。生命体である人間と他の生命体である動物との対峙。そこには人間の信仰、文化の原初への啓示がある。

7 椿山——焼畑に生きる

1

3

2

4

5

1. 椿山集落の全景
2. 焼畑（春山）の火入れ
3. 縦に2列に火を着けてゆく
4. 小豆やアワの種まき
5. 収穫され、棒杭に掛けられたアワの束

8 イヨマンテ——熊おくり

1

2

4

3

5

6

1. 熊に仕留めの矢を構える
2. 客人を迎えて儀式初めの祈り
3. 熊を檻から出す。周りで皆が唄い踊る
4. 檻から出た熊
5. 火の神への儀式
6. 祭壇の中心に供えられた熊の頭

9 諸鈍シバヤ

鹿児島県大島郡瀬戸内町諸鈍

1978年

●40分 ●瀬戸内町教育委員会委嘱

奄美大島の南に接して浮かぶ加計呂麻《かけろま》島の東南端部、諸鈍《しょどん》は、帆船時代、日本本土と琉球をつなぐ舟の重要な寄港地であった。ここには、諸鈍シバヤとよばれる芸能が伝えられている。シバヤは、村をあげての祝い事や行事のたびに演じられてきた。一九七六年には、国の重要無形民俗文化財に指定されている。中世の日本本土や琉球、あるいは、遠く朝鮮半島や中国とのつながりをうかがわせる歌謡や演技、衣装、そしてそれらを包み込む諸鈍独自の文化的色彩の貴重さが認められてであった。一九七八年当時十一の演目が伝えられており、これはその全記録である。シバヤは、シバヤ人衆《にんじょう》とよばれる男たちによって演じられてきた。

準備。粘土の型に、何枚も紙を貼り重ねてカビディラ（紙面）を作り、シュロ蓑や笠を作る。巨大な蛇や人形、チヂン（太鼓）の補修をしていく。カビディラや人形の化粧に使う紅は、ハイビスカスの花とカタバミの葉をもんで作る。会場には椎などの木や柴でシバヤ（楽屋）が設えられる。このシバヤには、シバヤ人衆以外は誰も入ることができない。

シバヤ当日の朝、シバヤ人衆は浜へ出てシュンハナティカル、みそぎをする。そして演目が始まる。

【演目】①イッソウ＝楽屋入り ②サンバト＝三番叟 ③ククワ節＝平家の残党が平敦盛の墓を訪ねて須磨の浦をさまよう様子を表す踊り ④シンジョウ節＝種子島の名高い法師シンジョウが踊ったという踊り ⑤キンコウ節＝吉田兼好を歌った唄と踊り ⑥シシキリ＝浮かれている美女をシシが襲おうとすると、狩人が来てシシを退治する ⑦ダットドン＝座頭殿がすりかえられた琵琶を探し歩く ⑧スクテングワ＝宋による中国の天下統一を祝って踊ったという棒踊り ⑨タマティユ（玉露）＝中国の美女玉露姫は親不孝で、酒を飲んでは踊り狂っていた。その天罰がくだって大蛇にのまれるという人形芝居 ⑩鎌踊り＝豊年を祝う踊り ⑪タカキ山＝仁徳天皇の遺徳を偲ぶという歌謡と太鼓踊り

10 沙流川アイヌ・子どもの遊び

北海道沙流郡平取町二風谷

1978年

アイヌ民族が伝えてきた子どもの遊びには、生活に必要な技術や自然観が息づいている。しかし、昨今ではアイヌの子どもたちはアイヌの遊びを知らない。萱野茂さんはそのことを憂え、自分が子どものころ覚えた遊びを子どもたちに伝えていった。

墓地を行く子どもたち。杖をついて腰を曲げ、老人のまねをする。こうすれば魔物から身を守ることができると教えられたという。夜の水汲み。水の神様の目を覚ますおまじないの言葉を唱えながら、水を汲む。水の神も夜は眠っている。

囲炉裏に集い、セイピラッカ（貝の下駄）を作る。火を上手に使いホッキ貝に穴をあけ、縄を通す。セイピラッカをはいて競争する。

家の外に出て遊ぶ。杭を倒し合うカックイ。草の葉を鬼の牙に見立てたり、歯で嚙んで模様をつけたり。ミズキの茎で鎖作りもする。ブドウヅルの輪を二股の木で作ったカリプペカプ（蔓の輪を受けるもの）で受けて遊ぶ。トイタショーショー（畑を耕せ）とよぶ遊び、ドングイやヨブスマソウの笛作りなどが続く。

野山や川を舞台に遊びが展開する。水鉄砲、笹舟作り。ペラアイ（矢）を作って魚を捕る。そして山へ入って、フキの葉やクサソテツで小屋を作る。夜、チェッポスナンカラ（マカバの皮を燃やして明かりとし魚を捕る）。魚を焼き、御飯を神に供え、小屋で寝る。

萱野さんは遊びのなかで、子どもたちに草木や遊びの名前をアイヌ語で教えていった。アイヌ語そのものと、それがあらわすアイヌの生活感や自然観を伝えるためである。

子どもたちは萱野さんに誘われて山や川を歩きながら、微妙な自然とのつきあい方を感じとり、遊びの道具作りなどを通じてアイヌの伝統的な生活技術を学びとっていった。

この環境も、集落の目の前にある沙流川のダム建設により、急速に変化しつつある。

●51分　●アイヌ無形文化伝承保存会委嘱
●1979年度第35回東京都教育映画コンクール銀賞　●日本映画ペンクラブ推薦

1

2

3

4

1. 演目の始まり。「サンバト」（三番叟）が口上を述べる
2. 紙で作った面、カビディラ
3. 琉球文化を感じるスクテングヮの棒踊り
4. 演目「シシキリ」

10 沙流川アイヌ・子どもの遊び

1

2

3

4

5

6

1. 萱野茂さんと子どもたち
2. スカンポの笛をつくる
3. セイピラッカ。ホッキ貝に穴をあけて
4. カックイ。杭倒し遊び
5. 笹舟遊び
6. アペフチカムイ（火のおばあさんの神）。火の扱いを覚える

11 アイヌの丸木舟

北海道沙流郡平取町二風谷

1978年

●47分　●自主制作　●日本映画ペンクラブ推薦

アイヌの伝統的生活は、川を軸とした狩猟漁労生活であった。そういう生活にとって舟は重要な生活道具であった。舟は、アイヌ語でチップ。チ（私たち）・オプ（乗る物）という意味で、丸木舟である。

沙流川の川筋に住む萱野茂さんは、幾艘かの丸木舟作りの経験をもつ。その技術を次世代に伝えようとしてこの作業は行われた。

まず材にする木の選択。今回は樹齢約四四〇年のカツラが選ばれた。丸木舟の材にはバッコヤナギが最適であるが、これはあまりない木である。次にカツラが適している。伐倒したカツラの巨木を刳りぬいて舟にする。本来は伐採現場近くで行うが、今回は集落内の広場で行われた。

木を迎えてのカムイノミ（祈り）。祈りの言葉は「立派な舟になって人間の役にたってください」という意味である。

舟作りが始まる。表皮を剝ぎ、その下の腐りやすいシラタ（白身）を削り取る。次いで舟底部の決定。傷や腐れ部分を見きわめながら、木の北側部分を舟底に決める。北側は年輪がつまって重く、舟底にあてれば舟の安定がよい。次に舟の舷側外側をはつり落としていく。縦に切り込みを入れてはマサカリではつり落としていく。舟の上部を削り、次いで中を刳りはじめる。手で舷側の厚みを測りながら慎重に刳っていく。

八分通り舟ができたところで水に浮かべバランスをみる。そして伐採した山へ入り、サルカのまつりが行われた。サルカとは伐り株に残った三角の部分で、木の魂が宿っているという。その木の魂を神の国へ帰す儀式である。

丸木舟が完成した。

川へ運んでチプ・サンケ（舟下ろし）をする。人間が仲立ちをして舟の神と川の神を対面させ、どうぞ仲良くしてくださいと祈るのである。

⑫ 竹縄のさと

埼玉県秩父郡東秩父村御堂萩平

1978年

●36分 ●自主制作 ●文部省選定

東秩父村は秩父山地の東側にある集落で、昭和二〇年代まで盛んに竹縄《たかなわ》が作られていた。その経験者、関根ヒロさんと若林チョウさんを中心に、萩平《はぎだいら》の人々によって行われた竹縄作りと、その多様な利用法の記録である。

竹縄は丈夫で弾力性にとみ、また水に強い。東秩父村で作られた竹縄は、東北地方南部一帯から関東地方一円にかけて用いられてきた。

竹縄にはマダケとハチクを用いる。萩平の人々は、米のとぎ汁や煮た大豆をまいて竹林を大切に育ててきた。竹伐り旬（最も適した竹が得られる期間）は、七月末から八月初めに三日間ほどしかない。この間に新子《しんこ》（その年に生えた竹）を伐り、火にあぶって油抜きをし、細く小割りにする。そして乾かして、秋まで火棚の上や屋根裏に保存する。

縄にする作業は秋から翌年春までの農閑期に行う。沢の水をせきとめて作った竹シテ場に、小割りした竹を一週間漬けて柔らかくする。柔らかくなった竹の表皮を剝ぐ。次に「竹へギ」、肉質部を〇・五ミリぐらいに薄く剝ぐ。肉の厚い竹で一二枚、薄いもので六枚くらいに剝ぐ。「縄綯り」、綯りをかけながら長くつないでいく。綯った縄はクモデに巻きとる。「縄ブチ」、クモデを使って綯った縄をさらに三本綯りにする。そして、綯りかけ機で綯りをしめ、「コスリ」をして縄目をつぶす。

竹縄には、その特徴を生かしてさまざまな利用法があった。屋根材や蚕棚の結束、井戸の釣瓶《つるべ》縄、足洗い下駄の鼻緒、自在鉤の結束、牛馬のくつわ、まつりの山車の土台の結束などである。

また秩父地方では、死者の棺をになうとき、必ず竹縄を一本使わなければならないとされていた。

秩父の山村の人々にとって、竹縄は日常生活になくてはならないものであると同時に、生活の糧を得る重要な手段でもあった。

11 アイヌの丸木舟

1

4

2

5

3

1. 舟の上部をはつるために古い鋸を使ってみた
2. 村に運ばれたカツラの原木
3. ナカグリ
4. 船首に立てたイナウに御神酒を捧げる進水式
5. チプ·サンケ、舟を川に下ろす

12 竹縄のさと

1

3

2

4

5

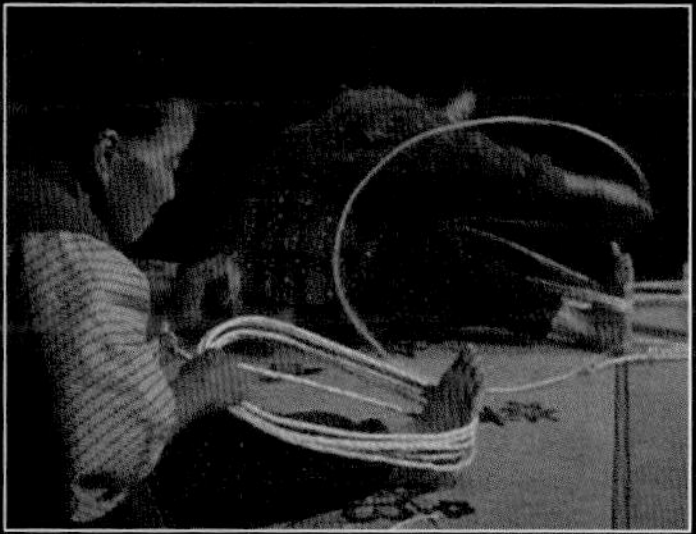
6

1. 割ったマダケを乾燥させる
2. 麦ワラを燃してマダケ新子の油抜き
3. マダケの内皮を剝ぐ
4. クモデで縄を縒り合わせていく
5. さらに縒りをかける
6. 縒ってできた縄を輪にして束ねる

13 豊作の祈り

鹿児島県熊毛郡南種子町平山／串木野市羽島崎／日置郡市来町大里、吹上町伊作／出水郡野田町上名

1978年

●29分　●鹿児島県教育委員会委嘱

鹿児島県は、民族芸能の宝庫である。そこには、作物の豊かさと生活の無事への祈願と感謝の念が底流し、南国独特の表現となってあらわれている。このフィルムは、正月、春、夏、秋の代表的なまつりや芸能を選び、季節ごとに人々がどんなまつりをしてきたか、何を思い何を願ってきたかを探ろうとするものである。

〈小正月〉一月一四日、一五日。種子島ではカーゴマー（蚕舞）がやってくる。ヨメジョとよばれる女装の人（神）を中心にした一団が家々を訪ね、蚕や作物が豊かであるように祝福の舞いを舞って歩く。

〈春〉薩摩半島の先の野間岳の方向から、シモカゼとよばれる南風が吹くようになった。旧暦二月四日、串木野市羽島崎《はしまざき》神社の太郎太郎《たろたろ》祭が行われる。境内を田に見立てて、田ごしらえから田植えまでの様子が、テチョ（父親）と太郎の二人の道化役が中心になって演じられる。数え年五才の子どもが、松葉を苗に見立てて田植えのまねをする。漁村部の人たちによって舟の安全と豊漁を願う舟持ちの行事が行われる。長さ一メートルほどの模型の舟と数え年五才の子どもが、漁師たちによって捧げられ、舟唄とともに境内を一周する（作品52参照）。

〈夏〉旧暦七月七日、市来《いちき》町大里《おおさと》の七夕踊り。巨大な鹿や虎、牛、鶴のツクイモン（作り物）、琉球行列、大名行列、太鼓踊りなどの列が、害虫や悪疫退散を願って練り歩く。

八月二八日、吹上町伊作《いざく》の太鼓踊り。勇壮な太鼓踊りの輪の中で踊られる中踊りは、祖霊を慰める中世の念仏踊りの面影を伝える（作品36参照）。

〈秋〉野田町上名《かみみょう》では田の神舞が行われる。餅搗きの踊りをし、三吉とよばれる先導者に導かれながら登場した田の神に、餅をささげて収穫感謝の舞いをする。田の神舞は広く鹿児島県全域で行われるものである。

14 甑島のトシドン

鹿児島県薩摩郡下甑村

1979年

薩摩半島の西、東シナ海にある下甑島《しもこしきじま》では、毎年大晦日の晩、三才から七才までの子どものいる家を、異様な扮装の神が訪れるトシドンの行事が行われる。一九七七年には国の重要無形民俗文化財に指定されている。

トシドンは正月の来訪神である。長い三角鼻の恐ろしい形相の面を被り、シュロや藁で作った蓑をつけ、手甲などで素肌を隠している。伝承によれば、大晦日の晩、首のない馬に乗って天上から下りてきて、子どもたちに新しい年のための新しい魂（年魂《としだま》）を与え、天上に帰っていくという。

トシドンの準備は子どもたちに見られないように、屋敷の奥まったところで行われる。お年玉（年魂）を意味する餅も用意される。

大晦日の晩、子どもを中心に家族全員が、裸電球のともるだけの暗い座敷に正座して待つ。「おるか、おるか」の声とともにトシドンがやってきて、縁側から這って座敷に上がる。その姿の恐ろしさに子どもたちは震えあがる。トシドンは子どもたちの日頃の素行を、ひとつひとつ具体的にあげ、悪い点は改めるよう、良い点は伸ばすように戒めたり、讃めたり、さとしたり。子どもたちは、誰にも知られていないと思っていたことをトシドンに指摘されて、また仰天する。

餅が渡される。白い米の餅（シロモチ）、カライモを搗き込んだ餅（コッパモチ）。コッパモチは罰を意味する。そしてトシドンは背中を見せないように後ずさりしながら去る。

第二次世界大戦が終わるころまでは、トシドンになるのは、八才から一六才までの子どもであった。七才まではトシドンを迎える側、八才からはトシドン、一六才以上はトシドンを補佐する役目を受けもった。この行事は年齢とともに子どもたちの自覚を促し、その健やかな成長を願う郷中教育（村うちの教育）のひとつでもあった。

●30分　●甑島のトシドン保存会　●日本映画ペンクラブ推薦

13 豊作の祈り

1

2

3

4

5

1. 上名の田の神舞(たのかんめ)、収穫感謝の舞い
2. カーゴマー。ヨメジョとゲーマ(道化)の舞い
3. 春まつり。羽島崎神社の太郎太郎祭
4. 大里の七夕踊り。巨大な虎や牛、鶴が現れる
5. 伊作の太鼓踊り。装いも踊りも男性的

14 甑島のトシドン

1

3

2

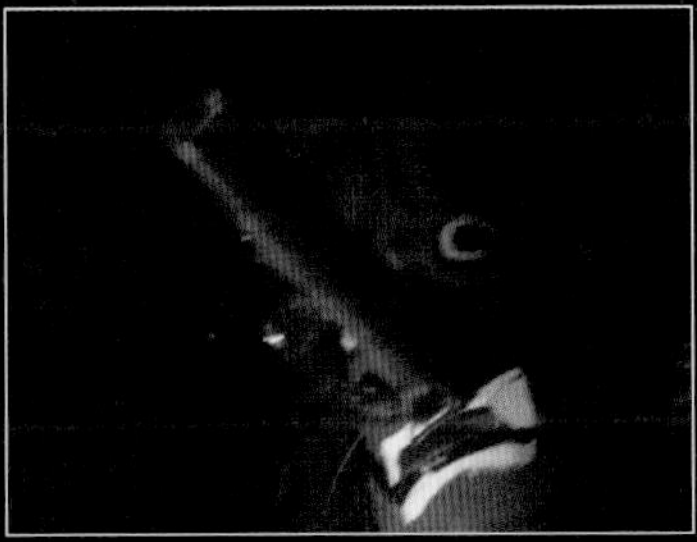
4

5

1. 大晦日、家々を訪ねるトシドン
2. 蓑や面の準備ができあがった
3. 緊張して待つ子どもたち
4. 長い三角鼻のトシドン
5. 背中にお年玉の餅をのせてもらう

15 秩父の通過儀礼 その一
——安産祈願から帯解きまで

埼玉県秩父郡長瀞町井戸、皆野町三沢・藤原・立沢、吉田町下吉田

1979年

人には一個の生命体としての、また社会的な存在としての成長段階がある。その段階を無事に通過し、健やかな人間に成長していくように、多くの通過儀礼を生みだしてきた。

一九七九年から五年間、秩父地方の通過儀礼を全五編に記録してきた。その一作目は安産祈願から七才の帯解き祝いの儀礼までの記録である。

新しい生命がやどると安産祈願が行われる。皆野町《みなの》藤原の安産堂や長瀞町《ながとろ》の岩根神社への参籠、参拝。昭和三五年頃まで、秩父地方では自宅でお産をした。

産室をしつらえ、産湯を沸かし、オボノメシとよばれる御飯を炊いて神棚に供える。後産は、敷居の外の、人の出入りが多い場所に埋めた。

子どもの誕生。三日目の雪隠《せっちん》参り。近隣の家の便所の神に、赤ちゃんを対面させて回る。

七日目にアカダキ。名前がつけられ、親戚や近所の人に披露される。

続いてオビアキ（宮参り）。母親のお産の忌みがあけ、姑と母子で産土神《うぶすな》にお参りする。

そして一〇〇日目のお食い初め、満一才の誕生祝いと続く。

また、子どもが病気をせず健やかに育つようにと願う、さまざまな習俗もある。疱瘡《ほうそう》送り、百軒着物、夜泣き封じなど。そして三月、五月の初節句や初正月の祝い。

七、五、三、の祝いのなかで最も重要なのは、七才の帯解き祝いである。十一月一五日、数え年七才になった子どもが産土神に参る。着物も、紐のついた幼児着から、帯が別になった本裁ちの着物になる。

かつては、子を産み無事に育てていくことは大変なことであった。子おろしも行われた。それを戒める絵馬や水子の供養のしるしも各所に伝えられている。

日本人の通過儀礼の大半は、この乳幼児期に集中している。それほどにこの時期は、生命体として不安定であり、大切な時期なのである。

● 45分　●埼玉県教育委員会委嘱　●日本映画ペンクラブ推薦

16

御伊勢講とほうそう踊り

鹿児島県川辺郡大浦町宮園

1979年

●31分　●大浦町教育委員会委嘱

かつて疱瘡（天然痘）は、人々に急速に死をもたらす流行病であった。人々は、疱瘡を恐ろしい神のもたらすものと考え、必死にその慰撫につとめた。薩摩半島の西南部、南部加世田《かせだ》地方各地に伝わるほうそう踊りもそのひとつの例である。

これは、二月に行われる大浦《おおうら》町宮園《みやぞん》地区での記録である。

大浦町では一四の地区で御伊勢講が行われている。そのなかで伊勢の神にほうそう踊りが奉納される。伊勢信仰の普及にともない、伊勢の神の力によって疱瘡神を鎮めようとしたと伝えられている。また、踊りは姑から嫁へと引き継がれてきた。女から女へと伝えられてきたのである。

大浦町は古い形の講組織とその習俗をよく残している。行事は、その年の会所《えしょ》と次の年の会所で行われる。会所とは、一年間伊勢の神をまもる当番の家で、次の年の会所は御伊勢講の日にクジで決まる。

まずショケとよばれる御馳走作り。伊勢の神に供え、ともにいただく。シベ作り。踊りの時、手に捧げる伊勢神の分霊である。

踊りの最初は「馬方」。御伊勢参りの道中をえがいた寸劇である。続いて「神は御伊勢」「御伊勢よいよい」「今年しゃ良い年」「かのた、かのた」と踊りが続く。そのあいだに次の会所や役割を決めるクジが引かれ、引き継ぎの盃事がされる。

そして伊勢の神の祠は次の会所へ運ばれる。子どもたちが祠を打ちながらついて歩く。新しい会所でも再びほうそう踊りが奉納され、「神は御伊勢」「五代町の千亀女」が踊られる。

ほうそう踊りのなかには、派手好きな疱瘡神のために着飾って踊り、疱瘡が軽くすむように願いましょうという「今年しゃ良い年」や、伊勢の神に疱瘡を三つだけくださいと願う「五代町の千亀女」がある。

御伊勢講が終わるといよいよ本格的な春である。

15 秩父の通過儀礼 その一——安産祈願から帯解きまで

1

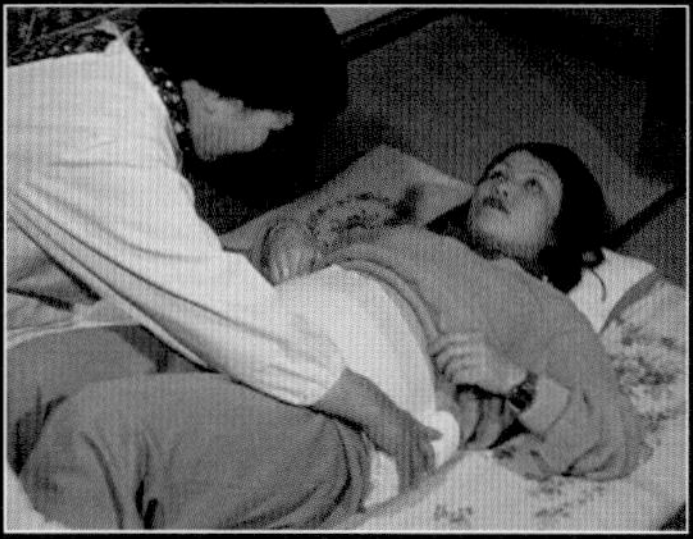

2

3

5

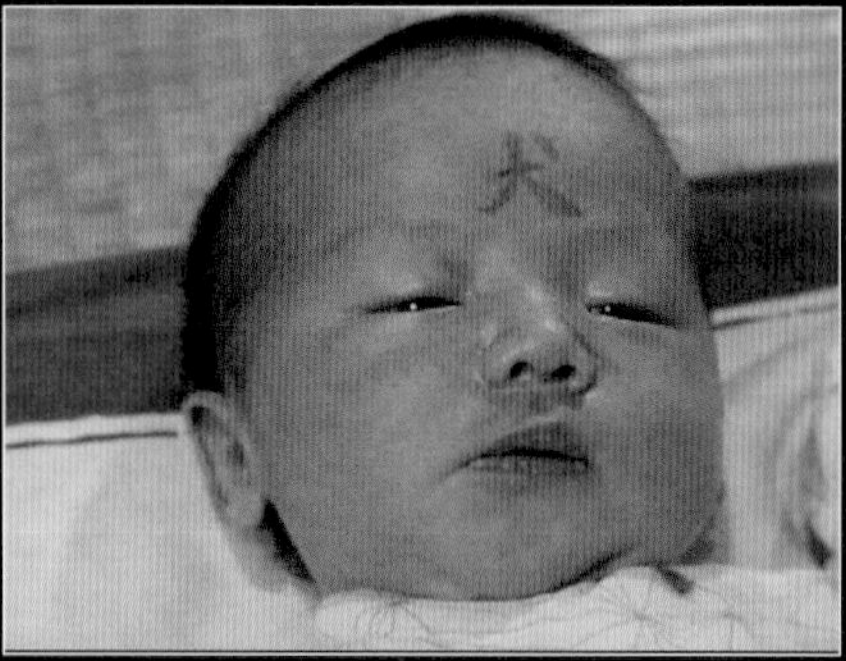

4

6

1. 疱瘡送り。鍋蓋を掲げ湯を注ぐ
2. 「犬」と書いた腹帯を巻き、安産を祈願
3. 産湯を使わせる産婆さん
4. 額の字は仔犬のように健康にとの願い
5. アカダキ。赤子をお披露目する宴
6. 7才帯解き祝いの宮参り

16 御伊勢講とほうそう踊り

1

2

3

4

5

1. 馬方、御伊勢参りの寸劇
2. 次の会所へ引き継ぎの盃事
3. 次の会所に運ばれる伊勢の神
4. 伊勢の神を枝で打つ子どもたち
5. 「五代町の千亀女」の踊り

17 周防猿まわしの記録

山口県光市高州／愛知県犬山市／東京都新宿区

1980年

●95分　●周防猿まわしの会委嘱　●日本映画ペンクラブ推薦
●1980年度キネマ旬報文化映画ベスト・テン第3位

一〇〇〇年の歴史をもつといわれる大道芸猿まわし。広く日本人に親しまれたこの芸能も、昭和三〇年代末に完全に姿を消してしまった。その背景には、第二次世界大戦後の社会的、経済的激変とともに、大道芸に対する差別観があった。

その猿まわしの復活をめざした人々がいる。この映画は、猿の調教を中心にした猿まわし復活への苦闘を、三年間にわたって記録したものである。一九七七年、山口県光市高州《たかす》に猿まわし復活の気運がおこり、一二月「周防《すおう》猿まわしの会」が誕生した。高州は明治以降猿まわしの唯一の拠点であったが、経験者のほとんどは固く口を閉ざしていた。最初の猿の調教は失敗。会員の動揺。記録撮影の中断。だが、翌七八年七月、別の猿によって芸の基本となる直立二足歩行に成功した。

一九七九年四月、村崎太郎君（一八才）が、高校卒業と同時に父である会長義正さんの指導のもとにオスの二才猿、三郎の調教を始める。三郎が嚙みつく。太郎君が三郎に嚙みつく。猿社会では嚙むことがお互いの順位の確認の方法である。人間が猿社会の論理にとびこんで調教が始まるのである。調教の第一歩でかつ最大の峠は、二本足で立って歩かせることである。前足に棒を持たせ、後足で立たせる「山行き」、立たせた姿勢で腰をさすり背筋を伸ばす「さすりこみ」を繰り返す。そして二本足で歩かせる直立二足歩行へと、人も猿も集中と持続、忍耐の極を強いられる。七日目、三郎は見事に立って歩いた。義正さんが先頭に立って生みだした、新しい調教法の成果であった。

光市海岸にある普賢《ふげん》寺の縁日。かつてはこの縁日で芸をして、各地への旅に出かけたという。そのゆかりの縁日に大道芸の輪が戻ってきた。

「見物の人の輪の中は童話の国、夢の国」。義正さんは、猿まわしがすべての人に喜ばれ、愛されるものとなることを願ってこう言う。そこへ到達する道は険しいが、「猿と人のいのちを輝かす。これが猿まわしだ」とも義正さんは言う。人間と野生動物との共生という課題に、ひとつの示唆を与える言葉である。

18 下園の十五夜

鹿児島県枕崎市下園

1980年

旧暦八月一五日の月は「中秋の名月」であり、この夜は全国各地で十五夜行事が行われる。下園《しもぞん》の十五夜行事は、南九州に特徴的な綱引きや相撲を伝えている。

準備は八朔（旧暦八月一日）頃から始められる。綱引きの綱の材料となる茅を刈り集める。十五夜が近づくと火縄作り。十五夜前日には、七才から一四才ぐらいの男の子たちがおとなたちと山へ入り、茅を引く。おとなは鎌で切り、子どもは手で引き抜く。それを束ねて縛り、ヘゴ（ウラジロ）やオミナエシで飾った三角錘状の笠、ヘゴガサを作る。その笠を頭から被り、子どもたちが「愛宕参れ」を歌いながら山から下りてくる。それを神が山から下ってくる姿だという。十五夜当日。大根、サトイモなどで供え物を作る。巨大な綱が作られる。

夜、各家ではお月様に供え物をして拝む。綱引きの会場では、子どもたちが唄を歌いながら綱を守る。そこに火縄を振りかざした二才衆《にせ》（若衆）が襲いかかる。二才衆が去ると、子どもたちが綱を守りに戻る。つづいて、ハッタンナの行事。唱えごとをしながら綱をめぐる二才衆が、年少の子どもをかつぎ上げ、尻を叩きながら連れ去る。ハッタンナは初旦那の意味だという。手荒い祝福である。いよいよ子ども組対二才衆組の綱引き。子ども組がいったん負けるが、加勢を頼んで勝つ。次いで二才衆と子どもたちはそれぞれを自分の陣営に引き込もうと闘う。最後に子どもたちの相撲。力強く大地を踏むシコ。

十五夜行事は畑作物の収穫を感謝するまつりだといわれる。そして下園の十五夜行事では、神と考えられる子どもや二才衆が、巨大な綱で大地を打つ綱引きをし、大地にシコを踏んで相撲をとる。そこには豊作をもたらす大地への深い人間の想いが髣髴している。

行事が終わると、綱は村人たちによってほぐされ、競りにかけられる。翌朝、二才衆によって競り落札した人の畑に敷かれ、土にかえる。

●37分　●自主制作　●1980年度第24回日本紹介映画コンクール特別賞

1

2

1. 村崎太郎と芸猿次郎の東京初公演の舞台
2.1979 年5月、普賢寺での初公演の準備

18 下園の十五夜

1

2

3

4

5

1. ヘゴガサを被り山から下りる子どもたち
2. 茅と稲ワラで大きな綱を作る
3. 二才衆の準備。囲炉裏端で出番を待つ
4. 綱を守る子どもたちに襲いかかる二才衆
5. 綱引き。二才衆組と子ども組で引き合う

19 竹富島の種子取祭

沖縄県八重山郡竹富町

1980年

● 55分　●竹富島民俗芸能保存会委嘱

沖縄県八重山《やえやま》諸島にある竹富島《たけとみ》。旧暦九月あるいは一〇月の戊子《つちのえね》の日を中心にした一〇日間、タナドゥイ・種子取祭が行われる。

まつりを前にした節の日。人々は軒にススキをさし、生活用具にシチカズラを巻く。この日は一年の始めの日とされ、司《つかさ》(女の神人)がピーヌカン(火の神)やウタキ(御嶽)、水の神に祈る。

四日間の準備期間を終えた五日目。戊子の日。農耕の神を祀るユームチウタキ(世持御嶽)に司が祈る。清めや魔除けのための水汲み、ススキ取り、シューヌハナトリ(潮汲み)。まつりの御馳走、イーヤチ作り。戸主は畑でアワの種を蒔き、よく実るようにと祈る。この日は種子取、つまり種播きの日である。

六日目、ンガソージ(精進の願い)。静かに身を慎む日。七日目、バルヒル(発芽)の願い。司と戸主たちがユームチウタキで作物の発芽を祈った後、ユークイ(世乞い)をする。歌い踊って作物の豊穰と家々の安泰を願って歩く。ユームチウタキの境内では「庭の芸能」、正面にしつらえた舞台では「舞台の芸能」が行われる。舞台の芸能の最初にはハザマホンジャーが「弥勒の世、麦の世、粟の世、米の世をお願いしたのは、私でございます」と述べ、続いてミルク(弥勒)が子どもたちに囲まれて登場し、感謝の舞いが奉納される。芸能が終わると、再びユークイ。八日目、ムイムイ(立毛)の願い。発芽した作物が立派に育つよう祈る。九日目、ミルクを守っている人への感謝の行事。一〇日目、長老が物忌みの盃を傾け、まつりは終わる。

【映画に収録している演目】◎庭の芸能：太鼓／マミドーマ(よく働く女)／ジッチュ(一〇人)／マザカイ(真栄え)／クイチャブドイ(声を合わせ豊年を祝う踊り)／腕棒／ウマンシャー(馬乗り)◎舞台の芸能：ハザマホンジャー(玻座間大長者)／カザヌキョンギン(鍛冶屋狂言)／ユーヒキキョンギン(世曳き狂言)／アブジキョンギン(老人狂言)／アマンチ(天人)／タケドンブシ(竹富節)／サングルロ(穀物の俵を数え転がす)

20 夏祭と十五夜行事

1980年

鹿児島県加世田市／西之表市／川内市／出水郡野田町／肝属郡高山町／枕崎市／川辺郡坊津町、知覧町

● 36分　●鹿児島県教育委員会委嘱

南国鹿児島の夏は厳しい。作物の豊穰と生命の安全を願って、夏祭は行われる。そして稔りの秋。収穫を感謝して十五夜行事が行われる。これは、夏から秋の鹿児島の代表的な芸能と行事を、人々の願いと感謝の気持ちに焦点をあててまとめたものである。一九七一年以来鹿児島県教育委員会が撮影してきた夏祭と、一九七九年民族文化映像研究所が撮影した十五夜行事とで構成されている。

夏祭は、厳しい暑さを乗り越えようと、亡き人の魂を慰め、作物の豊穰、人の世の栄えを願って行われる。まつりで踊られる踊りはそれぞれに言い伝えをもつが、そこには祖霊信仰が生きている。被り物をするのも特徴のひとつで、精霊であることを示すという。太鼓踊りは、その土地と関係の深い人の魂を慰めるものとして、鹿児島北部で盛んに行われる。人の生活と作物になくてはならない水神への感謝のまつりもある。

十五夜行事では、綱引きや相撲が盛んに行われる（作品⓲参照）。畑作物の豊穰を感謝するとともに、綱で大地を打ち、力強くシコを踏むことによって、大地の生命力を強めるのだともいわれている。そこには山から下りてきた神様も現れる。

【夏祭】
◎加世田市竹田神社の士踊りと稚児踊り（七月二二、二三日）
◎種子島、西之表市横山の盆踊り（旧暦七月七日）
◎川内市久見崎の盆踊り「想夫恋」（八月一六日）
◎野田町青木の山田楽（八月八日）
◎高山町本町の八月踊り（旧暦八月一八日）

【十五夜行事】（旧暦八月一五日）
◎枕崎市下園の子どもたちの茅引き／綱引き／相撲行事
◎坊津町上之坊・枕崎市下園の綱ねり／十五夜行列
◎知覧町中福良・加治佐・浮辺のソラヨイ行事

19

竹富島の種子取祭

1

2

3

6

4

5

1. 潮水を汲み、きれいな白い浜砂をとる
2. ユームチウタキでの司の祈り。まつりの始まり
3. ンガソージ。皿にあるのがイーヤチ
4. ユークイ。司を先頭に村へ出る
5.「庭の芸能」のウマンシャー
6. 子どもたちに囲まれ登場したミルク

20 夏祭と十五夜行事

1

2

3

4

5

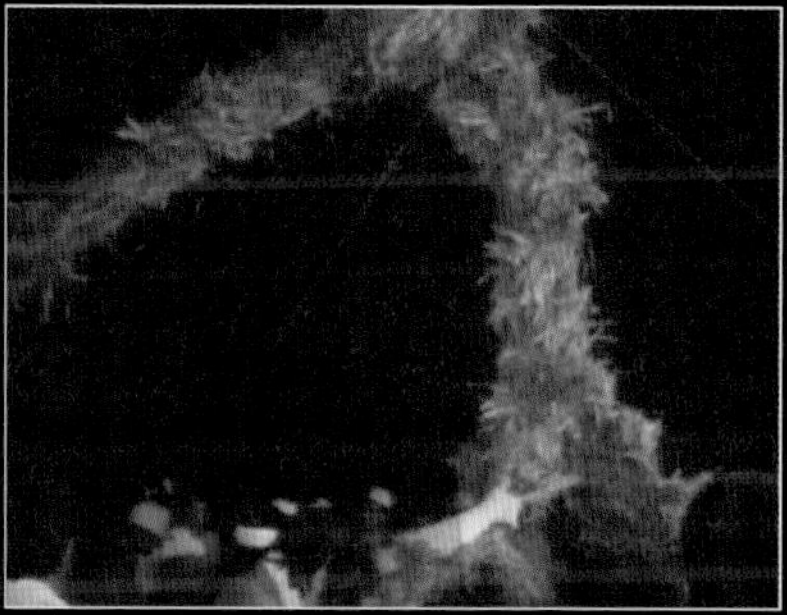

6

7

1. 士（さむらい）踊り（加世田市竹田神社）
2. 横山の盆踊り（西之表市）
3. 盆踊り「想夫恋」（川内市）
4. 山田楽（出水郡野田町）
5. 十五夜行列（川辺郡坊津町泊）
6. 綱ねり（川辺郡坊津町上之坊）
7. ソラヨイ行事（川辺郡知覧町中福良）

21 秩父の通過儀礼 その二
――子どもザサラから水祝儀まで

埼玉県秩父郡皆野町三沢・半平・門平、小鹿野町河原沢、吉田町塚越

1980年

秩父地方の七才から一五才までの子どもたちの通過儀礼の記録である。

秩父では「七才までは神の子」というが、七才の帯解き祝いを終えると村の子となり、行事の担い手に加わる。そして一五才、水祝儀を受けて一人前の村の成員となる。この間に、いくつかの村の大切な行事を担い、子どもだけの集団活動を経験し、村の成員となる準備をする。

毎年春と秋、秩父ではササラともよばれる獅子舞が、集落の神々に奉納される。村人の神事芸能組織によって演じられるもので、男子は七才になるとササラの担い手となり、以後毎年参加する。

門平では、獅子舞の時、女子は初潮前に一回花笠役で奉仕する。

四月三日、小鹿野《おがの》町の子どもだけによるお雛粥の行事。男子と女子が別の子ども組をつくり、川原に石を積み、別々のカマドと大きな石囲いを築く。当日、雛を持ちより、囲いの中に飾る。米もそれぞれ持参してカマドで粥を炊く。雛に粥を供え、自分たちも食べ、一日遊ぶ。かつては雛を川へ流したという。

五月八日、吉田町の花まつり行事。前日、子どもたちが小さな花御堂《はなみどう》を花で飾り、釈迦像を安置する。花はツツジやサクラなど。四月中旬から山に入って集め、井戸に下げて保管しておいたものである。その晩は子どもたちのお籠もり。八日朝、薬師堂まで山道に花を敷きつめながら、花御堂を運び上げる。その後おとなたちがやって来て詣る。

七月、小鹿野町では少年たちが天王《てんのう》焼きを行う。まず小屋作り。山の中腹に背の高い小屋を建てる。二一日晩、小屋でお籠もりをし、二二日晩、花火の後、小屋に火をかける。夏の疫病祓いの行事である。

元旦、一五才の少年の水祝儀。村の行事(当番)がナンテンの葉で水を少年に振りかける儀礼をする。一人前の村の成員になった祝いであり、村入りの行事である。

●45分 ●埼玉県教育委員会委嘱 ●1980年度第27回教育映画祭優秀作品賞

22 佐渡の車田植

新潟県両津市北鵜島

1981年

● 32分　●両津市教育委員会委嘱

日本には稲の豊作を願う儀礼がさまざま伝えられている。佐渡島の西北端にある北鵜島《うしま》集落。その草分けの家、北村家が伝える車田植《くるまだうえ》もそのひとつであり、日本人の稲に寄せる信仰を知るうえで貴重な手がかりとなるものである。渦巻き状に苗を植えるこの車田植は、かつては岩手、岐阜などでも行われていたが、一九八〇年時点ではここ一ヶ所となり、一九七九年には国の重要無形民俗文化財に指定されている。

一二月。正月を迎える準備が始まる。一日、オマッツァン迎え。山から松を伐ってきて俵がけに縛る。水迎え棒にする松の枝も迎える。二四日、オマッツァンの帯解き。俵がけの縄をほどき、供え物をする。三一日、門や牛小屋、舟屋、浜にオマッツァンを立てる。水迎え棒にミズノモチとよぶ餅とスルメをつけて、囲炉裏の天棚《あまだな》にさす。元旦。若水迎え。水迎え棒を水の神に捧げ、若水を汲む。六日、ミズノモチを焼いて門松などに供える。その後、お下がりを皆で食べる。この餅をイナカリモチともいう。

旧暦二月社日《しゃじつ》の日（春分に最も近い戊《つちのえ》の日）、水迎え棒を神さん田の水口《みなくち》に立てる。神さん田とは、田の神様が訪れると伝えられている神聖な田で一番山手にある。

田植は大安吉日を選び、神さん田から始める。神さん田には肥料を入れず、植えるのはモチゴメである。そしてすべての田植を終えたあとで、車田植をする。車田植の日、早朝、苗代から苗を三束持ち帰り床の間に置き、握り飯を供えて豊作を祈る。その笛で車田植を始める。三人の早乙女が田の中央から後ずさりしながら、渦巻き状にまわりつつ植えていく。畦では早乙女を励ます田植唄が歌われる。

夏は草取り、ヒエ抜き。そして秋、稲刈りが始まる。車田も他の田と同じように刈り取られるが、神さん田は最後に刈る。これを刈り上げ田とよび、収穫した米は神事に使われる。

21 秩父の通過儀礼 その二——子どもザサラから水祝儀まで

1

2

3

4

5

6

1. 花笠役として奉仕する女子(皆野町門平)
2. お雛まつり
3. お雛粥·女組、小鹿野町の川原
4. お雛粥·男組、小鹿野町の川原
5. 花まつり。花御堂でお籠もり(吉田町塚越)
6. 天王焼きの小屋(櫓)

22
佐渡の車田植

1

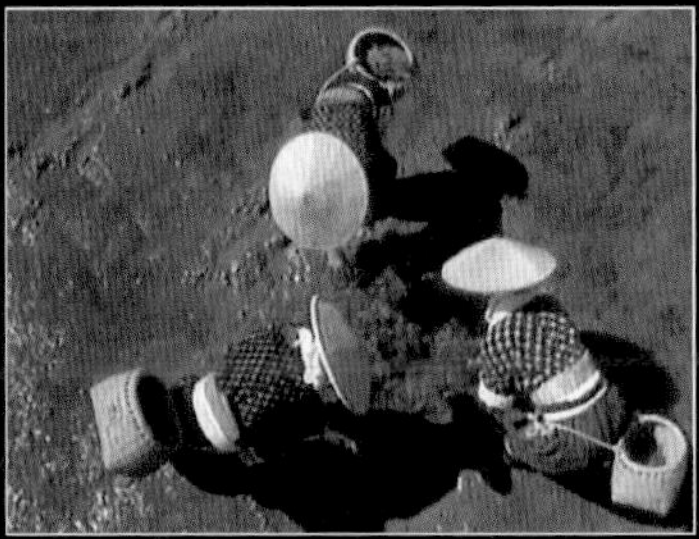

3

2

4

5

1. 田の中心からまわりながら植えていく
2. 正月行事。海辺に設えられたオマッツァン
3. 車田植の始まり。中心に3束植える
4. 車田の稲刈り
5. 強い風のため、稲掛けの段数は少ない

23 越後二十村郷・牛の角突き

新潟県古志郡山古志村／小千谷市／北魚沼郡広神村

1981年

新潟県の中央部に、かつて二十村郷《にじゅうそんごう》とよばれた地域がある。そして山古志《やまこし》村を中心にしたこの地域には、一九七八年に国の重要無形民俗文化財に指定された、牛の角突き行事が伝えられている。『南総里見八犬伝』に五〇〇頭の牛が三日にわたって闘ったと記された日本流の闘牛である。

この地域の牛は主として南部牛である。南部鉄を運んできた牛が農耕や運搬用に飼われ、さらには角突き用の牛になったといわれる。

雪の深い山古志村ではウマヤ（家畜部屋）は家の中にあり、牛は人とともに暮らす。二十村郷の牛の角突きは、単なる娯楽ではなく、作物の豊穣を願う行事のひとつとして行われていたものであった。

冬、角突きの道具作り。面綱《おもづな》、鼻縄《はなぎ》、引綱、脚掛《あしかけ》綱を作る。面綱は三色の布を巻きつけ美しく仕上げる。

三月、ウマヤまつり。牛の無病息災を祈り、神主さんにお祓いをしてもらう。

六月、角突きの行事が始まる。行事に先立って、餅を搗き、御神酒を牛にそそいで門出祝いをする。一番角突きは山古志会場。他に山古志村虫亀《むしがめ》会場、小千谷市の小栗山《おぐりやま》会場、広神村の芋川《いもかわ》会場がある。

御神酒で場内が清められると、勢子《せこ》たちが取り組みを決める。角突き場では勢子が一切をとりしきる。いよいよ角突き。まわりで勢子が気勢をあげ、牛も必死に闘うが、牛が倒れるまで闘わせはしない。頃あいをみて牛取りが足に綱をかけて引き離す。どちらかの牛がひるんだ気配が頃あいであり、牛を傷つけることはない。

山古志村をはじめ二十村郷の人たちの牛への愛情は深い。冬には牛にムシロを着せる。傷つけば治療をする。カワヤナギを煎じて薬にするなど、その治療法には雪国の人が伝えてきた知恵がうかがえる。

十一月初旬のおさめの角突きが終わると、二十村郷は雪の季節である。

●41分　●山古志村教育委員会委嘱　●文部省選定

24

秩父の通過儀礼 その三

——若衆組と竜勢

埼玉県秩父郡皆野町立沢、
吉田町下吉田

1981年

● 50分 ●埼玉県教育委員会委嘱

秩父地方では男子が一五才になると水祝儀という成人儀礼をする。水祝儀をすませると、村の若者として本人も自覚しまわりも認めて、若衆組に入る。若衆組は、村の行事、共同作業、冠婚葬祭などで大切な役割を担ってきた。これは、吉田町の椋《むく》神社への竜勢《りゅうせい》の奉納を軸にした、皆野町立沢《たつざわ》の若衆組のはたらきを記録したものである。

立沢では、一七、八才から四二、三才までの男性で若衆組を構成している。現在も、村の道や山道の草刈り、消防団活動などと彼らのはたす役割は重要である。

一〇月五日の椋神社の秋まつりを前に、竜勢作りの準備が始まる。矢柄用の竹伐り、筒用の松伐り、筒作りと作業は進む。初めて参加した若者は自主的に下働きにつくなど、トウリュウ（棟梁）とよばれる経験者を中心にまとまって作業をする。竜勢作りの要ともいえる、筒のタガかけと火薬つめの作業。それらひとつひとつの工程に山村で生きるための数々の生活技術が現れる。年配者から若者たちへ、それが伝えられる。そして導火線をつけて竜勢はできあがる。

まつり当日。午前零時、若者たちは竜勢を椋神社へ運ぶ。秩父一円から集まった三〇本の竜勢が、勢ぞろいする。夜明け、若者たちは竜勢をかつぎ、次々と山ぎわの発射台の櫓に向かう。発射する櫓と神社わきの櫓の上で、奉納の口上。合図とともに竜勢が打ち上げられる。

椋神社は、明治一七（一八八四）年十一月の秩父困民党蜂起の時の、人々の集結場所であった。そしてその秋まつりは、秩父一円の人々の収穫感謝のまつりとして盛大に行われる。竜勢は、それを賑わす最も大事なものであり、人々の神への感謝の気持ちが凝縮したものでもある。

竜勢の奉納が決まってから二ヶ月間、若者たちは再三会合をもち、一緒に作業を続けてきた。その作業を通じて、村人としての、また秩父地方の人としての、誇りと自覚を養う時でもあった。

越後二十村郷・牛の角突き

1

2

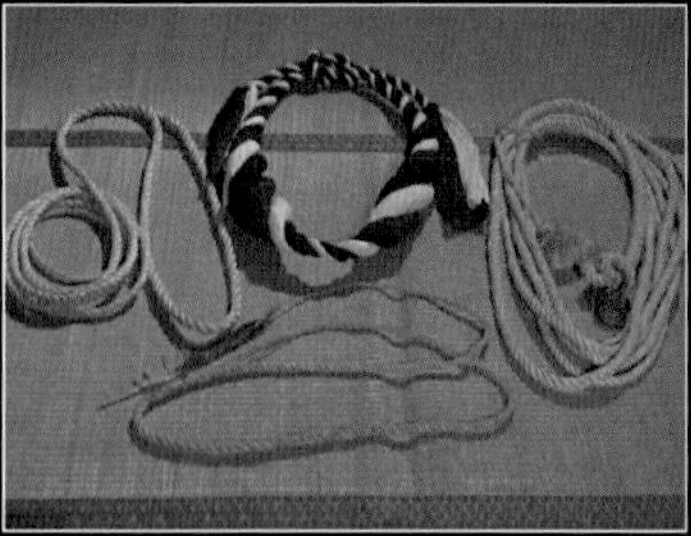
3

4

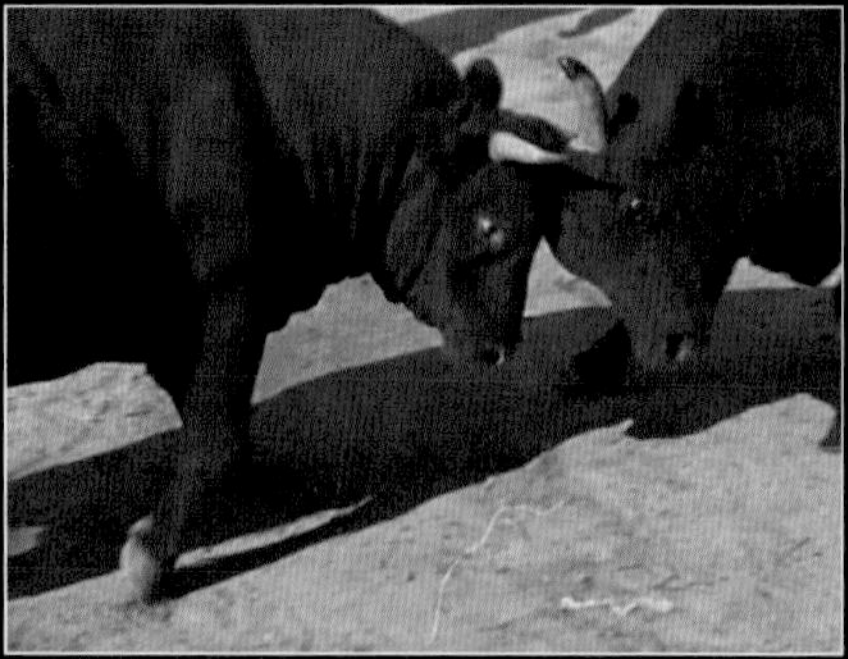
5

1. 角突きの牛と勢子
2. 美しい色で牛を飾る面綱を作る
3. 左上から脚掛綱、面綱、引綱と鼻縄
4. 角突きの日の朝、会場へ向かう一行
5. 角突きの牛。目が興奮で赤い

秩父の通過儀礼 その三――若衆組と竜勢

1

2

3

4

5

1. 天空に昇る竜勢
2. 竜勢櫓での発射
3. 立沢地区の若衆組の会合
4. 竜勢筒作り、タガかけ（タガ締め）
5. できた竜勢筒を点検

25

大隅・薩摩の春まつり

鹿児島県鹿屋市高隅／肝属郡串良町細山田／曽於郡志布志町安楽／川内市高江／串木野市野元・羽島崎

1981年

● 43分　●鹿児島県教育委員会委嘱

春、鹿児島県では各地で「打植」のまつりが行われる。大地の目覚めを促し、稲の豊作を願う春のまつりである。かつては「土開打植祭」《つちひらきうちうえのまつり》ともいい、旧暦二月に行われていたという。神社の境内を田に見立て、春の田仕事をまねて行う儀礼がまつりの中心であるが、まつりの名称は土地により異なり、内容も少しずつ違う。これは、大隅地方、薩摩地方の代表的な春のまつりの記録である。

大隅地方の打植祭の特徴はカギヒキと棒踊りである。鹿屋《かのや》市中津神社。上・下両地区の人が山で巨木を伐り、オカギとメカギを作る。どちらを作るかは年ごとに交代する。オカギは榎の股木を鉤状に、メカギは楡を股木に切る。囃子とともにカギを境内に運ぶ。途中、カギで三度大地を打つサヨンドシの行事をする。この行事は境内でも行われる。神社に到着し、拝殿で式が終わると棒踊り。サヨンドシも棒踊りも大地を打ち、大地を目覚めさせるためだという。次に境内を田に見立てて、田打ち（土おこし）、種蒔き、カギヒキ、模型の牛による田よみ（田おこし）、苗取りの所作をする。カギヒキは、巨大な木の股をかけあって、上・下両地区に分かれて大勢で引き合う。勝った方が豊作になるといわれている。また刈敷《かしき》（緑肥を敷く）の所作だという見方もある。カギヒキや棒踊りをする大隅地方のまつりとして串良《くしら》町山宮《やまみや》神社の正月まつり、志布志《しぶし》町安楽《やすら》神社の春まつりが登場する。

薩摩地方の春まつりではカギヒキや棒踊りはないが、田打ちをし、それに続く田仕事の所作に演劇的な様子が強い。テチョ（父親）と太郎がおもしろおかしく田仕事を演ずるのである。ここでは川内《せんだい》市南方《みなみかた》神社の太郎太郎祭、串木野市深田《ふかだ》神社のガウンガウン祭、串木野市羽島崎《はしまざき》神社の太郎太郎祭が紹介される。また羽島崎神社の太郎太郎祭は、農村部と漁村部が一緒にまつりをし、数え年五才の男子の通過儀礼の意味をもつという、他にない特徴がある（作品52参照）。

26 アマルール――大地の人 バスク

フランス・バスク地方／スペイン・バスク地方

1981年

●105分 ●自主制作 ●（共同）コレジュ・ド・フランス形質人類学研究所
●（助成）放送文化基金
●1982年度キネマ旬報文化映画ベスト・テン第9位

ヨーロッパの西南、ピレネー山脈が大西洋に迫るところに位置するバスク地方。フランス側に二五万人、スペイン側に三〇〇万人のバスク民族が、ピレネー山脈をはさんで住む。バスク民族は西ヨーロッパで最も古い歴史をもつ民族だといわれる。形質人類学の研究によってバスク民族はクロマニョン人直系の子孫であると考えられ、言語学の研究から今よりはるかに広い生活領域をもっていたと考えられている。

フランス側バスクの人たちの生活の中心は、羊を主にした牧畜である。春から秋にかけて羊を山に放牧する。男たちは羊を連れて山へ行き、カヨラールとよばれる小屋で共同生活をしながら、羊の乳をしぼってチーズを作る。

男たちが山へ行ったあと家を守るのは女たちである。バスク語で主婦を「エチェコ・アンドレア」、家の女とよぶ。バスクの人々にとって、家は祖先もともに住む場であり、大地の力の宿る場でもある。

バスク語でアマ・ルールは、母なる大地という意味である。バスクの人たちは、自らを大地の人とよぶ。大地を耕し、山で羊を飼って暮らしてきた。近世以降、バスク地方はフランスとスペインの領域に分割され、今日にいたる。しかしバスクの人々は、ひとつの民族であるという強い意識と誇りをもち、さまざまな活動や運動を続けてきた。

子どもたちがバスク語を話し、すべてをバスク語で考えられるようにと、バスク地方各地に「イカシトラ」（バスク語学校）がつくられている。バスクの人たち自らがつくった教育の場である。「バスク人とはバスク語を話す人だ」と、バスクの人々は言う。民族の言葉は、その民族の伝統を伝え、その民族の人々の心をつなぐ大切な文化なのである。

なお、この記録映画はフランスの科学研究機関、コレジュ・ド・フランス形質人類学研究所との共同作業の第一次の成果である。

25

大隅・薩摩の春まつり

1

2

3

4

5

6

1. 中津神社のカギヒキ
2. 中津神社のカギヒキ後の田よみ行事
3. 安楽神社。春まつりのカギヒキ
4. 山宮神社の棒踊り
5. 南方神社の太郎太郎祭
6. 深田神社のガウンガウン祭

1

2

3

4

5

1. 春、山の草原に放牧された羊の群れ
2. スペイン側バスクの農村、馬耕の様子
3. 羊の乳から作るチーズ
4. 造船所。バスク人は海へも進出した
5. フランス側の町の祭り、カバルカード

27 奄美の豊年祭

鹿児島県大島郡龍郷町秋名、瀬戸内町油井・篠川、与論町

1982年

● 33分 ●鹿児島県教育委員会委嘱

奄美の夏は収穫の時であり、次の作物の作付け期でもある。そうした南国奄美の自然条件とそれに対応した人々の暮らしを反映して、収穫感謝と次の豊作を願う予祝の行事がきわめて接近した時期に、さまざまな形で行われる。

龍郷《たつごう》町秋名《あぎな》。稲刈りに先立つイニムケー（稲迎え）の行事。それぞれの家でイナダマ（稲魂）を迎え豊作を祈る。

奄美の夏の正月にあたり、旧暦八月最初の丙《ひのえ》の日はアラセチ（新節）。ヨチョガマと平瀬マンカイとよばれる神事が行われる。

当日早朝、人々は集落近くの山腹に建てられたショチョガマとよぶ片流れの屋根の小屋に集まる。男たちが屋根に上がり、唄を歌いながら小屋を揺り倒す。畦を枕にするほど稲穂がたれるぐらいに稔れと祈る。同じ日の午後、浜では女たちによる平瀬マンカイが行われる。神人《かみんちゅ》と神役《かみやく》が、向かい合っている二つの岩の上にそれぞれ立ち、マンカイ（招き合い）をする（作品29参照）。

与論島。旧暦八月一五日に十五夜踊りが行われる。雨を乞い、また豊作を感謝するまつりである。踊りの組はふたつあり、一番組は内地風の狂言や踊りを一八番、二番組は琉球や島在来の踊りを一〇番伝える。最初の演目「アーミタボーレ（雨を給われ）」がこの十五夜踊りの中心である（作品31参照）。

瀬戸内町油井《ゆい》。旧暦八月一五日に豊年祭が行われる。収穫を感謝し、次の豊作を願う。

綱引きと相撲に特徴がある。綱引きといっても引き合うのではない。綱を持った人たちが、ゆらゆらと揺れるような横動きを繰り返す。突然、獅子が現れ綱を切る。大急ぎで結んでまた引く。獅子が切る。これが三回繰り返され、最後に切られた綱で土俵を作る。土俵では、若者がシコを踏み、相撲を奉納する。そして、稲刈り後の作業の所作が土俵で演じられる。

28 秩父の通過儀礼 その四
――クレ祝儀・モライ祝儀

埼玉県秩父郡皆野町三沢／秩父市

1982年

●46分 ●埼玉県教育委員会委嘱

成人した若者は、やがて結婚する。伝統的な結婚式は、その地域での社会的認知の儀礼でもある。さまざまな手続きや儀礼をへることによって、まわりも結婚を認め、村の新しい家族として迎えた。秩父地方では昭和三〇年代後半まで、クレ祝儀・モライ祝儀という伝統的な結婚の儀礼が行われていた。これは、その再現記録である。

縁談はハシワタシの口ききで始まる。決まると口がための儀礼。嫁婿両家でたてた仲人が、嫁の家に酒樽をとどける。樽入れともいった。樽入れがすむと式をしないで所帯をもつことも、かつては広く行われていたという。

クレ祝儀。嫁を出すクレ方で行われる。モライ方がクレ方の家へ行って、結納を納める。続いて宴。婿はモライ方の席に、嫁はクレ方の席につき、嫁はクレ方の仲人からモライ方仲人に託される。そして花嫁行列を組んでモライ方へ向かう。

婿の家へ着くとまずトボウサカズキ。嫁はトボウ（入口）に一歩足を踏み入れ敷居をまたぐ恰好で、姑と三献の盃事をする。そしてモライ祝儀。結納がえしと宴である。正面に嫁とクレ方の仲人が座る。婿の座はなく、婿はお勝手で働く。宴の途中で相盃、親子盃、兄弟盃。最後に嫁が婿方の家の者としてお茶を出して、祝儀は終わる。「嫁の茶」といい、それが出れば祝儀は終わらねばならない。

式の翌日、屋敷神様へ報告のお参りがあり、姑が嫁を連れて隣近所に嫁見せをする。三日後、嫁は婿と里帰りし、舅が婿見せをする。

秩父地方の伝統的な婚姻儀礼には、嫁をクレル、モラウという考え方が貫かれている。そのための手続きや儀礼が無事行われることによって、村における社会的な承認を得たのである。特に、モライ祝儀のとき、婿の座が設けられないことや、嫁の茶が重要な意味をもつことなどには、この地方における嫁観をうかがうことができる。

27

奄美の豊年祭

1

2

3

1. 豊年祭。綱引きの綱を切る獅子（瀬戸内町油井）
2. 土俵で豊作を祝い踊る力士たち（同上）
3. シバサシ行事の門火焚き（瀬戸内町篠川）

28

秩父の通過儀礼 その四——クレ祝儀・モライ祝儀

1

2

3

4

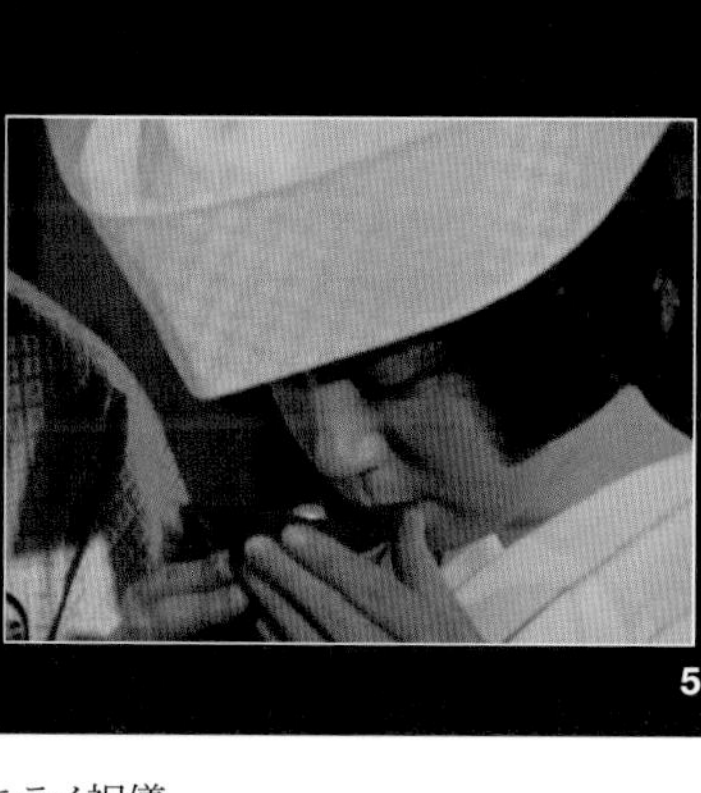

5

1. 嫁の家を出て婿の家に向かう花嫁行列
2. 樽入れ。仲人が酒樽を嫁の家に届ける
3. クレ祝儀。婿方の仲人が結納を渡す
4. モライ祝儀。嫁が到着、婿は先んずる
5. 相盃（固めの盃）

29 竜郷のアラセツ
――ショチョガマ・平瀬マンカイ

鹿児島県大島郡龍郷町秋名

1982年

● 31分　●自主制作

奄美の夏の正月といわれるアラセツ（旧暦八月初の丙《ひのえ》の日）に、龍郷《たつごう》町秋名《あぎな》では、ショチョガマと平瀬マンカイが行われる。どちらもイナダマ（稲魂）を招き、豊作を祈願する行事である。

ショチョガマでは、男が山でイナダマを招く。アラセツに先立ってショチョガマという小屋が、田を見おろす山の中腹に建てられる。ショチョガマはイナダマの依り代であるとともに、稲そのものの象徴でもあるという。柱の前に竹で編んだシュルを立て、屋根の両側からススキに似たボー（ダンチク）を張り出させるさまは、稲を思わせる。

アラセツの前日、家々ではコソガナシ（先祖の霊）を迎える。当日午前零時、八月踊りがヤーマワリ（家まわり）を始める。夜明け前、男たちがそのままショチョガマに上る。初めてアラセツを迎えた男の赤ん坊にショチョガマを踏ませる。グジ（男の神役）が祈り、イナダマをよぶ。屋根の上の人々が、唄を歌いながらショチョガマを踏み揺らし、倒す。稲穂が地面につくほどに稔った姿だという。

平瀬マンカイでは、女が海でイナダマを招く。まず、初めてアラセツを迎えた女の赤ん坊にカミヒラセとよぶ岩を踏ませる。ノロガナシ（女の神人）がカミヒラセに立ち、ジガミ（六〇才以上の女の神役）とグジがカミヒラセと対になったメーラベヒラセに立つ。ノロガナシが歌う。その間ジガミとグジは手を左右にゆったりと振り、マンカイ（招き合い）をする。次いでジガミたちが歌いだすとノロガナシがマンカイをする。イナダマを迎えるのである。終わると、浜で輪になってスダマ踊りをする。イナダマを迎えた喜びをあらわすものだという。

奄美の人の伝えでは、ショチョガマあるいは平瀬マンカイは、秋名以外でも行われていたという。しかし、今日それらが行われているのは秋名だけである。秋名は稲作の盛んな所であり、海山にかかわる人々の歴史の痕跡を色濃くとどめているところである。

30 喜界島の八月行事

鹿児島県大島郡喜界町小野津

1982年

●20分　●自主制作

奄美の夏は、シチウンミ（節の折り目）とよばれ、アラセチ（新節・旧暦八月初の丙の日）以降一ヶ月ほどのあいだにさまざまな行事が行われる。奄美のシチウンミには、日本本土の正月行事の門松、若水迎え、成木ぜめ、などを思わせるものがある。喜界《きかい》島では、それに先祖を敬う行事が重なり奄美のなかでも特徴のあるシチウンミの行事をかたちづくっている。

アラセチ（新節）。七才までの女子・五才までの男子のいる家庭ではシチャミ（節浴み）が行われる。シチャミとはシチ（節）、アミ（浴び）であり、新しい節を迎えて体を清めることをいう。それによって命が蘇るといい、「若水迎え」と同じ意味をもつ。シチャミをする場所は泉か井戸。ここ小野津では「雁股《かりまた》の井戸」で行う。源為朝が矢を射込み、そこから水が湧き出たという伝説をもつ泉である。泉の水で身を清め、持参した赤飯を供える。そして子どもの頭の上に赤飯をのせる。女子のためには七本、男子のためには五本とっておいたススキの束に、泉の小石と御飯をくるむ。それを持ち帰り、仏壇に供える。その他にも小石を拾って、ミカンの木の二股にのせ幹をさする。「成木ぜめ」を思わせる行事である。

アラセツの五日目、壬《みずのえ》の日はシバサシ。シバ（ススキや椎の小枝など）を畑や家の軒にさす。魔除けだといわれている。この日夕方、祖先の墓の前で、祖先をまつる行事が行われる。墓に御馳走を供え、酒をくみかわし、歌い、踊る。モーヤとよぶ風葬の跡にも参り、供え物をする。

七日目はナンカビー。軒からシバをおろし、囲炉裏の木灰を盛った門口にたてかける。

旧暦九月壬戌《みずのえいぬ》の日はウヤンコー。ウヤンコーとは親をたてまつる集まりという意味で、再び墓に参り、先祖をまつる行事をする。

29

竜郷のアラセツ——ショチョガマ・平瀬マンカイ

1

2

3

1. カミヒラセの上でマンカイをするノロガナシたち
2. 豊作を願い、ショチョガマを倒す。喜び踊る村人たち
3. メーラベヒラセのジガミとグジがカミヒラセのノロガナシと招きあう

30

喜界島の八月行事

1

2

3

4

5

1. 雁股の泉の小石と赤飯をススキでくるむ
2. シチャミ。赤飯を頭に頂く
3. シチウンミの行事食と小石をくるんだススキを供える
4. 門口にシバを立てかける、シバサシ
5. シバサシの夕、墓地で祖先をまつる

31 与論の十五夜踊り

鹿児島県大島郡与論町

1982年

●30分 ●与論町教育委員会委嘱

鹿児島県の最南端与論島。大きな山も川もないこの島では、水を得ることが容易でなく、雨は天の恵みであった。人々は雨を乞い、年三回、四月、八月、一〇月の一五日に十五夜踊りをしてきた。十五夜フードゥイといい、なかでも旧暦八月のものは最も盛大に行われる。

十五夜踊りの踊り組は二つある。一番組は室町時代に島主が狂言を習わせて伝え、二番組は琉球や島在来の踊りを伝えたといわれる。

まつりに先立つ一三日、島主（現在は町長）の要請で二番組の主取《ぬしどうい》（芸能を伝える中心の家）の家に旗が上がる。準備開始である。チヂン（太鼓）などの道具を出して修理する。まつり当日、二番組は主取の家で、チヂンにお神酒を捧げて、踊りの無事を祈る。一番組は踊りの会場であるグスク（城山）へ行き、サークラとよばれる控えの座で二番組を待つ。二番組が到着すると、グスクにある常主《とこぬし》神社で豊作祈願をする。二番組はサージとよぶ刺繍をしたてぬぐいで覆面をしている。

十五夜踊りが始まる。最初の演目は「アーミタボーレ（雨を給われ）」。一番組二番組共同の踊りで、十五夜踊りの中心といえるものである。そして二番組の踊り「一度いうて」、一番組のキョンギン（狂言）、「三《さん》者囃《じゃばやし》」と続き、二番組の優雅な手踊りと一番組の滑稽なキョンギンや内地風の踊りが交互に行われる。演目が終わると綱引き。綱はすぐ切れ、その綱で人々は叩き合う。最後は観客も一緒になって「六十節」「六調」を踊る。

十五夜踊りの途中で夜になり、月が上る。家々では、ススキやダゴ（団子）を月に供える。子どもたちが家々をまわり、密かにダゴを盗る。子どもたちは神であり、神が家々を祝福しているのだという。

与論の十五夜踊りには、中世の頃の日本本土と奄美、琉球の文化交流のさまが色濃く反映しているが、その核には、島人たちの熱烈な雨乞いの気持ちが脈打っている。

33 鹿児島の正月行事

1982年

鹿児島県肝属郡佐多町、高山町／曽於郡志布志町／大口市／熊毛郡上屋久町

●33分　●鹿児島県教育委員会委嘱

正月は、すべてのものが新しく生まれかわる時とされる。人々はさまざまな行事をして、作物の豊かさや子孫繁栄を願う。これは鹿児島各地に伝わる正月行事の記録である。

正月、神を迎え、命を蘇らせる行事が行われる。畑作物との関係も深い。二日、仕事始め。六日から八日には、鬼や病を退散させ無病息災を祈る行事。一四日には、稲の豊作を祈る行事が行われる。

【取材地と内容】◎正月準備：オオバン竿（大根、魚、銭縄をかけた竿）をナカエに供える＝佐多町瀬戸山／ユキマツ（葉にうどん粉をつけた松）を床の間や墓に供える＝佐多町上之園／サトイモと大根を床の間や墓に供える＝佐多町折山／垣普請（笹竹を竹ではさんで縛った垣根をとりつける）・シラスを敷く・門松に割木をそえて立てる・臼ねかせ（農具に供え物をして納屋に飾る）・ヒノトギ（囲炉裏に太い生木をくべる。七日正月まで火は燃やし続ける＝志布志町安楽◎元旦：若水迎え＝佐多町大泊／餅占い（若水に餅を落とす。表が出れば日年、裏は雨年といわれる）＝志布志町安楽／イモンスイ（芋の吸物）を食べる＝佐多町折山◎二日：コタコン（子どもが臼を起こしてまわる）＝高山町鳥越／鍬入れ（畑で鍬で三度打って祈る）・草の刈り始め（草を刈って牛馬にやる）＝佐多町瀬戸山／若木伐り（家族の男の数だけ木を伐り庭に立てる）＝大口市金波田／舟祝い（漁の仕事始め）＝佐多町大泊◎四日：若木伐り（主だった柱に若木を供える）＝佐多町上之園◎六日：六日年（ムカドシ・柱の若木に刺のあるタラノキとモロムギを置く）＝佐多町上之園◎七日・七日（ナンカン）正月：ナンカズシ（七草粥を子どもが集めて回る）＝佐多町大泊／前日子どもが集めた割木で鬼火（オンビ）たき・門まわり（子どもたちが家々をまわって唱えごとをしていく）＝上屋久町宮之浦／チンカラカーメ（門まわり）＝佐多町竹之浦◎八日：鬼のクソひろい（子どもが家々をまわって鬼のクソとよぶ餅をひろう）＝上屋久町宮之浦／◎一四日・望年（モツドシ）：モグラ打ち（子どもが家々をまわり庭を叩いてもぐらの退散を祈る）・メノモチ（榎の枝に餅をさす・マユダマと同じ意味）を柱、墓、田の神に供える・マンガノモチ（柳の小枝に餅を二つ通し、枝を輪にして牛のマンガに似せる）を納屋の籾箱にさす・ホダレヒキの行事（切らずに煮炊きした料理を食べてから寝る・稲穂が畦を枕にねた姿をあらわす）＝大口市金波田／ハラメウチ（子どもが新婚家庭を訪ね、ハラメンボウで嫁を打って子孫繁栄を願う）＝大口市下木場

31

与論の十五夜踊り

1

2

3

1. 船踊り（一番組）
2. 獅子舞（二番組）
3. 今日の誇らしゃ（二番組）

33

鹿児島の正月行事

1

3

2

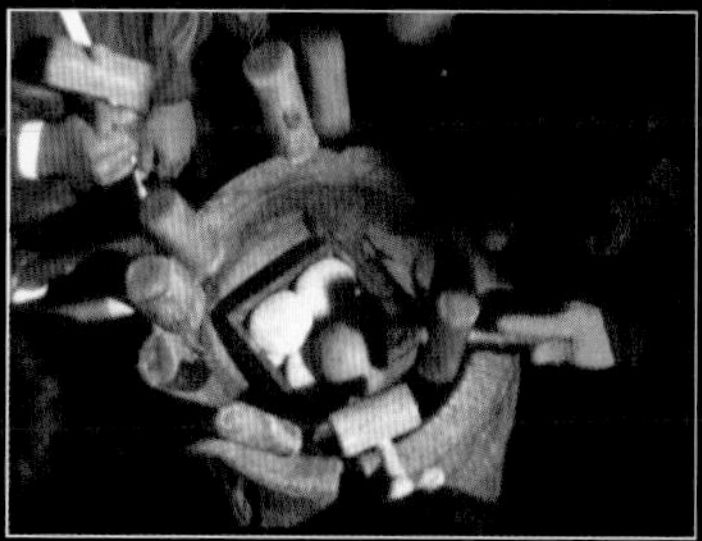

4

5

1. ハラメウチ（大口市下木場）
2. オオバン竿（佐多町瀬戸山）
3. 臼ねかせ（志布志町安楽）
4. コタコン（高山町鳥越）
5. 若木伐り（佐多町上之園）

34

秩父の通過儀礼 その五
——年祝いから先祖供養まで

埼玉県秩父市／秩父郡吉田町小川・下吉田、皆野町立沢・門平、長瀞町野上

1983年

●46分 ●埼玉県教育委員会委嘱

人は、さまざまな人生の節目をへたのち、終焉を迎える。「秩父の通過儀礼」シリーズ最後のこのフィルムは、葬送儀礼を中心に結婚以後の年祝いから先祖供養までの記録である。葬送儀礼は土葬での儀礼を再現した。

結婚後、人が一生を終えるまでにさまざまな儀礼がある。厄落としの儀礼、喜寿の祝い、米寿の祝いなど、秩父地方では現在でも盛んに行われている。

葬送儀礼の再現。人が死ぬと、葬式のすべての世話は隣組の人がする。葬式の知らせ、用具作り、土葬のための穴掘りに始まり、葬儀、最後の寺送りまで、隣組の人がとりしきる。

儀礼の間には、死の穢れが生者に及ばないよう、いろいろな決め事があった。入棺は近親者が腰に縄帯を巻いて行い、終わると縄帯も棺に入れる。葬儀では、女は頭に麻ひも、男は冠をつける。出棺は、前もって庭に立てられた四本の竹のまわりを三回半回って、墓地に向かう。家に帰ると、紙に逆さに描いた臼に腰かける恰好をして、塩でお清めをするなどである。

葬式の後は供養の行事がある。お盆。盆棚にお供えをして祖霊を迎えるとともに、精霊棚に無縁仏も迎える。送り盆にはお供えをゴザにくるんでもち、墓や川に送る。吉田町小川では百八灯《ひやくやっとう》という子ども中心の送り盆の行事をする。三三回忌には止塔婆《とめとうば》を立て、年忌の一段落とする。山から伐り出した、葉をつけたままの杉の木の表面を削って戒名をかいただけの木の卒塔《そとう》婆《ば》である。

人の死後にも数々の供養の儀礼が行われるのは、肉体の終焉がすべての終焉ではないとする生命観の反映である。そして、そこには止塔婆にみられるように、仏教的儀礼の背景にある古い日本人の精神文化がうかがえる。

35 金沢の羽山ごもり

福島県福島市金沢

1983年

● 36分　●福島市教育委員会委嘱

羽山《はやま》とは各地にある端山、葉山と共通のよび名で、遠い奥山ではなく人里近い里山のことである。その羽山に神が坐《いま》すと信じ、羽山の神の教えに従って生活を律していくという羽山信仰は、古くから東北地方を中心に広く日本列島に分布していた。神の教えをノリワラとよばれる託宣者が伝えるこの神事は、北方系シャーマニズムにもつながる日本人の信仰を髣髴させる。福島市金沢《かねさわ》の羽山ごもりは、羽山の神の声をノリワラを通じて聞くために、男たちが戒律を厳しく守って籠もる神事であり、一九八〇年国の重要無形民俗文化財に指定された。

神事は毎年旧暦十一月一二日から一八日まで行われる。籠もり開始の前日、神明《しめ》井戸の掃除。神明井戸は期間中、朝夕の水垢離をとり、ハナ（米）をとぐ神聖な井戸である。

一日目、男たちは自分の家で水垢離をとり、籠もり屋へ入る。そして神事が終わるまで家へは帰らない。毎朝夕水垢離をとり、羽山の神へのオガミ（礼拝）をする。一日二回の食事もヤワラの儀とよばれる儀礼である。食事の世話をするカシキは、オガッカア、バッパア、ヨメなど女性の名称でよばれ、それぞれの役目がある。

二日目、注連縄、下駄などの用具作り。三日目、籠もり屋に注連縄を張って神域作り。四日目、小宮参り。村中に点在するお宮に参る。五日目、ヨイサー行事。馬によるしろかき、苗打ち、田植えが象徴的に演じられる。田植えの無事、稲の豊作を願う。六日目、神に供える大ボンデン作り。お峰餅つき。最後の食事のときにオオヨセの儀、ゴッツォの儀などの儀礼が行われる。

七日目早朝、いよいよお山がけ。羽山の大神と神明様の御神体を奉ずる行列が羽山に登る。注連縄をはって神域を作り、そこでノリワラによる託宣が始まる。村人が問い、神の言葉をノリワラが伝える。神は、作物の穫れ具合いと村人の個人的なうかがいに答える。

34 秩父の通過儀礼 その五——年祝いから先祖供養まで

1

2

5

3

6

4

1. 米寿祝い
2. 納棺
3. 葬式。できるだけ古い姿で復元した
4. 出棺。縄は竹縄
5. 野辺の送り。行列をして墓場へ
6. 新盆の盆棚

35

金沢の羽山ごもり

1

2

3

4

5

1. 朝夕、水垢離をとる
2. 籠もり屋へ向かう男たち
3. 羽山様のお山に張る注連縄
4. ホド（火床）清め。1日2回の食事毎に行う
5. ヨイサー行事

36

伊作の太鼓踊り

鹿児島県日置郡吹上町伊作

1983年

太鼓踊りは、もとは旧暦七月終わり頃に行われる諏訪神社の夏祭に、鹿児島の各地で踊られたものである。そのなかでも伊作《いざく》の太鼓踊りは特に勇壮である。

この踊りは南方《みなみかた》神社に奉納される。ここはかつて、島津氏が信州諏訪から迎えた諏訪神社であった。伊作島津家の一〇代城主、島津忠良が、加世田の別府城を攻めるとき、戦勝祈願のために奉納したのが始まりだと伝えられている。

八月二六日、大祭の前々日、シオハマメーの行事が行われる。踊り子たちは白装束で吹上浜に行き、海に入って身を清める。そして波にあらわれた砂を盛り、それを中心にして、金峰山に向かって踊り始めを行う。白装束に太鼓だけをつけて踊る。踊りは四人で踊る中踊りと、それをとりまく数人の平踊りとで構成されている。湯の権現に参り、浜から持ち帰った潮砂を供える。

二七日は矢旗《やばた》作りなどの準備をするヤバタハイ。矢旗は、このあたりではトウウッパ（唐のうちわ）とよばれ、大きな軍配の形をしている。平踊りの踊り子が、これを背負って踊る。中踊りの踊り子が被る花笠やワラジなども作る。ヤバタハイが終わると支度ぞろえをする。中踊りの踊り子は、衣装をつけ花笠を被る。平踊りの踊り子は、トウウッパを背負う。そして、湯の権現に参拝し、村人に踊りが披露される。

二八日大祭。南方神社に踊りが奉納される。平踊りを踊るのは青年たち。トウウッパを大きく振りながらの、勇壮な踊りが特徴である。中踊りは少年がつとめ、花笠で顔をかくしながら、鉦とコデコ（小太鼓）で平踊りをリードする。踊りには「三足」、「踏み戻し」、「受取渡し」、「すり足」など一〇種類の型がある。

南方神社への奉納が終わると、多宝寺（伊作島津家の菩提寺跡）、宮内八幡、そして家々へと踊り歩く。

●21分　●鹿児島県歴史資料センター黎明館委嘱

37 八朔踊りとメンドン

鹿児島県鹿児島郡三島村硫黄島

1983年

●29分　●鹿児島県歴史資料センター黎明館委嘱

薩摩半島の南にある硫黄島。ここでは八朔《はっさく》の日（旧暦八月一日）に、八朔踊りが行われる。この行事にはメンドンとよばれる異様な形相の面が登場し、災いを祓う。

八朔の日を前に、メンドンの面作りが始まる。本来は、一四才になる男の子をもつ親が作ったものであった。テゴ（手籠）を中心の骨組みにし、そこに大きな耳がつけられる。紙を貼り、黒地に紅の模様を描く。うずまきや格子などの独特の文様である。他に踊り手が背負う矢旗や花笠も作られる。

八朔の朝、各家では神棚にサカキを供え、硫黄権現の境内にある氏神へ供え物をする。面を硫黄権現に奉納。奉納するのは一四才になった男子である。一方踊り手たちは海で身を清めた後、庄屋跡で矢旗を背負い、太鼓をつける。ミッチ（道行き）を踊りながら硫黄権現に向かい、その広場で一二曲奉納される。

踊りの途中、突然メンドンが飛び出してくる。面を被るのは青年。一番メンは踊り手のまわりを三回まわって戻る。二番メンが飛び出す。柴で踊り手や村人を叩いてまわる。次々メンドンが飛び出し、叩き歩く。叩かれることで災厄が祓われるのだという。メンドンと村人が入り乱れるなか、踊りが終わり、直会。メンドンは直会の最中も、次の日も、昼夜の別なく村中を暴れまわる。

翌日も硫黄権現前で八朔踊りが踊られる。踊りの最後は「叩き出し」の行事である。メンドンを先頭に踊り手たちは村の辻々をめぐり、村中の災厄を集め、海へ叩き出すのだという。

硫黄島の八朔踊りは、メンドンの登場が特徴である。節の変わり目に異形の神が現れて災いを祓う。悪石島《あくせきじま》のボゼ、甑島のトシドン、遠くは秋田のナマハゲにまでつながる、仮面文化の系譜を思わせる。

1

2

3

4

1. 南方神社。礼拝·奉納に訪れた踊り子たち
2. 平踊り。トウウッパを背負って踊る
3. 中踊り。鉦とコデコ(小太鼓)の少年たち
4. 中踊りの花笠

1

2

3

4

5

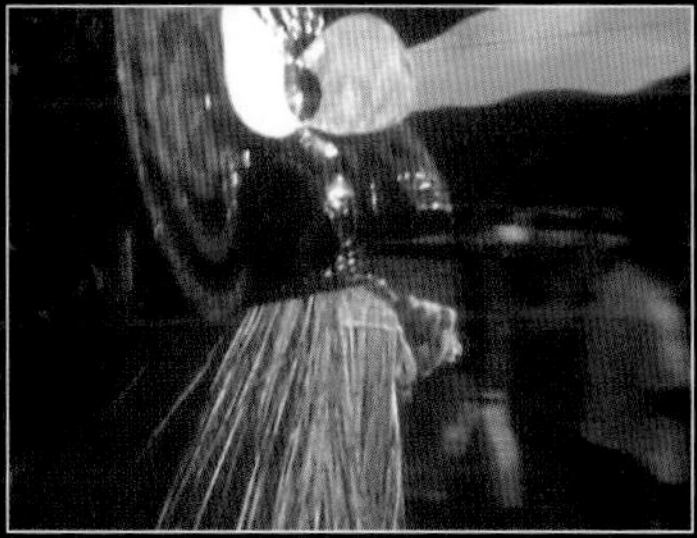

6

1. 八朔踊りの最中に現れるメンドン
2. メンドンの製作。朱色の模様を描く
3. 八朔当日、硫黄権現に奉納されたメンドンの面
4. 踊り手たちは海の潮で身を清める
5. 硫黄権現前の広場で八朔踊りが奉納される
6. 集落内を暴れまわるメンドン

38

佐仁の八月踊り

鹿児島県大島郡笠利町佐仁

1983年

奄美の島々では、旧暦八月を新しい季節の折り目とし、新たな季節の訪れを祝って、アラセツ（旧暦八月初の丙《ひのえ》の日）の前夜から八月踊りが踊られる。八月踊りは、単なる娯楽としての芸能ではない。アラセツからシバサシにいたる、南国奄美にとっては重大な季節変化に対応した信仰儀礼のひとつである。これは、その八月踊りが最も盛大に行われる奄美大島の北東部、笠利《かさり》町佐仁《さに》での記録である。

アラセツの供え物の準備。ミキを作る。昔は、若い娘が米を嚙んで醗酵させたという。シューギ（シトギ）、ダグ（団子）を作る。材料はともに米の粉である。カシャムチ（団子をサネンの葉に包んだもの）を作る地域もある。シューギとミキをまず火の神に供える。先祖棚にはシューギ、ミキ、ダグを供える。

八月踊りは、スカリ（アラセツの前夜）に始まる。大勢の男女が三ッ辻に集まり、踊り始める。男女がチヂン（太鼓）を中心にして分かれ、互いに掛け合いをしながら踊る。踊りは夜更けまで続く。

アラセツの朝、ノロとよばれる神事を司る女性のトンチ（屋敷）から踊りは始まり、それから家々を踊りめぐる。「家さがし」といって、家の繁栄を祝うのである。村人こぞって一軒一軒の家を踊りめぐり、祝い合う。

佐仁の八月踊りの特徴は、静かにゆったりと踊り始めるが、次第にテンポを速めて手足の動きがリズミカルになり、最高潮に達すると突然終わることにある。男女が分かれて、唄と踊りの掛け合いをするのも特徴である。

シバサシ（アラセツから七日目）。魔物を祓う、ススキを軒にさす。夕刻、門口でニンニクをのせたチカラシバを焼く。夜には、再び八月踊りをしながら家々をめぐる。

最後はイソオドリ。昔は浜で踊りおさめをしたものだという。

●30分　●鹿児島県歴史資料センター黎明館委嘱

39 ボゼの出る盆行事

鹿児島県鹿児島郡十島村悪石島

1983年

● 38分　●鹿児島県歴史資料センター黎明館委嘱

九州本土と奄美諸島の間に、南北に長く列状をなして点在する吐噶喇《とから》列島。そのほぼ中央部に位置する悪石島《あくせきじま》では、旧暦七月七日から一七日までさまざまな盆行事が行われる。異様な姿をしたボゼが現れるのも大きな特徴である。

旧暦七月七日の七夕の夜から一三日まで、「踊り習い」と称して毎日盆踊りが踊られる。一三日は祖霊を迎える準備。テラ（旧寺院）での精霊棚作り。各家では先祖の位牌を床の間におろし供え物をする。ホカシヨウロウ（無縁仏）にも供え物をする。イモガラ、ナス、カライモ、キュウリ、ホウセンカの花を細かく刻んでアワを混ぜた「水の子」を作る。一四日は家、墓、テラの精霊棚、庚申様、地蔵様での水まつり。水の子を供え、ショウハギの葉で水をかけながら唱え言をする。一五日夕方、盆踊り。終わると先祖の霊を家へ迎える。一五日、親戚の家の祖霊を拝んでまわる。水まつり、盆踊りをする。暗くなると先祖の霊を送って墓へ参る。夜、小二才《にせ》（一五才から三五才までの男）と大二才（三六才以上の男）に分かれて家々を踊りめぐる。一六日朝には、床の間の位牌が先祖棚に戻される。

一六日午後、盆踊りの最中に突然ボゼが現れる。ボゼは一四日から誰にも見られないように二才だけで作られた。手に持つボゼマラとよぶ棒で人々を突いてまわる。突かれると縁起がよいという。散々暴れまわっていなくなる。

一七日、浄めの行事。潮を汲み、潮を家中にまいて清める。ボゼの面はこわされ、テラの隅に置かれる。

盆行事は、それぞれの家の祖霊を迎え慰めるとともに、家の繁栄を願って行われるものである。そこへ異形の神ボゼが現れる。盆になぜボゼが現れるのかはよくわかっていないが、これは、仏教的形式が整う以前の祖霊まつりのあり方をうかがわせるひとつの姿である。

38

佐仁の八月踊り

1

2

3

4

5

1. アラセツの朝、家々を踊りめぐる
2. ミキ作り。千切りしたカライモを搗く
3. アラセツの前夜。新仏の家でおまいり
4. アラセツ当日、ノロトンチでの最初の踊り
5. 家さがし。庭での踊り

39

ボゼの出る盆行事

1

2

3

4

5

6

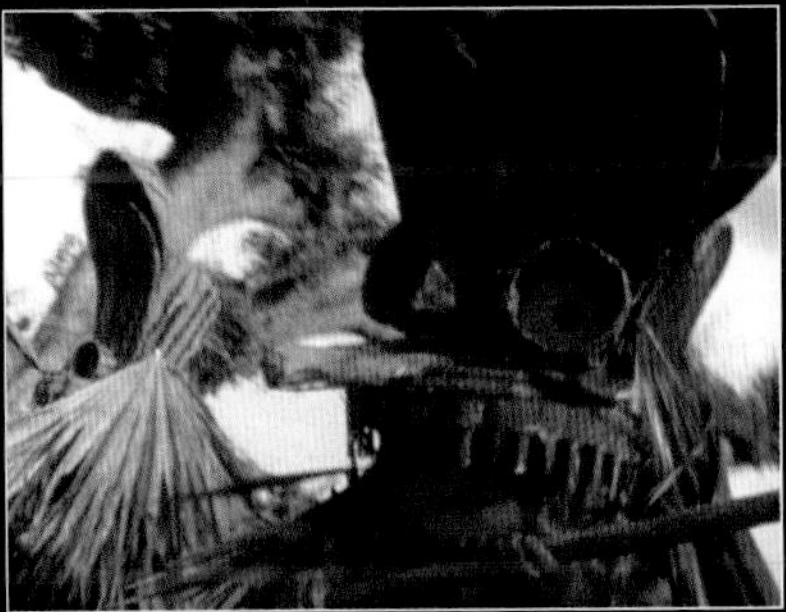
7

1. 暴れまわる来訪神·ボゼ
2. 盆行事·先祖への供え物
3. ボゼの骨組みは古いテゴ(手籠)
4. ボゼ面に色を付ける
5. 完成したボゼ面
6. 盆の最終日、寺の庭で「細川殿」を舞う
7. ボゼマラ(棒)で人々を突いてまわる

40 標津・竪穴住居をつくる

北海道標津郡標津町伊茶仁

1984年

知床半島のつけねの南側にある標津町《しべつ》。ここには縄文時代早期（約八〇〇〇年前）から鎌倉時代（約九〇〇年前）にいたる数千の竪穴住居趾がある。その復元の試みが二風谷のアイヌ、萱野茂さんに託された。北海道の先史文化とアイヌ文化の関係は、まだ未解明の点が多い。この復元作業は、標津町教育委員会の長年の発掘調査結果をふまえ、その復元にアイヌ民族の伝える技術がどこまで適合できるかを検討しながら行われたのである。北海道の先史文化をアイヌ文化との関連から探ろうというこころみであった。

縄文時代後期（約三〇〇〇年前）を想定した円型住居を復元する。最初に土留めの材を作る。丸太を縦に割って板状のワリハにする。ヤチダモなどの割れやすい木なら、石の道具で簡単に割ることができる。竪穴の土壁にワリハを横に並べ、ホタテ貝を使って土をつめ固定する。次いで二組のケトゥンニを立て、棟木を上げる。ケトゥンニにチセマカニをつけ、合掌材を丸くたてかけ、最後に茅で葺く。作品❸「チセアカラ」に記録されているアイヌの家の屋根作りの方法である。家は、地面の上に屋根を組んだ形になった。

次に平安時代末期（約九〇〇年前）を想定した大型の方形住居。土留めには、ワリハを縦に打ち込んでいく。方型に掘り下げた穴の四縁に材を置き、その上にケトゥンニを立て屋根を組み上げる。方型も円型も基本の技術に変わりはない。

方形住居に、発掘遺跡に出ているカマドを復元する。粘土に火山灰とワラを混ぜ、練ったものを団子状にして積んでいく。煙道はワラ束を芯にしてそのまわりに粘土を塗りつけ、かたちをとる。最後にワラを燃やして煙突状にする。

復元した家には囲炉裏もしつらえられた。最後に、屋根裏にヨモギの矢を放つチセチョッチャの儀式を行い、家の完成を祝う。

● 35分　●標津町竪穴の会委嘱

41

沙流川アイヌ・子どもの遊び——冬から春へ

北海道沙流郡平取町二風谷

1984年

●44分　●自主制作

萱野茂さんは、アイヌ文化のすぐれた伝承者であり、自らの体の内にあるアイヌ文化を子どもたちに伝えたいとたえず願ってきた。これは、萱野さんと子どもたちとの冬から春にかけての遊びの記録であり、作品⑩「沙流川アイヌ・子どもの遊び」の続編である。遊びは、家の中や家の周辺から、雪解けの山や川辺へと広がっていく。

冬。家の中で竹割り遊び。外に出て陣取り。雪が積もるとソリを作ってソリ滑りをする。鹿皮を敷いて滑る遊びに、子どもたちは夢中になる。雪玉を転がして弓矢で射る遊び。

初春、芽吹きの時。トペニ（イタヤカエデ）の樹液を集めてアイスキャンデーを作る。ワナを作ってエアミ（カケス）を捕る。ポンチチ（ネコヤナギ・小さい犬の意味）を手の平にのせ動かして遊ぶ。キクイモの芯を使ったスポポン、ドングイの笛、福寿草の花飾り、ホウの葉のお面、コクワのつるで谷渡りなど。

川原では、スマピラッカ（石の下駄）。石から石へつたって駆ける競争である。そして萱野さんは、砂にアイヌ模様を描いて子どもたちに教える。

囲炉裏端で、子どもたちは驚いた時のしぐさを教わる。「ホッノイヨーハイシトマレ」と言って鼻と口をふさぐのである。魂が飛び出さないためという。そしてアイヌ語の早口言葉の練習。

また、早春の山ではいろいろな動植物を見つける。カエルやエゾサンショウウオの卵、ハイキナ（イラクサ）、マカヨ（フキノトウ）、プクサ（ギョウジャニンニク）、ニハル（ヤドリギ）など。

子どもたちは動植物の名前を覚え、その性質を知っていった。自然と直接触れ合いながら、自然とのつきあい方を感じとっていく。そして、いろいろな遊びやアイヌ模様、アイヌ語の練習などを通じて、アイヌの精神文化の世界へ誘われていくのであった。

40 標津・竪穴住居をつくる

1

2

3

4

5

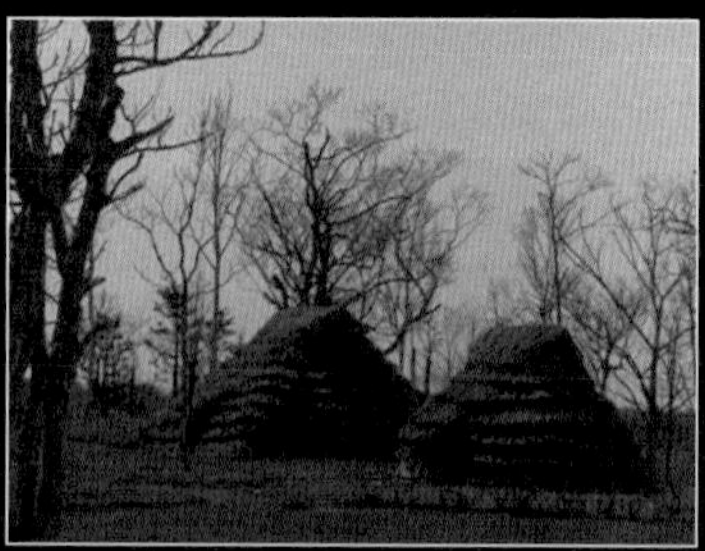
6

1. 屋根組の完成
2. 竪穴はヤチダモのワリハで土留めをする
3. 屋根を組む。棟木とチセマカニ
4. 屋根組の最終
5. 茅葺きの下地に敷くござ編み
6. 完成した竪穴住居

41 沙流川アイヌ・子どもの遊び——冬から春へ

1

2

3

4

5

1. 竹の割り方を教える萱野茂さん
2. 木のソリや鹿皮でのソリ遊び
3. 転がる雪玉を弓矢で射る
4. 自然とのつきあい方を教える
5. 陣取り遊び

42 ホゼと願成就

鹿児島県熊毛郡南種子町茎永・上中／川辺郡坊津町／曽於郡末吉町、大隅町

1984年

南九州では、ホゼあるいは願成就《がんじょうじゅ》とよばれる秋の収穫祭が行われる。まつりにはさまざまな儀礼があり、多彩な芸能で彩られている。これは、その代表的な四つのまつりの記録である。

南種子町宝満《ほうまん》神社の願成就。正月一五日にかけた願が成就した感謝の行事が一〇月一六日に行われる。社人《しゃにん》が清めの潮を汲む。拝殿に収穫したばかりの赤米を奉納するカケホの儀礼を行う。赤米は宝満神社の神《かみ》田《だ》で収穫される。大踊りの奉納。中世の念仏踊りや風《ふ》流《りゅう》の面影を伝える。

坊津町八坂神社のホゼ。一〇月一五日夜、八坂神社の神が神輿にのり、浜の宿へ下る。宿で人々は収穫物を神に供え、一晩神とともに過ごす。翌一六日、神は神社へ帰る。その行列に十二冠女《じゅうにかんめ》が奉仕する。一二才の女子が頭上に神への供え物を持つ。女の成人儀礼でもある。行列の先頭にはハナタカドンが立つ。また、シベを持つ幼児も参加し、行列は賑わう。

末吉町住吉神社のホゼ。十一月二二日から三日間行われる。ここでは、神に豊作を感謝し、まつりを賑わすためにさまざまな武芸が奉納される。そのなかでも流鏑馬《やぶさめ》や、滑るように油を流した竹を競争して登る油竹登りには特に歓声があがる。流鏑馬は本来は年占いのためのものであり、かつては的の真中に米の袋を下げて射ったものだという。

大隅町岩川八幡宮のホゼ。十一月三日、神社での祭典の後、弥五郎どんの着付けが始まる。弥五郎どんは五メートル程の巨大な人形で八幡宮の神を先導する。神は収穫を終えた田や人々を祝福して歩き、神社へ帰る。それぞれの家では客を招き、甘酒やコンニャク、マンガンメシ（赤飯）などのホゼの料理で豊作を祝いあう。

ホゼは、農民のまつりである。豊作を神に感謝するとともに、互いに労苦をねぎらいあう。そして一年の農作業を終えたひとときを楽しむのである。

●31分　●鹿児島県教育委員会委嘱

43 大隅の柴まつり

鹿児島県肝属郡大根占町池田・安水

1984年

大隅半島の西側、大根占町《おおねじめ》の山間部にある池田・安水には、旗山神社と立神神社をめぐって、稲作と狩りにかかわる事始めの行事がある。行事を担う中心は、神役の祝人《ほいどん》とそのつきそい役の伶人《れいじん》である。

大晦日、旗山神社で柴伏せ。社殿の隅に山から採ってきた柴を葉を裏にして立てる。この柴は、三、四日の神事に用いられる。一方、立神神社の境内には田打ち行事のための田がしつらえられる。

正月二日、立神神社で田打ち行事。幣と麻の緒をつけた榊を本殿にたてかけ、立神様を移し、その前庭で田打ちから苗とりまでの所作をする。終わると、祝人と伶人は立神様を勧請した神榊を捧げ、旗山神社へ向かう。途中に寄る宿では、歌い始め、針の使い始めなどの事始めの行事をする。各家の畑では、鍬を三度打つ鍬おこしが行われる。旗山神社に到着すると、祝人と伶人はズシ（雑炊）をいただき、風呂に入って、この日の行事は終わる。

三日、旗山神社で柴まつり。シシ狩り始めの行事である。朝、伏せてあった柴を表にする柴おこしをする。この日採ってきた七種の柴を束ね、幣をつけてヤマカンシバを作る。旗山神社にやってきた祝人たちは柴おこしの柴や立神様の神榊、ヤマカンシバなどを捧げ、村境のコノサカへ行列をする。到着すると柴おこしの柴を交叉させて立てる。山の神の絵を下げて魔物・疫病除けとし、餅盗人の絵を小枝で突き刺して外敵への懲らしめとする。次いで後方の小高い所で、椎や樫の枝を立ててシガキを作る。イノシシに見立てた藁苞《わらづと》をシガキに置き、シシ狩りの所作をする。これ以降、狩りや山仕事ができる。

四日、旗山神社と北西の高尾神社との間に点在する一ノ柴、二ノ柴、三ノ柴と高尾に柴を立てる。魔除けとシシ狩りの始めの行事である。

二〇日、旗山神社にある立神様の神榊とヤマカンシバを取り払い、神社前の大楠の根元に伏せて、すべての行事は終わる。

●44分　●鹿児島県歴史資料センター黎明館委嘱

1

2

3

4

5

6

1. 南種子町·宝満神社の浜で社人の潮汲み
2. 大踊り（南種子町）
3. 十二冠女の行列（坊津町八坂神社）
4. 流鏑馬（末吉町住吉神社）
5. 弥五郎どんの浜下り（大隅町岩川八幡宮）
6. ホゼの料理で豊作を祝う（岩川八幡宮）

1

2

4

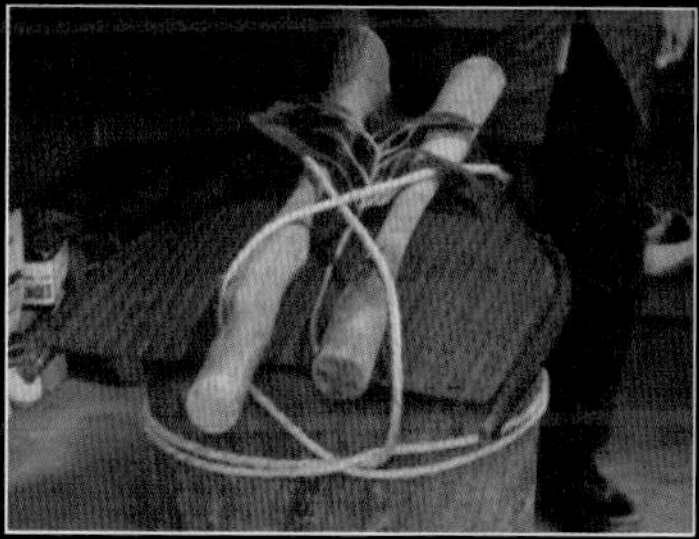
3

5

6

1. 二ノ柴での行事の後の直会
2. 正月飾りの大根
3. 正月行事「臼おこし」の臼と杵
4. 城井の宿の外。神榊に祈る
5. シシ狩り始めの行事
6. ヤマカンシバ立て行事の後、餅を焼く

44 川口の鋳物師

埼玉県川口市

1984年

これは、鋳物の町川口での、鋳物師《いものし》の伝統的な技と祈りの記録である。鋳物作りは、外側の鋳型（外型《そとがた》）と内側の鋳型（中子《なかご》）の間に溶けた鉄を流し込み、天水鉢や鐘などの鉄製品を作る作業である。明治になって、生型《なまかた》という砂を押し固めて鋳型を作る方法が入ったが、それ以前は粘土で作って焼き固めた焼型で作られた。ここでは、鋳物師・鈴木文吾さんの焼型による天水鉢作りを中心に記録をすすめている。

まず外型作り。外型の枠である金枠の内側に、ホロ砂（粘土を溶かした水で練った砂）をつけるホロヅケ。ホロ砂の上にマネ（粘土を溶かした水で川砂とススを練ったもの）を塗るマネビキ。素焼にした紋や文字の型を、外型の内側へいけ込む。粗い砂を内側の表面につける肌打ち。そして外型を焼く。

次に中子作り。中子は、外型の内側に外型に密着させて作る。まず外型の内側に炭の粉を塗る。できあがった中子をはずしやすくするためである。そしてその上に砂を積み固めて中子を作る。モロコミという。さらにそれを補強するウラマネ。中子の裏にマネを塗るのである。

中子ができると外型をはずす。中子の表面をカンナで削って、鉄を流し込む空間を作る。削った分が肉の厚さになる。そして、もとのように外型と合わせる。これで鋳型のできあがり。

溶かした鉄、「湯」を作るのはタキ屋の仕事で、湯を鋳型に流し込むのは吹き屋の仕事である。鋳込みが終わり、湯が冷えると鋳型をこわす。製品が姿を現す。この後焼きナマシをかけ、錆どめに漆を塗り、おはぐろを塗って完成する。

鋳物生産には、角《かど》のないよい砂のあることが必要条件である。荒川がその砂を供給してきた。また、火も重要である。荒川への感謝、火伏せの神であるお稲荷さんへの信仰、鍛冶屋・鋳物師の守り神である金山様への信仰。職人の技は、祈りとともに伝えられてきた。

●41分　●埼玉県教育委員会委嘱

45 奥三面の熊オソ

新潟県岩船郡朝日村奥三面

1984年

●16分　●自主制作

新潟県と山形県の県境の山間地にある奥三面《おくみおもて》は、昔から狩りが盛んであった。そして、オソとよばれる仕掛けワナによる狩猟も盛んに行われていた。しかし、昭和三〇年代に入ってオソは急速に消えていった。これはオソ作りの体験者、伊藤勘一さんと小池千秋さんによる再現の記録である。なお、これは作品50「越後奥三面―山に生かされた日々」におさめられている奥三面の生活技術を、さらに詳細にまとめた短編集の一編である。

オソとは、動物がその中を通ると、石をのせた吊り天井が落ち動物をおさえこむ、トンネル状の巧妙な仕掛けワナである。オソには、熊を獲る熊オソと、小動物を対象にしたムジナオソがあるが、今回は熊オソを再現した。

作るのは、秋の彼岸から十一月末頃まで。仕掛ける場所は、熊の通り道、山の尾根の肩である。材料はすべて、オソを作る場所の周辺で用意する。材と材の結束もマンサクなどの若枝で、それをねじって縛る。囲いの部分、天井、吊り装置をそれぞれ作り、吊り装置と天井をつなぐ。オソの内側中央に、ヤマブドウの皮などを材料にしたケズナをクモの巣状に張りめぐらし、吊り装置につなぐ。入ってきた熊が前へ進もうとケズナを払うと、吊り装置がはずれ、数百キロの石をのせた天井が落ちるのである。

オソキリ場（オソを仕掛ける場所）の権利は、奥三面の人々にとって不可欠の財産権のひとつであった。「オソキリ場、ドォ場（魚を捕る筌《うけ》を仕掛ける場所・作品47参照）、スゲ場（スゲを採る場所）、この三つが、ここで最も大事な財産権で、これらを分けてもらえば、田畑は分けてもらえなくても分家できたものだ」と奥三面の人は言う。第二次世界大戦後までのことで、奥三面という奥深い山村での生活のありようを想わせる。

1

2

3

4

5

6

7

1. 鈴木文吾さん、1964 年東京オリンピック聖火台の製作者
2. 外型を作る
3. 完成した外型
4. 紋を写しとる
5. 外型に紋をいけ込む
6. 漆を塗り、おはぐろを塗って磨く
7. 神社に納める天水鉢を出荷する

1

3

2

4

5

1. 熊の通り道に仕掛けられたオソ（ワナ）
2. オソに乗せる石。昔のオソの跡
3. マッタとよぶ杭を立て、梁を渡す
4. オソの天井を組む
5. 熊が通るであろうオソの道

46 山人の丸木舟

新潟県岩船郡朝日村奥三面

1984年

● 32分　●自主制作

これも、奥三面の生活技術をまとめた短編集の一編である。

奥三面は、広大な朝日連峰から流れ出る三面川の河岸段丘上にある。集落の足元を流れる三面川を渡って、人々は田畑を耕作し、山へ入って山のものをとって暮らしてきた。その川をめぐる生活に舟は不可欠であり、共同作業で丸木舟を作って共有物とした。第二次世界大戦後、橋がかけられ、舟は作られなくなった。これは、舟作りの経験者、高橋利博さんと若い小池昭巳さんが行った舟作りの記録である。

丸木舟は三、四月の堅雪《かたゆき》の季節に奥山で作られる。材はセン、トチ、ナラがよい。今回は樹齢二百数十年のトチを使った。伐り株にシバを立て、山の神へのあいさつをする。舟打ち（舟作り）作業は木を伐り倒した場所で行われる。まず、舟底を決める。舟底には材の北面部分、年輪の密度の高い部分をあてる。次に、舟の上面部分をはつっていく。ヨキでV字型に溝を切り込んでは横からクサビを打ち、剝がしとるオビラキとよぶ方法である。奥会津の木地師の椀の荒型をほり出す技術や、江戸時代の絵図に見られる樵夫《きこり》の技術と共通するものである。舟の内側を刳る中ほりや、外側側面を剝がすハンバキ落とし、舟底をとる底どりもオビラキの方法で行われる。そして舟ばたを仕上げる。集落から遠い雪山で一〇日余、全長五メートル五八センチ、最大幅六二センチの丸木舟が完成した。

村の男たちが大勢出て舟おろしをする。重い丸木舟を、雪の上を滑らせて運ぶ危険な作業である。この年の夏、奥三面で行われたセミナー「羽越国境のマタギの村・三面に学ぶ—日本の山地自然と山村文化を見直そう」（民映研主催）で、舟は初めて三面川に浮かべられたのであった。

山の生活者たちが舟を作る。これは奥三面だけでなく、下北半島のマタギの村などでも行われていたことであった。舟の歴史を考えるうえでも見落とすことのできないものである。

47 奥三面の「ドォ」つくり

新潟県岩船郡朝日村奥三面

1984年

●16分　●自主制作

川は人間生活の生命線である。奥三面では、昭和二八年に集落の二キロ下流にダムができるまでは、サケ、マスがのぼり、イワナ、ヤマメも豊富に捕ることができた。人々はドォとよぶ仕掛けを川や沢にかけて魚を捕った。これはそのドォ作りの工程を記録したものである。作ったのは伊藤善康さん。奥三面の生活技術をまとめた短編集の一編である。

ドォとは、一般には筌《うけ》とよばれる川漁の用具である。対象とする魚の種類によって、大小の違いがある。今回作ったのはマス用のドォである。

まず入口の仕掛け、アギを作る。ウツギ（タニウツギ）の木の先端を削って針状にする。ショウブ（ハイイヌガヤ）の木で作ったタガに、アギをスワ（ヤマブドウの蔓の皮）で一本一本縛り、漏斗状にする。アギのついたタガに胴体になるイバラ（野バラの一種）を結びつける。胴体の三ヶ所にタガがかけられ、先端をスワで縛って閉じ、完成である。

ドォは川や小沢の、魚の通り道に仕掛けられる。川の場合には、水量の多い流れの中心部ではなく、岸に近く伏流水の湧くような浅瀬である。魚がドォに向かうように八の字型に石を積み、のぼる魚を受けるように仕掛ける。魚は蔭を好むので、葉のついたシバをまわりにかぶせて魚を誘う。

ドォを仕掛ける場所、ドォ場をもつ権利は、奥三面では三つの基本的財産権のひとつであった（作品45参照）。人々の暮らしにとって、川魚がどれほど大事であったかを物語るものである。山仕事や田畑仕事のかたわら人々がドォを仕掛け、魚を捕った。アラマキ（魚をトチの葉とワラでしっかり包み清水に漬ける）やスシ（麹と飯、塩で漬けたなれずし）などにして魚を保存し、食生活に組み入れてきた。

1

2

3

4

5

6

7

1. オビラキ。山と谷を作ってはつる
2. 「ヤ(クサビ)」を打って一気にはつる
3. 上の面ができた
4. 中ほりで中心線を決める
5. 中ほりのあとチョウナで削る
6. 完成した丸木舟を山からおろす
7. 舟を水に浮かべて試す

47 奥三面の「ドォ」つくり

1

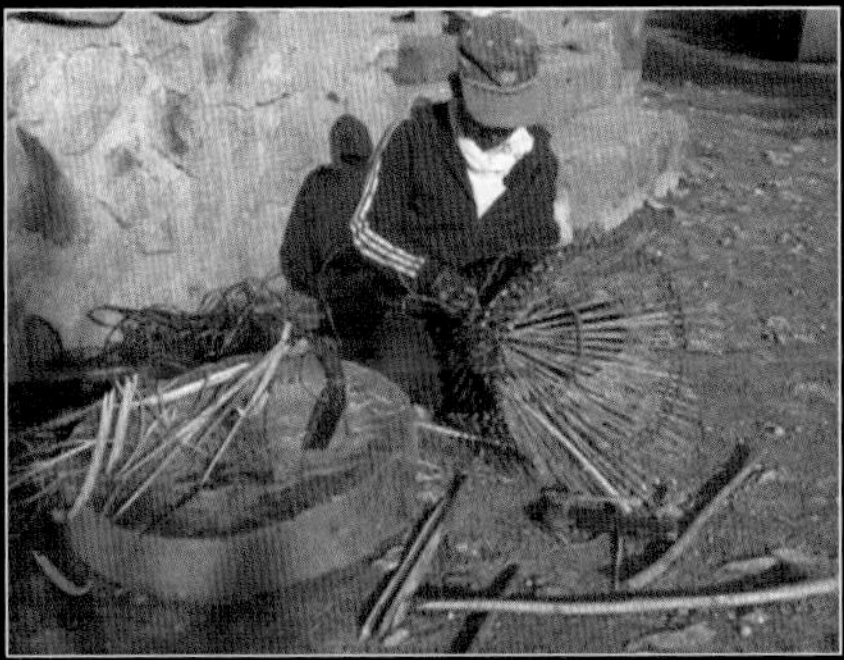
3

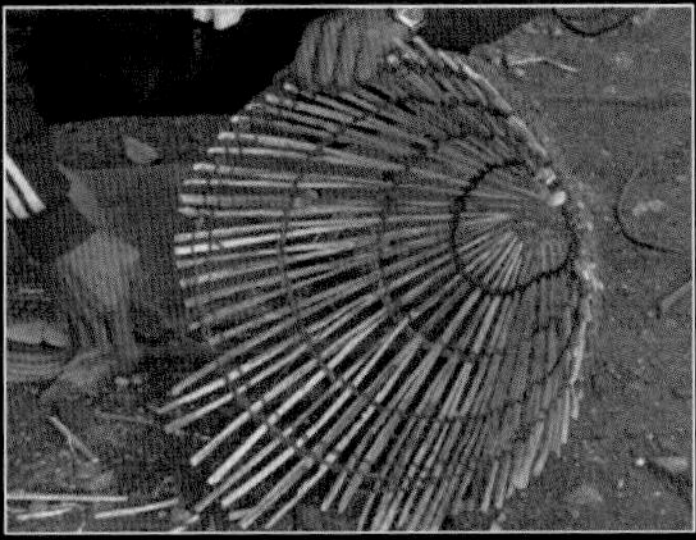
2

5

4

1. ドォ（筌）を仕掛ける
2. 入口の仕掛け、アギを組む
3. 魚の通る入口の完成
4. できあがったマス用のドォ
5. ドォ場の権利をもつ人が仕掛けに行く

48 ぜんまい小屋のくらし

新潟県岩船郡朝日村奥三面

1984年

●25分　●自主制作

奥三面の人たちが暮らす朝日山地は、ブナやミズナラを中心にした落葉広葉樹林におおわれた、山菜やキノコ、木の実の宝庫である。奥三面では、これらを食生活に不可欠のものとして取り入れてきた。特にゼンマイは、日常的な利用とともに、商品にするためにも大量に採られている。これは、ゼンマイにかかわる奥三面の暮らしの記録であり、生活技術をまとめた短編集の一編である。

奥三面では、ゼンマイ採りの拠点として、三面川やその支流の奥深い渓谷に、それぞれの家のゼンマイ小屋をもつ人が多い。秋、雪の季節を前にして、小屋の建て直しを行う。弱った材を新しくし、屋根の茅を葺きかえ、冬の深い雪でおしつぶされないように支えをする。材料はすべてまわりの山で用意する。材の結束はマンサクなどの若木やブドウヅルを利用する。

春、五月上旬、ゼンマイ採りが始まる。奥三面の人々はお互いのゼンマイ場を、暗黙のうちに認めあっている。小屋をもつ人は、生活用具を持ち込んで、約一ヶ月間泊まりがけで採る。小中学校は一〇日間のゼンマイ休み。子どもも大切な働き手である。午前一回、午後一回、一人一回三〇キロほどのゼンマイを小屋に運ぶ。奥三面の人々は一株のうち一、二本は残すことを心得ており、採り尽くすことはない。ゼンマイの綿毛を取り、熱湯でゆで、三日間、天日で乾燥する。再々、もんでは広げ、もんでは広げして乾かす。朝五、六時から夜の九、一〇時まで働く重労働の日々である。人々はそれをゼンマイ戦争とよぶ。

かつてゼンマイは、自家用に塩漬けにするか、そのまま干して保存するかだけであった。大正時代に山形県から、煙をかけて乾燥させる「青干し」という方法が伝えられ、それを契機にゼンマイを大量に売り出すようになった。ゼンマイの収入が一年の現金収入の半分以上にもなり、奥三面の大切な収入源になったのである。

49 田島祇園祭のおとうや行事

福島県南会津郡田島町

1984年

祇園祭は、酷暑の夏、悪疫退散を願って京都で始められ、田島町には鎌倉時代の初めに伝えられたという。中世以降盛んになった町衆の典型的なまつりである。ここでは神社での祭典や祭式に並行して、「おとうや」を中心にした町衆の組織による行事が行われる。祇園祭おとうや行事は、一九八一年国の重要無形民俗文化財に指定されている。

南会津の中心地である田島町では、町を一二に区分した伝統的なまつりの組があり、毎年交代で「おとうや」組をつとめる。「おとうや」とは、当番の家ということである。産土神である、田出宇賀《たでうが》神社の神を迎える「おとうや」と、同境内に鎮まる熊野神社の神を迎える「おとうや」が別個に設けられる。

一月一五日、「おとうや御千度」の行事。おとうや組の人たちが神社に詣って、まつりの無事を祈る。六月、まつり料理に欠かせないアカザ、タデ、フキなどを摘む。七月七日、神社境内や参道を掃除し、注連縄を作る。一二日、御神酒を仕込む。一七日、神を迎える「とうもと」（おとうやのこと）の家の前に御神橋をかけて、まつりの準備は整う。

七月一八日。とうもとの家の床の間に設けられた神棚に神を迎える。

一九日。夜、神職が神と一緒に休み、夜のうちに誰にも見られないように帰っていく。町には屋台が出て賑わう。

二〇日。早朝の「榊迎え」。山から伐り出した榊（ここではナラ）をとうもとに迎える。「七度《しちど》の使い」、少年二人が神への使いとなり、神社の拝殿と御手洗《みたらい》の間を六度往復する。「七器《ななはかい》の行列」、おとうや組の正装した男女が、神への供え物を捧げて神社まで行列する。「神輿の巡行」、神輿が町を巡行し、とうもとの家の前にやってくる。神輿の前で、神をとうもとに迎える神事を行う。町には華やかな屋台が出、芝居が演じられる。

二一日、とうもとに迎えた神を神社へ送り、まつりは終わる。

●50分　●田島町教育委員会委嘱

48 ぜんまい小屋のくらし

1

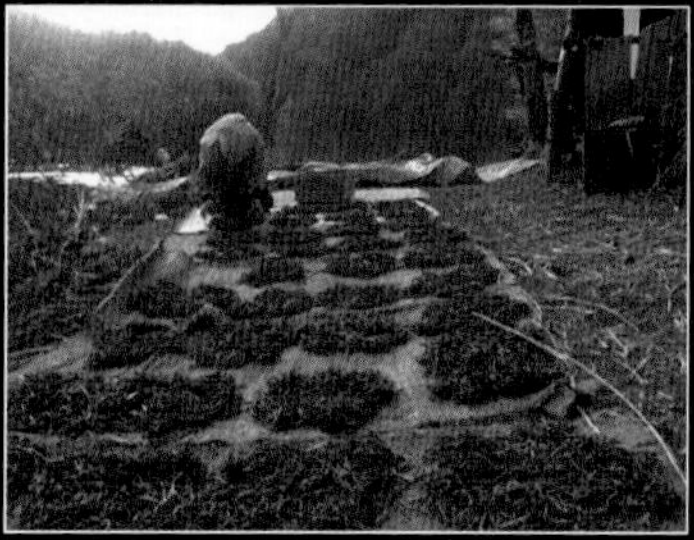

3

2

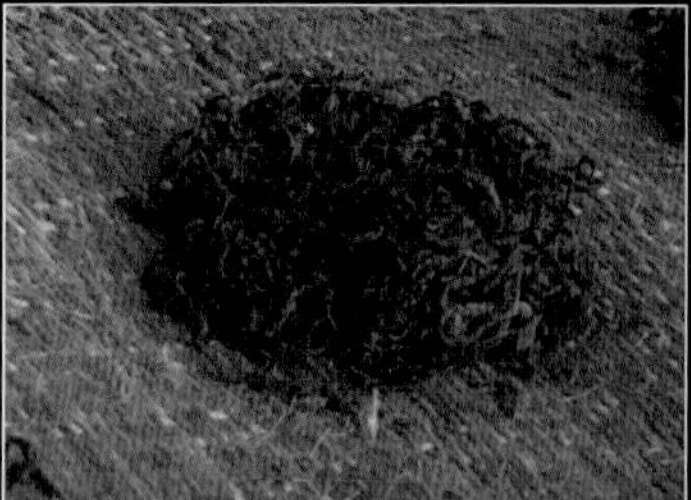

4

5

1. 春休み、一家総出で小屋で暮らす
2. ゼンマイ小屋を作る。掘立式
3. ゼンマイもみ。水分を押し出す
4. 干し上がったゼンマイ
5. 出荷するため大量のゼンマイを採る

49 田島祇園祭のおとうや行事

1

2

3

4

5

6

7

8

1. 1月15日、とうもとを先頭に神社へ
2. 1月15日、田出宇賀神社での直会
3. 7月12日に仕込んだ御神酒番をする
4. 7月18日、とうもとに御神酒を運ぶ
5. 7月20日、七度の使い
6. 7月20日、神迎えの初児
7. 7月20日、御神酒を湯桶に注ぐ
8. 7月20日、屋台が町に出る

50

越後奥三面

――山に生かされた日々

1984年

新潟県岩船郡朝日村奥三面

新潟県の北部、山形県との県境にある朝日連峰の懐深くに位置する奥三面。平家の落人伝説をもち、また縄文遺跡も残る歴史の古い山村である。人々は山にとりつき、山の恵みを受けて暮らし続けてきた。その奥三面がダムの湖底に沈む。この映画は、山の自然に見事に対応した奥三面の人々の生活を四季を通じて追い、ダム建設による閉村を前にした人々の想いをつづった長編記録である。

奥三面の人たちにとって、生活の基本は三万ヘクタールの山地である。その山地をいかに全面的に活用しながら人々が生きてきたか。記録スタッフは、一軒の家と畑を借り、そのことを見つめ続けてきた。

深い雪におおわれる冬。山猟。昭和三〇年代にカモシカ猟が禁止されるまで、厳しい戒律をもつスノヤマとよばれるカモシカ猟が行われた。現在は、ウサギなどの小動物の猟、そして堅雪の季節には熊狩りが行われる。これらは、冬の間の重要な動物性たんぱく質の供給源である。春、ゼンマイをはじめとする山菜採りが始まる。特にゼンマイ採りは家族総出で働き、戦争とよぶほど忙しい。そして田植え。ここにはすでに慶長二年(一五九七年)の「ここに田あり」という記録もある。夏はかつてはカノ(焼畑)の季節であった。川ではドォやヤスで、サケ・マス・イワナなどが捕えられた。秋、木の実・キノコ採り。山菜とともに長い冬の間の保存食である。そしてオソや鉄砲による秋の狩り。

記録作業を始めて四年目の冬、初めて、村人たちにダム水没問題を問いかけた。ある村人が言う。「山、山、山……。幾多の恩恵、心の支え……山しかねえな、山の暮らししかねえなあ」。そしてその冬、村人たちの雪山行に同行させてもらった。長柄の槍で斜面の深い雪をそぎ落としながら登っていった。狩りのためではない、山仕事のためでもない、ただ祖先の使った狩衣装をつけ、祖先がやったようにやってみたいという、いわば祖先への想いにかられた無償の行為であった。

なお、一九八五年秋の閉村以後、移転先での生活を記録する作業を続けている。

●145分　●自主制作　●(協力)トヨタ財団　●1984年度優秀映画鑑賞会特薦　●1984年度日本映画ペンクラブ特別推薦　●1984年度日本映画ペンクラブノンシアトリカル部門第1位　●1984年度キネマ旬報文化映画ベスト・テン第2位　●1986年シカゴ国際映画祭ドキュメンタリー部門銀賞

51 祓川の棒踊り

鹿児島県鹿屋市祓川

1985年

南九州、奄美諸島、沖縄では、棒踊りが盛んに行われる。大隅半島では旧暦二月の打植祭（作品㉕参照）と旧暦三月の早馬まつりに奉納するところが多い。大隅半島の高隈山の南麓にある祓川《はらいがわ》では、旧暦三月四日の瀬戸山《せとやま》神社のまつりに奉納される。

まつりに先立ち二才《にせ》衆（青年）は、棒踊りで使われるタカビ（カンナ屑をつけた注連縄でかざった鉾）やその他の道具を作る。女子青年団は、踊り手たちのためのショウガ湯を作る。踊り組は、上祓川、中祓川、下祓川の三組がある。一五才になると加わり、ことあるごとに練習する。

まつり当日。まず各組が、鳥居の前で棒つきをする。「今こそまいる神のものめい」と歌う唄は他の場所では歌ってはならないもの。そして石段の中程の踊り場に上がり、次々踊る。次に、早馬様の坐《いま》す馬場に場所を移し、踊る。早馬様は馬の神である。これから始まる農耕での牛馬の安全を祈っての踊りである。

踊るのは二才、歌うのは三才《さんぜ》（壮年）。歌い手は竹の先に楓や榊の枝をさした後山《あとやま》で顔を隠すようにして歌う。歌い手の中央にはタカビを持つ人たちがいて、唄にあわせてタカビで強く地面を突く。踊り手たちも六尺棒で地面を突き、あるいは打ち合う。最後に、上中下三組の踊り手たちが合同で踊る、踊り分かれをする。その後それぞれの地区に戻り、家々をまわる。踊りは深夜まで続き、女子青年団がふるまうショウガ湯で喉を潤す。踊り手たちの気つけ薬である。

現在の棒踊りは、テンポの速い、棒を激しく打ち合う踊りで、明治一五年頃にとりいれられたという。しかし、原形はゆったりとしており、棒で地面を突くことが、一番大切であったという。豊作を願って大地を突き、神の眠りを覚ましたのである。棒踊りは、単なる芸能ではなく、農耕にかかわる神事芸能なのである。

●26分　●鹿児島県歴史資料センター黎明館委嘱

50 越後奥三面——山に生かされた日々

1

2

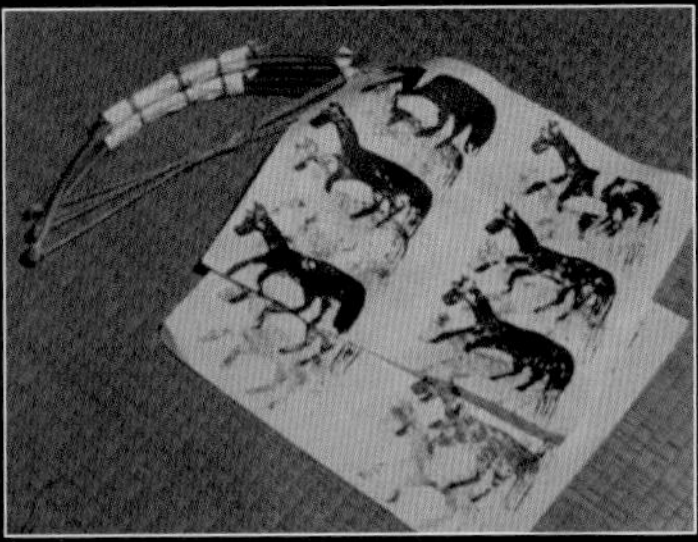
3

4

5

6

7

8

1. スノヤマ（カモシカ猟）。山上り再現
2. スノヤマの狩衣装
3. 山の神への供え物、十二駒形
4. 田植え、昼飯
5. 茅屋根補修
6. 虫送り
7. 百万遍（龍音寺）
8. 奥三面集落。前山より

51 祓川の棒踊り

1

3

2

4

5

1. 上中下3組の合同踊り
2. 馬場での棒突き
3. それぞれの地区へ移動
4. 踊り手の巡行
5. 地区神社での棒踊り

52 羽島崎神社の春まつり

鹿児島県串木野市羽島崎

1985年

●25分　●鹿児島県歴史資料センター黎明館委嘱

薩摩半島の西にある羽島崎《はしまざき》。ここでは農村部の在と漁村部の浦とが、羽島崎神社を祀っている。旧暦二月四日、羽島崎神社の春まつりがある。この時期鹿児島県では、各地で春まつりが行われる（作品25参照）。豊作を祈願する予祝儀礼であるが、羽島崎では在と浦のまつりが一緒に行われる。数え年五才の男の子がまつりの役割をになう一種の通過儀礼が加わることも、他のまつりにはみられない特徴である。

まつりの準備。浦では数え年五才の男の子のいる家で、特に盛大な祝いの宴がととのえられる。コガヤキ、ムシカマボコ、カライモのてんぷらなど祝いの料理がたくさん作られる。舟持ち行事に使うコサンダケとよばれる竹を、葉のついたまま伐り出す。神社に奉納されている舟の模型をきれいにする。在では、田打ちに使う椎の木を伐り出し、行事に使われる牛の面を神社に安置する。

まつり当日、浦の五才の男の子は介添え役の青年と神社へ向かう。介添えの青年とは仮の親子として生涯の縁を結ぶ。神社の境内で、まず舟持ち行事。奉納されていた舟が神社からおろされ、五才の男の子に引き継がれる。子どもは介添え役に助けられながら、大海原に見立てられた境内を一周する。子どもたちの行進が終わるとコサンダケを持った男たちの列が、舟唄を歌いながらゆっくりと境内を回る。コサンダケは舟をかたどっているといわれる。

次に在の人たちの打植行事。テチョ（父親）と息子の太郎が、即興で滑稽なやりとりをしながら田仕事の所作をする。ふたりが椎の木を、田に見立てた境内中をひきまわす。子どもたちはこれを切ってもらい、鍬とした小さいカギを作り持ち帰る。テチョが残りの枝を切って四方に撒く。刈敷（肥料）である。そしてカギで地面を打つ。太郎が牛を連れてくる。牛は面をつけた牛役の人。牛にモガをつけて田を鋤く。最後に在の五才の男の子が松葉を苗に見立てて、田植えの所作をする。

53 高山の水神まつりと八月踊り

鹿児島県肝属郡高山町本町

1985年

大隅半島の中程、高隈山地から流れ出る肝属川《きもつき》。この川は肝属平野に水の恵みを与えたが、一方大きな水害もおこしてきた。肝属川の周辺の人々は水神を祀って、川を鎮め、豊作を願った。まつりは、旧暦八月に入ると、肝属川の河口の地区から始まり、川を遡って中流の高山《こうやま》町では旧暦八月一八日に行われる。

高山の水神まつりはかつては四つの組で行われた。座元を中心にして、それぞれの組内にある水神のまつりをしてきた。水神には、各家の井戸、堤、川などに祀られているものや、座元が伝えてきた組の水神などがある。

まつり当日、早朝。屋敷内の井戸に祀られている水神にヒロリを供える。ヒロリとは竹に幾色かの色紙をつなげたものである。町中に祀られているそれぞれの組の水神に、ヒロリを供える。座元が守り伝えてきた水神にも供える。夕方、四組の主だった人が町にある水神の前で法楽《ふらく》という鉦踊りを奉納する。鉦と太鼓に合わせて歌い、足だけを動かす踊りである。座元の水神にも法楽を奉納して、水神まつりは終わる。

夜になると八月踊りが始まる。法楽同様、水神を慰め、水神に感謝する踊りである。町の通りに設けられた屋台を中心にして、男女いりみだれた大きな輪になって踊る。既婚女性はおこそ頭巾を被って顔をかくす。裾綿入れの派手な衣装が登場する。楽器は胡弓と太鼓と三味線、唄は江戸時代に盛んに歌われたくどき。大きく手を張り、大きく足を踏み込む踊りである。

高山の八月踊りは、水神まつりの法楽から発展したものだとみられている。水神まつりで行われる静かな鉦踊りと、華やかな夜の八月踊り。前者は中世の念仏踊りを想わせ、後者は近世の上方文化の伝播を想わせる。

●25分　●鹿児島県歴史資料センター黎明館委嘱

羽島崎神社の春まつり

1

2

4

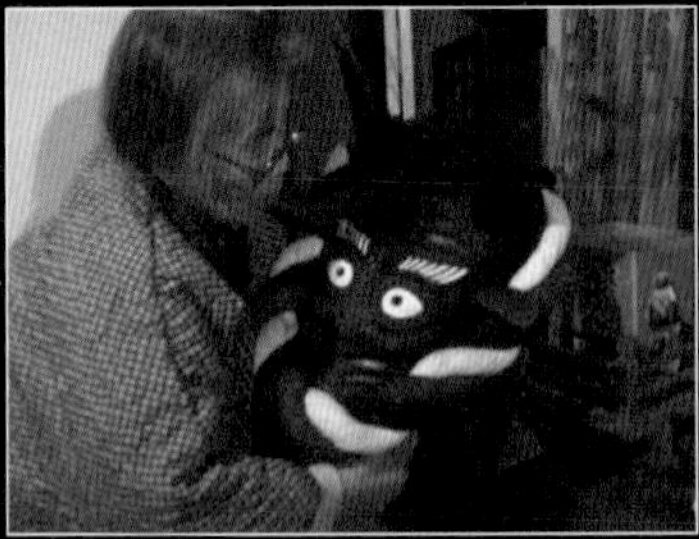

3

5

1. 舟持ち行事。浦の5才の男の子の通過儀礼
2. 行事に介添え役の二才を頼む
3. 牛の面は代々伝えられている
4. 在のテチョ（父親役）が牛を捕まえる
5. 打植行事。在の5才の男の子の通過儀礼

53

高山の水神まつりと八月踊り

1

2

5

3

6

4

1. 座元の水神に向かう4組の主だった人たち
2. 水神へ祈願
3. 鉦踊り·法楽を水神に奉納
4. 屋台を設える
5. おこそ頭巾。既婚女性は顔を隠して踊る
6. 八月踊り

54 西米良の焼畑

宮崎県児湯郡西米良村

1985年

九州山地のまっただ中にある西米良《めら》村では、第二次世界大戦後まで盛んに焼畑を行っていた。集落にある住まいと変わらないくらいの大きさの作小屋を山にもち、そこを拠点に、焼畑を行ったのである。これは、西米良村での焼畑作業と、それにかかわる儀礼の記録である。

西米良でコバ、ヤボとよぶ焼畑は、ヒエ、アワを作付ける小規模な秋コバ（ヤボ）と、主に大根やソバなどを作付ける小規模な夏コバ（ヤボ）がある。秋コバは秋に木を伐り翌春に焼き、夏コバは夏に伐って焼く。また、三、四年の作付け後の放棄期間が、秋コバは四〇から五〇年であるのに対し、夏コバは一〇から一五年と短い。

作業に先立ち、御神酒を入れた竹筒を木にかけて神に捧げるクチアケの儀礼を行う。休息のためのヨケ小屋も作る。そして木を伐る作業、ヤボキリ。伐り倒すのが困難な大木は、木おろしをして立ち枯れにする。先端に木鉤のついた長い竹竿、ツクを高い枝にかけて登り、枝を落としては次々に隣の木に移っていくのである。この時、山の神への祈りをこめた「木おろし唄」が歌われる。

防火用の火道をきり、いよいよ火入れである。火伏せの神のお札を立てて祈る。焼畑にする斜面の上辺、ヨッカシラの風下にまず火をつけ、順々につけ下ろし安全に、まんべんなく焼いていく。燃え残りを焼く木焼きや土留めをし、作業は終わる。種播きは数日後にする。

稔りの季節。「作の王」といわれる大根を収穫する。ヒエは穂だけを刈り取って収穫する。穂に手がとどかないほど良く成長した時は、竿でヒエを押し倒す「竿入れ」をして収穫する。西米良では、二穀メシ（米、粟）や三穀メシ（米、稗、豆）にして、焼畑の穀物が食されてきた。大根、ソバも重要な食料であった。

焼畑は、草木の復原力を利用して地力を回復させ、自然の生態系と対応させた農法であった。

● 43分　●西米良村教育委員会委嘱

55

川越の職人——鳶と左官

埼玉県川越市

1985年

小江戸とよばれる城下町、川越。ここは近隣農村の物資集散地として栄えた町であり、蔵造りの家並が続く。その蔵造りの家々を守ってきたのが、蔵造りの三職、鳶・大工・左官である。これは店蔵《たなぐら》の修理作業を通して、鳶と左官の技術と町での役割を記録したものである。

蔵造りや修理には、まず鳶が足場を組む。鳶の技術は結びの技術といってよいほど、結束の場所やその時の状況により、さまざまな結び方がある。左官は、泥と砂に藁を切ったツタを入れてつなぎにし、これあわせて、壁土になるコネ砂を作る。ツタあわせは特に大事で、左官の技術は、ツタあわせ半分、塗り方半分といわれる。

壁を作る時には、鳶が柱の間に縦横に竹を組む「木舞かき」をし、左官が木舞にツタを入れた泥を打ちつける。乾いたら、「大直し」、壁にシュロ縄を通しては、泥で上に塗り上げ、縄を押し込んでいく。次いで「樽巻き」、今度は縄を横に張りめぐらし、塗り込めていく。続いて「中塗り」、竹釘を打ちシュロ縄をからげながらコネ砂で塗る。乾かしては塗り乾かしては塗りの作業で、一蔵作るのに三年かかったという。そして「上塗り」は、ツノマタ（粘滑性の海草の一種）の煮汁と麻のツタに石灰《いしばい》を入れた漆喰で行う。最後に、石灰とカキの殻を焼いた灰と墨をツノマタの煮汁でこねた黒ノロをかけ、ツヤだしをして完成。

鳶の仕事は蔵を作るだけではない。蔵の前に置く用心土と水は絶やさないように気を配る。火事の時には駆けつけて、蔵の扉をしめ、用心土で目塗りをして店を守る。鳶は裏方として店や町内を守ってきたのである。商人のまつり「川越まつり」でも、鳶は山車を組み立て、動かし、裏方に徹して働く。鳶と町衆とのつながりは強かった。鳶は決まったお店とのつきあいを代々守ってきた。その店の裏方として働くことで、商人を支え、町を支えてきたのである。

●44分　●埼玉県教育委員会委嘱

54 西米良の焼畑

1

4

2

5

3

6

1. セビ。山ノ神への捧げ物として残した枝
2. 木おろし。竹竿のツクを使い、木に登る
3. ツクを使って隣の木へ移る
4. 火入れ
5. 事前に刈った火道（防火線）で延焼しない
6. 対岸より焼畑火入れの全景

55

川越の職人——鳶と左官

1

3

2

4

5

6

1.「時の鐘」前を行く鳶の親方
2. 小江戸とよばれる蔵造りの家並
3. 鳶の足場作り、その結束技術
4. 壁塗り。下地となる木舞かきは鳶の仕事
5. 左官。蔵造りの修理
6. 川越まつりの人形を屋台に背負い上げる鳶

56 わたしたちのまち・自然・いのち

長崎県長崎市／宮城県気仙沼市／青森県上北郡天間林村／東京都世田谷区

1985年

人の生活は、自然、社会組織、文化、人間関係などの環境とさまざまにかかわりあって成り立っている。環境を考えることは、どう生きるかという問題に通じる。トヨタ財団では毎年、その身近な環境の問題に積極的に取り組み研究するグループに研究助成をしている。これはそのうちの四グループ（一九八四年度助成）の活動記録である。

◎「長崎再発見研究会」　一九八二年、長崎市に犠牲者二九九人を出す大水害がおこる。中島川をきれいにしようと活動を続けてきた市民、大学教師、学生による研究会では、被害の実態調査を始めた。そしていくつかの発見をする。例えば、被害を大きくしたと考えられていた石橋は、洪水時に壊れて流れることで、水をせきとめないことがわかる。その発見により、長崎市のシンボルである石橋は守られた。

◎「十八鳴《くぐなり》浜研究会」　鳴り砂で有名な気仙沼市十八鳴浜では、砂の鳴りが悪くなり、浜も狭くなった。その原因の探求に高校教師や役場職員、その他さまざまな職業の人が集まった。顕微鏡で砂粒の形を見、カメラをのせた気球を上げて波の動きを観察する。なぜ鳴らなくなったのかということは、なぜ鳴るのかを明らかにすることでもあった。

◎「コウモリ保護研究会」　青森県天間館《てんまだて》神社の拝殿にトウヨウヒナコウモリが住みついた。大学、高校の動物学の教師、生徒と天間林村の人々からなる研究会は、コウモリを特別に作った小屋に移すことに成功。研究はコウモリの生態調査へと展開する。コウモリの出産という貴重な場面も記録された。

◎「子どもの遊びと街研究会」「子どもたちに土の広場を！」と活動する地域の人々と都市計画家、学生が出会い、研究会が生まれた。東京三軒茶屋と太子堂《たいしどう》で、子どもの頃の遊びと遊び場について調査をする。昭和初期、昭和三〇年代、そして現代の子どもについてである。そこから『三世代遊び場マップ』が生まれた。

●34分　●トヨタ財団委嘱

57

陸奥室根の荒まつり

岩手県東磐井郡室根村／宮城県本吉郡唐桑町舞根

1986年

岩手県の南部にある室根《むろね》山の山頂近くには、紀州から熊野権現を勧請した室根神社があり、約三年に一度、壮大なまつりが行われる。荒まつりとよばれる、室根神社の大祭である。熊野権現の勧請が旧暦閏年の翌年であったため、まつりもその故事に従って、閏年の翌年旧暦九月一七日〜一九日に行われる。このまつりは、熊野信仰の東北への伝播の歴史をうかがわせるものであり、収穫の終わったこの時期にお山の神を迎え、収穫を感謝するまつりでもある。室根神社には本宮と新宮があり、本宮は奈良時代に、新宮は鎌倉初期に勧請されたという。

まつりの準備。室根山の南にある町のはずれにマツリバが設けられ、その正面に神を迎えるための本宮、新宮それぞれのお仮宮《かりみや》が建てられる。代々決まった家の人がこれを行う。他に六〇ほどの役割があり、約二五〇〇人の人々がそれぞれを受けもつ。

一七日、マツリバの馬場祓い。お仮宮を囲む簀垣のまわりに設けられた馬場を祓う。一八日、室根神社南の南流《なんりゅう》神社にある両宮の神輿を、陸尺《ろくしゃく》とよぶ神役が奉じて室根山へ向かう。夜、陸尺頭取による造営しらべ。お仮宮がきまり通り作られてあるかを調べる。室根神社では、神に粥を献じて忌夜《いみや》祭。一九日午前一時、両宮の御霊がそれぞれの神輿へ移される。寅の満天の刻（午前四時）、約一二〇〇人の陸尺が奉じた両宮の神輿が、一直線にマツリバへ下る。途中お田植え行事、御神馬《しんめ》お迎えなどの儀礼がある。山麓の鳥居近くまで来ると、それぞれの神輿の屋根につけられてある孔雀を若い陸尺が取り、それぞれをかかげてお仮宮へ向かって走る。神輿も激しくぶつかり合いながら走り、マツリバへの先着を競う。マツリバに着くと神輿をお仮宮へ引き上げる。まつりの最高潮の時であり、これが荒まつりの名の由来でもある。

神霊がお仮宮に安置されると、華やかな袰《ほろ》まつり（山車群）などが馬場を巡り、神霊を慰める。終わると神は静かに山へ帰る。

●57分　●室根村教育委員会委嘱

1

2

3

4

5

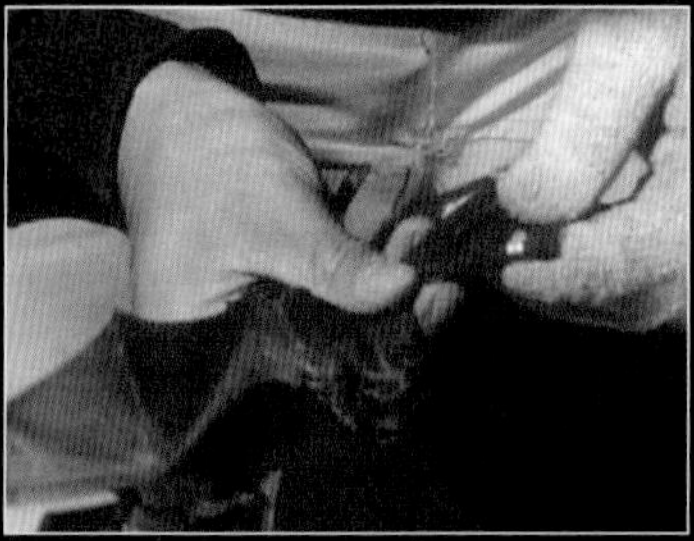

6

7

1. 水害時の石橋の大切さを説明する（長崎再発見研究会）
2. 水害犠牲者供養（同上）
3. 十八鳴浜研究会の鳴り砂の調査
4. 十八鳴浜研究会の潮流調査
5. コウモリに占領された神社（コウモリ保護研究会）
6. コウモリの羽につけた標識（同上）
7. 町内遊び場調査（子どもの遊びと街研究会）

57

陸奥室根の荒まつり

1

4

2

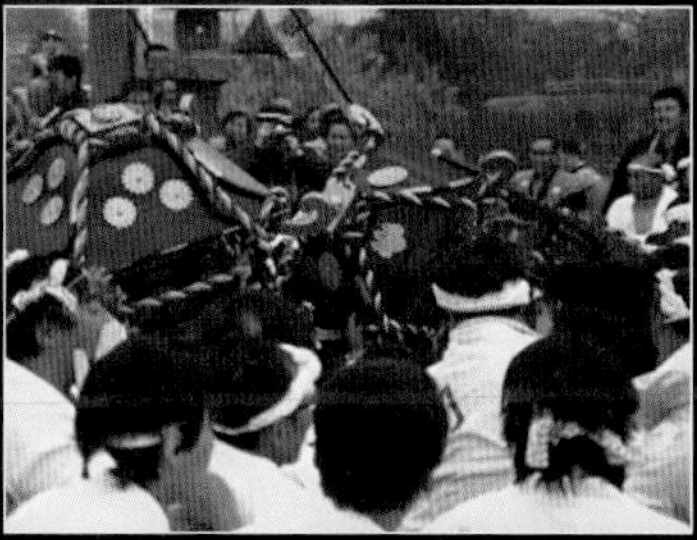
5

3

6

1. 室根神社の鳥居から室根山を望む
2. マツリバに設けられた仮宮の櫓
3. 南流神社で本宮·新宮の神輿を引き出す
4. 御潮献納役は唐桑の海から潮を汲む
5. マツリバで二つの神輿がぶつかり合う
6. どちらの神輿が先に仮宮に上がるか競う

58 奈良田の焼畑

山梨県南巨摩郡早川町奈良田

1986年

●34分　●早川町教育委員会委嘱

南アルプスの東側、早川渓谷の奥に奈良田《ならだ》はある。ここでは昭和二〇年代後半まで、焼畑が生活の基本であった。これは郷土の生活文化である焼畑を伝えようと、奈良田の人たちによって行われた復元の記録である。

奈良田の焼畑は、前年の秋に草木を伐り倒して翌春に焼く「春焼き」と、夏に伐りひらき数日後に焼く「夏焼き」がある。春焼きでは一年目にアワ、二年目に大豆や小豆、三年目に再びアワを作り、夏焼きでは一年目にソバ、二年目にアワを作ることが多かった。

奈良田では、標高約一五〇〇メートル以上では焼畑ができない。それ以下のところでも、陽あたりのよい南斜面の適地は限られる。適地を効率よく利用するために、共同で焼畑をする一五ヶ所の場所があり、一五年に一度、順々に焼いていった。また、短期間に地力を回復させるために、作付け二年目にケヤマハンノキやヤシャブシ、カラマツを植える。

正月十一日、鍬《かい》入れ節句。柱に飾られていた松を屋敷内の畑に移し、餅、柿などを供え、鍬で土を起こして豊作を祈る。

焼畑作業は、ヤブ伐りから始まる。次に乾燥を早めるために木を細かく切るコヅクリ。火をつける前に草や枯葉を取り除いて防火線をきるホンギリ。カシラ（焼畑地の上辺）の風下から火はつけられ、徐々に下に火をつけおろすヒッチャリ焼きをする。焼き終わったら燃え残りの木を焼くツブラ焼きをし、ヨセカケ（土留め）をする。この後小屋を作る。小屋は片流れの屋根で、木の皮でおおった簡単なものであるが、ここに長期間泊まって作業が行われたという。

夏は草取りや虫送りの行事をする。稔りの時期には、イノシシの害を防ぐためにカガシを立てる。イノシシや人間の毛をつけたカガシを燃やし、その異臭でイノシシを退散させる。そして収穫を迎える。

旧暦一〇月一〇日、十日夜《とおかんや》。団子を神に供え豊作に感謝し一年を終える。

59 武州藍

埼玉県羽生市／熊谷市

1986年

武蔵国で藍作りが始まったのは江戸時代という。大消費地、江戸とのかかわりから生まれた産地であった。これはその藍栽培から染めまでの伝統的技術と習俗の記録である。

正月二日、染物師と紺屋《こうや》の家では、振袖の着物形に切った和紙を藍で染める初染めをする。仕事の無事と藍が健やかであれと祈る。一月二六日愛染さまの縁日。愛染明王は染物師と紺屋の信仰する神である。

春四月、種蒔き。発芽一ヶ月後に移植。根付きをよくするため根は洗う。夏八月下旬、刈り取って干す。「藍ねせ」、籾殻の上にゴザを敷いたネセ床に、水をしみ込ませた藍を積み上げ、自然醗酵させる。藍ねせからほぼ一〇日目に「きりかえし」、水を注ぎ、藍をほぐして空気に触れさせる。約一〇〇日後「藍玉作り」、茎と葉を搗いて混ぜ、丸めて乾燥させる。保存と運搬のためである。

紺屋ではまず「藍だて」、水に溶けない藍の色素を還元して、水溶性にする。灰に熱湯を注ぎ、その上澄液、アクを藍と混ぜる。灰は樫などの堅い木のものがよい。次に醗酵の分解作用で色素を抽出していく。フスマ（小麦を製粉するときに出る皮）や酒を加え、藍甕の下の火床に火を入れて温め、醗酵を促す。約一週間で表面に青い泡が立ち、さらに紫色になると藍だては終わる。この方法を「地獄だて」という。この他に、使っていた藍汁に藍玉を足す「ともだて」がある。

次に「糸染め」、藍甕に糸を浸け、絞る。そして風きりをする。藍を空気にふれさせて酸化させ、糸に色素を定着させる作業である。それを何度か繰り返して、望みの濃さの藍色に染めあげていく。

またこの地方では、長板中型《ながいたちゅうがた》という型染めの方法も発達した。浴衣がこの方法で盛んに染められた。

藍は生きものだという。機嫌の善し悪しがある。その藍の様子を丹念にみながら染める技術には、職人の技と祈りがこめられている。

●43分　●埼玉県教育委員会委嘱

58

奈良田の焼畑

1

2

3

4

5

6

7

1. 奈良田より望む南アルプス
2. 火入れの松明に着火
3. ヤブ伐りした畑に火を入れる
4. ヒッチャリ焼き。最後、下段の火入れ
5. ソバ畑。白いソバの花
6. 水車でソバを挽き、ソバ粉にする
7. 新ソバのソバキリ

59 武州藍

1

5

2

6

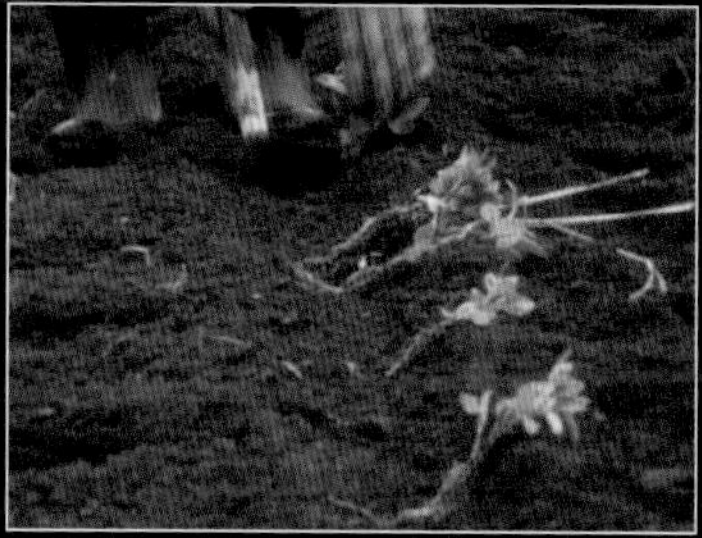
3

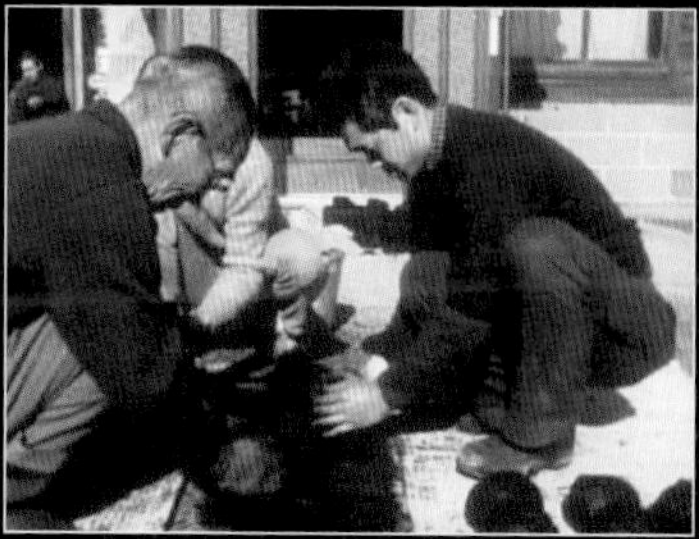
4

1. 型染めの後、疲れた藍を直す
2. 正月の初染め
3. 藍の苗の移植
4. 藍玉作り
5. 地獄だての火の管理
6. 染めた布の乾燥

60 奄美のノロのまつり

鹿児島県大島郡瀬戸内町阿多地・須子茂

1987年

奄美、沖縄と続く島々には、村の神事を司る女性、ノロがいる。奄美諸島の多くの集落では、季節の折目と深く結びついたノロのまつりがある。集落の多くは、中央にある広場、ミャーに建つトネヤとアシャゲがあり、まつりは主にここで行われる。これは加計呂麻島での記録である。オムケとオオホリを阿多地《あだち》、それ以外を須子茂《すこも》で記録した。

オムケ（お迎え）、旧暦二月初の壬《みずのえ》の日。ノロとカミンチュ（神人）が浜でススキを振って海の彼方から神を招き、トネヤに迎える。米粉を水で溶いたスダシミシャクと、米粉を水で固めたシューギを供える。

オオホリ（お送り）、旧暦四月初の壬の日。迎えた神を海の彼方へ帰す。スダシミシャクとシューギを供え、ノロ、カミンチュがタハブイをする。チヂン（大鼓）に合わせて踊ることで恍惚状態に入り、神と一体化するという。最後に浜へ出て、渚でススキを振りつつ神を送る。

アラホバナ（新穂花）、旧暦六月初の戊《つちのえ》の日。アシャゲで稲の初穂をまつる。まつりに先立ち三日ミシャクを作る。これは米粉に水を加えて炊き、ハヌスとよばれるサツマイモをすりおろして入れ、三日間醗酵させたものである。ノロは神衣を着、カブリカズラを被って神となる。ノロが初穂で三日ミシャクをお祓いし、いただく。

ハナレンメ（離島の折り目）、旧暦六月初壬の日。集落の沖にある島は須子茂の人たちの作物づくりの場であった。その豊作と海の安全を願うまつりをアシャゲで行う。三日ミシャクや供物がノロに捧げられる。ミャーの口あけともいい、この日から八月踊り（作品38参照）が始まる。

フユンメ（冬の折り目）、旧暦十一月初庚《かのえ》の日。トネヤで行う。コーシャとよばれる山芋やサトイモ、ハヌスを高膳に盛り、三日ミシャク、シューギとともにノロに捧げる。ノロに捧げたコーシャを切り分けて一同いただいて、フユンメは終わる。

●34分　●鹿児島県教育委員会委嘱

奄美のノロのまつり その二

鹿児島県大島郡大和村今里／名瀬市大熊

1988年

奄美大島の多くの村々で行われるノロのまつりのやり方は一様ではない。作品60の加計呂麻島でのノロまつりにひき続き、オムケを大和村今里《いまざと》で、それ以外を名瀬市大熊《だいくま》で記録した。

オムケ（お迎え）、旧暦二月中の壬《みずのえ》の日。海の彼方から神を迎える神事をする。トネヤでノロとカミンチュ（神人）が神を迎えるナリガネを鳴らす。次いで、ノロとカミンチュは魔除けのススキを振って道を清めながら浜へ下り、ノロが神を招く。カミンチュは神を迎えた喜びを大きな魚が網にかかった様子などの所作であらわす。最後に魔を祓ったススキを、後ろ向きに海に投げる。神は二ヶ月後、オオホリ（お送り）をして送り帰す。

アラホバナ（新穂花）、旧暦六月初の庚《かのえ》の日。稲の初穂を迎え豊作を祈る。前日グジ（男の神役）が稲の初穂を三本刈り取ってくる。これをノロが水に浸し唱え言をしながら七粒とって殻をむき、食べる。次いで、精が強いとされる桃の木の箸で米とカライモで作ったミキをかき混ぜながら唱え言をする。これを壺に返して混ぜ一同でいただく。

ウフンメ（一番大きい折り目）、旧暦七月中の壬の日。カミンチュは正装し、両頬に七つずつの赤い点をノロにつけてもらう。チヂン（太鼓）を打ち、ウフンメの時にだけ歌われるミフシを歌い、代わる代わる舞う。

フユンメ（冬の折り目）、旧暦十一月初の戊《つちのえ》の日。収穫感謝のまつりである。これで一年にわたるノロのまつりが終わる。

アラホバナ、ウフンメ、フユンメの前日には、ユーバントリモチとよぶ行事が行われる。「晩御飯を御馳走する」という意味で、女性はその男兄弟に招かれ、接待をうける。神酒を取り交わし、男兄弟に生きていくうえでの強い力を与えるのだという。そこには姉や妹が男兄弟を守るという、奄美に古く伝わるオナリ神信仰が息づいている。

●32分　●鹿児島県教育委員会委嘱

60

奄美のノロのまつり

1

3

2

4

5

1. オオホリ(お送り)。神を送り返す
2. オオホリでのノロの踊り(タハブイ)
3. オムケ(お迎え)。浜で神を迎える
4. シューギ(米粉の団子)をいただく
5. ウチキヘイ。初穂を担ぎ持ち帰る儀礼

61

奄美のノロのまつり その二

1

2

3

4

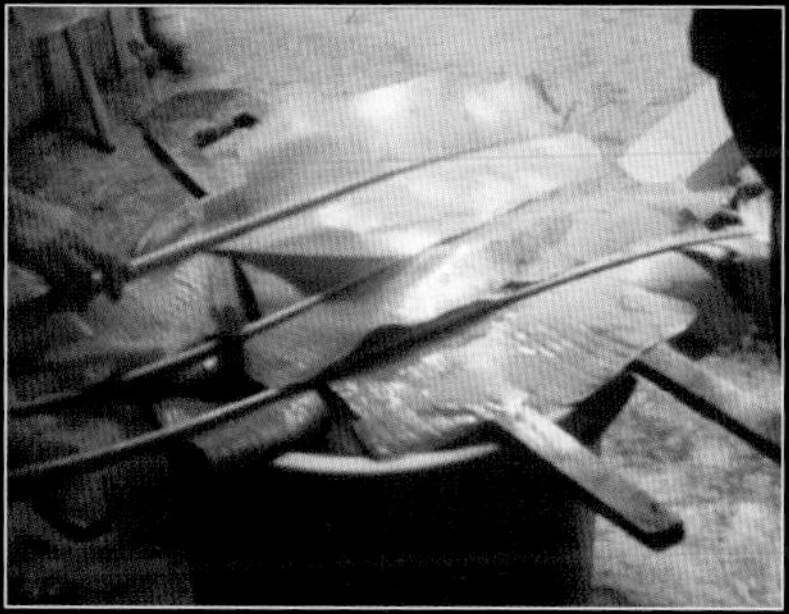

5

6

7

1. 立神に向かって神迎えをする（大和村今里）
2. トネヤでの祈り。神迎えに向かう前（同上）
3. 神を迎えた喜びの所作事（同上）
4. 立神。神はこの岩を目指して来る（同上）
5. ミキづくり。発酵を待つ（同上）
6. アラホバナ。豊作祈願のまつり（名瀬市大熊）
7. フユンメの前の晩のユーバントリモチ（同上）

62 マイワイの社会

1988年

千葉県長生郡一宮町／山武郡九十九里町／銚子市／匝瑳郡野栄町／旭市／勝浦市

● 42分　●千葉県教育委員会委嘱

房総半島の漁村では、昭和初期まで盛んにマイワイが行われていた。マイワイとは、大漁のお祝いに網主が船の乗り子に配った反物のことだが、それをやりとりすることもマイワイといわれていた。マイワイには網主ごとに決まっている縁起のよい柄が染めぬかれており、乗り子たちはそれを着物に仕立て、大漁祝いの祝宴や一党そろっての宮参りに着た。この風習は北海道から静岡県まで分布していたことが、千葉県立博物館「房総の村」の調査で確かめられている。

マイワイは江戸時代後期からの習俗といわれ、大漁祈願の絵馬の奉納もこの頃から始まったという。絵馬には漁の様子を描いたものも多数ある。地引き網や八《やっ》手《で》網、巾着《きんちゃく》網、あぐり網による漁。また、イワシを浜で干す様子も描かれている。ホシカ(干したイワシ)やシメカス（脂を絞った後のイワシのカス）は、徳島の藍栽培地帯や大阪平野、埼玉、栃木の綿作地帯に、肥料として売られた。畑作農業の興隆が、房総の漁業を発展させ、マイワイの習俗もそれにつれ盛んになったのである。

マイワイを作るのは紺屋。網主ごとの華やかな絵柄は、型染で染める。型紙も紺屋で彫ることが多かった。型紙を使って糊をひいた後、色をさしていく。ボカシの技術などは、紺屋職人の腕のみせどころである。地は藍で染める。まず染めをよくするためにゴジルを塗る。色をさした絵柄の部分を糊でつぶす。つぶすのには、筒に糊を入れて塗る友禅の技法が導入されている。オガクズと砂を混ぜたキッカスをかけて、糊を補強する。そして藍甕に入れて染める。糊をおとし、希硫酸で中和して染めあがる。

房総の漁村社会には、網主や船主と乗り子との関係のほかに親分子分とよばれる関係があり、マイワイの習慣とも深い関係があった。漁村社会には、漁村社会独自の重層した社会関係があり、マイワイの盛行はその反映でもあった。

63 からむしと麻

福島県大沼郡昭和村大芦・大岐

1988年

●55分　●自主制作

『魏志倭人伝』に苧麻《ちょま》の名で記されている、衣料材料のカラムシ。同じように古くから利用されてきた麻。第二次世界大戦後、それらは急速に日本中から消えていった。福島県西部の山間地に位置する昭和村は、沖縄県宮古島とともにただ二ヶ所のカラムシの生産地である。そして数少ない麻の生産地のひとつでもある。

カラムシは、イラクサ科の多年草であり、根の植え替えを五〜六年に一度する。五月、太い直根から出る側根を切り、移し植える。二年目以降の畑では、小満《こまん》（立夏の半月後・五月二〇日頃）にカノ（焼畑）をする。芽の成育をそろえ、害虫の卵を焼くためである。次に、畑の周りを茅の垣根で囲い、風で茎がふれあって、傷がつくのを防ぐ。七月下旬、二メートルほどに成長したカラムシを刈り取る。その日に苧引《おび》きできる量だけを刈る。苧引きとは、剝いだ表皮を苧引板にのせてヒキゴとよぶ刃物で肉質部をそぎ、繊維をとることをいう。とれた繊維は家の中で干される。

麻は、クワ科の一年草。五月に種を播いて、八月下旬に刈り取る。刈り取り後、天日で乾燥する。彼岸頃にオツケ場で四日間水に漬けて柔らかくし、表皮を剝ぎ、さらに水に漬けてから苧引きをし干される。この後、米糠の汁で煮て手でもみ、床に叩きつけていく。ここまでの作業が、カラムシと麻では異なる。

冬、糸を作り、布を織る。まず苧うみ。繊維を爪で細くさき、唾でしめらせながら長くつないでいく。これに糸車で縒りをかけ、糸にする。次に糸ノベ。一反分の長さの経糸を必要な本数だけ数えとる。経糸を筬《おさ》に通し、機にかけて織る。機は地機である。

昭和村の人は、カラムシには「キラがある」と言う。きらめきの意味で、光沢のことをいう。透けるほど繊細に織られる新潟県の越後上布の材料はこのカラムシで、昭和村はその供給地であった。

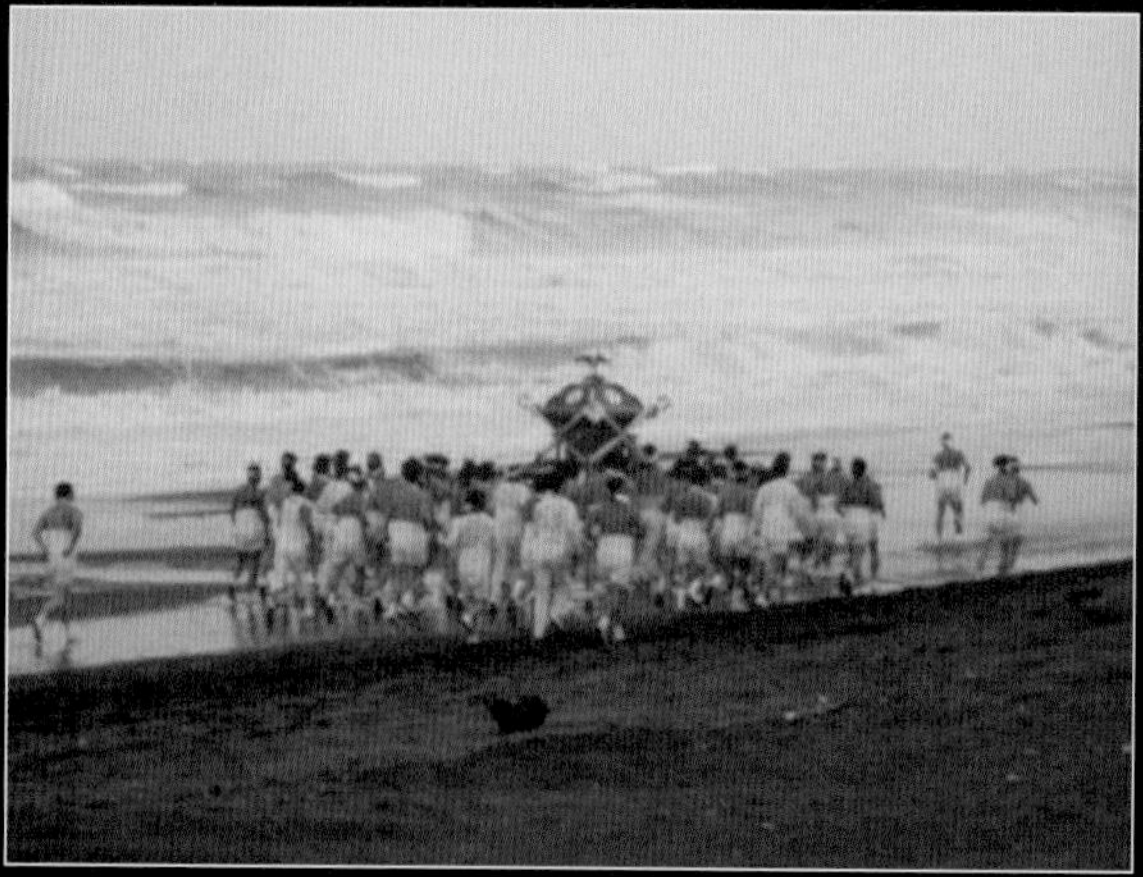

1

3

2

4

6

5

1. 九十九里浜。上総一ノ宮の裸祭り
2. あぐり網漁
3. 大量のカタクチイワシ（あぐり網漁）
4. 煮干し作り
5. 松煙灰を混ぜたゴジルを布に塗る
6. マイワイを着て神社へ向かう

1

2

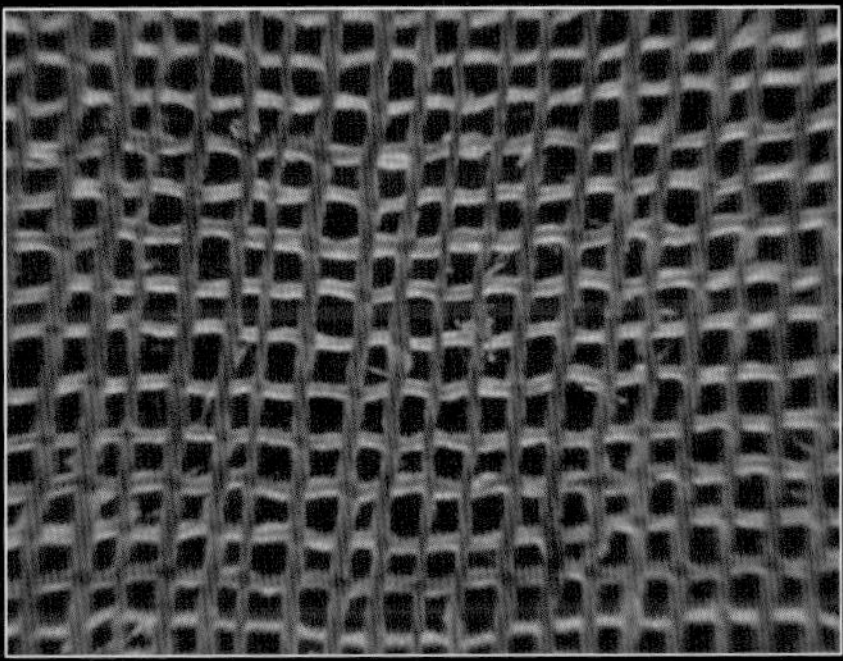

4

3

1. カラムシ織の地機。座る位置が少し高い
2. 麻の苧引き
3. 糸車。カラムシの糸に縒りをかける
4. 織った麻布

64 まちゃん（待網漁）——与論島

鹿児島県大島郡与論町

1988年

●12分　●自主制作

　奄美群島の南端にあり、沖縄本島の目の前にある与論島。その周囲は、美しいサンゴのリーフ（環礁）である。そしてここには、まちゃん（待網漁）とよばれる歴史の古い素朴な漁法が伝えられている。この漁法は、引き潮の時に逃げおくれ、リーフの穴に残っている魚を、手づかみにする古い魚捕りの方法から展開したものといわれている。それぞれの家には決まった穴があり、特にエラブウナギのまちゃんは、島のまつりを司る女性、ノロ（作品60、61参照）の権利になっていたという。

　現在伝わっているまちゃんは網を使う。網には、シル縄とよばれる長い縄が両端につけられている。縄は水に強いアダンの根の繊維で作る。網の両側につける縄の長さは約五〇〇メートルである。その縄には、ほぼ二尋（約三・六メートル）間隔に、シルとよばれるサニン（月桃）の長楕円形の葉をはさみつけてある。

　凪の日。潮のひきかける頃、舟（サバニ）を出す。リーフ穴のあたりに網を張り、シル縄を大きく輪をつくるように張りめぐらす。そして網の方に向かって縄を引きつぼめていく。シルはまるで大きな魚が泳ぐように揺れ、それに驚いた魚は網に向かって逃げていく。機をみてシル縄の輪をさらにせばめて、最後に網の両端をあわせて魚を囲い込む。その頃には、潮は膝の高さほどに引いている。人々は網の中に入って、手づかみで魚を捕る。

　浜に帰って、捕った魚を食べる。シークワサーとよぶ香りの高いミカンを絞り、海水と混ぜ、つけ汁を作る。魚を焼き、身をむしり、汁をつけて口に運ぶ。

　このフィルムにはナレーションはない。イキントウ節という与論古来の唄で、今でも盛んに歌われる代表的な民謡が流れるのみである。映像と島唄でつづる映像詩である。

65 カタロニアの復活祭

フランス・カタロニア地方

1988年

ピカソ、ダリ、カザルスなどの世界的芸術家を生んだカタロニアは、南フランスからスペインにかけての地中海沿いの地域で、現在はフランス、スペイン両国に分断されている。これはフランス側カタロニアのペルピニャンを中心にした復活祭の記録である。カタロニアには十一～一三世紀にユダヤ教が広がり、その後キリスト教が入ったという。

復活祭は、キリストの受難を偲び復活を祝う行事である。春分後、満月後の第一番目の日曜日が復活の日。前の週の火曜日から各教会で行事が始まる。〈キリストが死刑に処せられた金曜日〉ペルピニャンでは、周辺町村の教会からミステリー（キリストの受難をあらわすつくりもの）と人々が集まり、行進が行われる。巨大な十字架を先頭に、懺悔者をあらわし長い三角帽子を被り顔をかくすコンフレリー（信仰者集団）や数十のミステリーを担いだコンフレリー、一般信者たちの長い行列が、サンジャック教会から町へ向かう。これは十字架を背負い処刑場に向かったキリストの苦しみに近づこうとする儀礼である。

〈安息日の土曜日〉イーユ・シュル・テッドの町では、町の数人がゴッチュ・デル・オース（卵の唄）などのカタロニア語の唄を歌って家々を回る。〈キリストが復活する日曜日〉夜明け、イーユ・シュル・テッドの町では復活したキリストと母マリアの対面劇がある。町の東からキリスト像が、西からマリア像がやってきて、中央広場で出会い、対面のあいさつをする。その後町を一巡する。

カタロニアの復活祭には、ゴッチュ・デル・オースの行事など地域毎に特色のある習俗が現れる。また復活祭につきもののエスカルゴ料理、あるいはローマ時代にすでにあったというサルダナの踊りに、キリスト教伝来以前のカタロニアの習俗を偲ぶことができる。

なお、この記録映画は、作品26に続く、コレジュ・ド・フランス形質人類学研究所との第二次作業の成果である。

●57分　●自主制作　●（共同）コレジュ・ド・フランス形質人類学研究所

1

2

3

4

6

5

1. サバニに帆を掛けて漁場に向かう
2. アダン縄に月桃の葉、シルを括り付ける
3. 赤子の足を潮に浸けて無事の成長を願う
4. サンゴ礁の中にシル縄を張り巡らす
5. 捕れた魚
6. 浜で魚を焼き舌鼓をうつ、浜下りの日

1

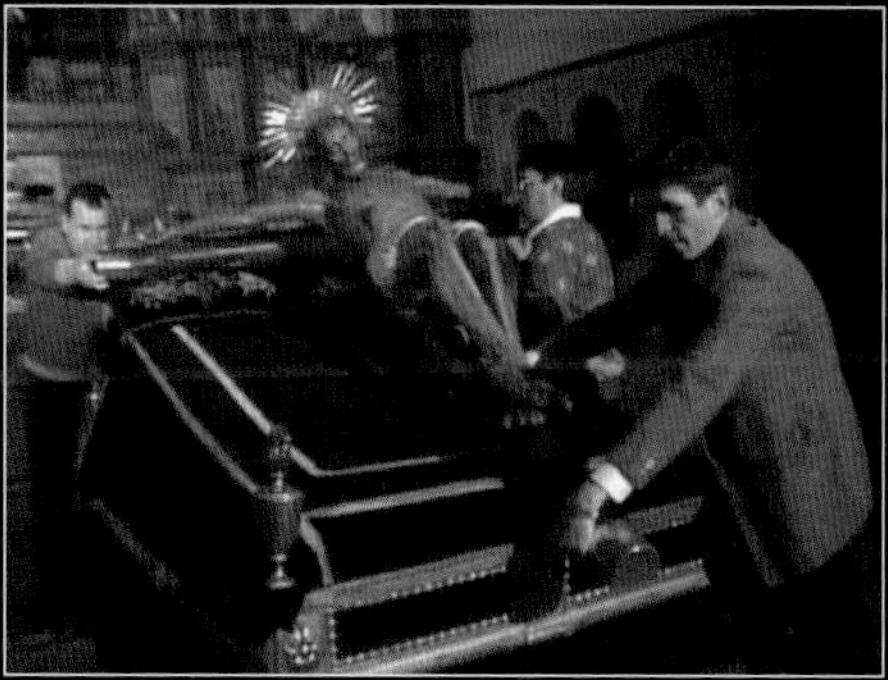

2

3

4

5

1. カタロニア受難の象徴、デボクリスト
2. サンジャック教会、キリスト像を下ろす
3. 十字架を先頭に教会から町へ向かう
4. 三角帽子のコンフレリー（信仰者集団）
5. 復活したキリストと母マリアの対面劇

66

竹に暮らす

千葉県君津市泉／富津市竹岡／勝浦市

1989年

●41分　●千葉県教育委員会委嘱

房総地方には、竹細工職人がたくさんおり、籠、ざる、釣り竿、竹梯子、尺八、笛、団扇などが作られていた。ここでは内記明男さんの籠・ざる製作を通し、竹細工のもつ肌あいを好み、技術をみがき、自然に感謝しつつ竹に暮らす人々を記録している。

千葉県君津市泉。ここへは江戸時代に竹細工が伝えられた。泉は君津市の山間部にあり、人々はわずかな田畑をひらき生活してきた。戦前までこの地区の八割ほどの家でざるを生産していたという。ここで作られるざるには、二斗ざる、一斗ざる、海苔取りざる、亀の子ざる、餡こしざるがあった。そのなかでも二斗ざるは、製品全体の八～九割を占め、泉ざるといえば二斗ざるをさすほどであった。

材料のほとんどは地元で取れる竹である。竹はキリコとよばれる人々によって伐採され、ダシとよばれる人々によって山から竹屋に運ばれてそこから竹細工職人にわたる。昔は職人自ら竹を選び伐ることもあったといい、内記さんは今でも自分で裏山から竹を伐り出す。

ざるの底は、重さに耐えられるよう骨組の竹をしっかりかみ合わせて編む。そして底から胴へと立ち上げる腰上げの作業をする。ざるのでき具合いはこの腰上げの善し悪しで決まる。ここまでは主に男の仕事である。胴の部分の編み上げには、女や子どもも参加した。泉では家族ぐるみで大量にざるを作ったのである。最後に縁を皮のついた竹で巻く。力を必要とするこの作業も男の仕事であった。

二斗ざるや一斗ざるは主に米の運搬や収納に使われるため、米の重さに耐えうるよう、特に縁の部分が丈夫に作られる。海苔取りざるは浜を引きずって使うので、できあがったざるに補強の竹をさし込んで底を丈夫にする。必要がさまざまな工夫を生み続けてきたのである。

ざるは職人たちの行商で売られた。販路は遠く木更津や富津の農村地帯に及び、天秤に四〇個のざるを担いで売り歩いたという。

67 埼玉の瓦職人

埼玉県児玉郡児玉町／比企郡小川町飯田／川越市／行田市本丸

1989年

●44分　●埼玉県教育委員会

瓦が朝鮮から日本に伝わってほぼ一四〇〇年。発掘調査により、屋根に瓦を初めて葺いた建物は飛鳥寺であることが確認されている。しかし庶民の家は、草葺き、板葺き屋根の時代が長かった。これらは火がつきやすい素材であり、家の密接して建ち並ぶ町では、類焼の起因となる。そのため中世に発達した町では瓦屋根が広まり、江戸時代に入ってからさらに普及していった。

埼玉県では、瓦屋は、利根川や荒川の水系に沿って、広く分布していた。河川沿いに堆積した粘土を瓦の材料として使用するためである。粘土は田畑の底土から取るが、底土が三メートルにも及ぶこともある。大正時代頃から始まった米作りの奨励により、畑は水田に変えられた。このことから底土を掘り下げていくことは有効であり、粘土の提供はむしろ喜ばれたものであった。

今回は児玉町でダルマ窯の作製、カマツキから瓦作りまでを記録した。平安時代の窯は登り窯であったが、さらに効率のよいダルマ窯を使用するようになって、生産は飛躍的に伸びた。ダルマ窯は、タキグチと瓦を積み込む場所の間に深さ三、四尺の穴が掘ってあり、火のまわりがよいようになっているのが特徴である。ダルマ窯とよばれるのは、その形がダルマに似ているからだ。粘土と瓦の破片、あるいはレンガでつき固めて作られる。今はガス窯での瓦作りが大半を占める。

ダルマ窯と瓦の作製とともに、日本一大きい瓦製のシャチホコの復元を並行して記録した。これは、一九八八年行田の忍城《おしじょう》の再現にあたって、保存されていた昔のシャチホコをもとにして作られた。復元作業にあたったのは、小川町飯田の鬼瓦専門の瓦職人、富岡昭さんであった。富岡さんも六〇センチ程度のシャチホコしか作ったことがなく、初めての経験である。三ヶ月半の間何度も失敗をかさね、シャチホコはようやく完成した。（作品71参照）

66

竹に暮らす

1

2

3

1. 竹の皮を剥ぎ、ハカマをとる
2. ざるのでき具合が決まる腰上げ作業
3. 伐り出され山に並べられた竹

1

3

2

4

5

6

1. 鬼面、すなわち鬼瓦の作製。昔の鬼瓦を真似た
2. 正月３日に行う仕事始めの儀式
3. 錬ることで粘土の中の空気を出す
4. 瓦の成型
5. 成型した半乾き瓦の日干し
6. ダルマ窯に、焼く前の瓦を積む

68 奄美の泥染

鹿児島県大島郡龍郷町、笠利町／名瀬市

1989年

●31分　●鹿児島県教育委員会

伝統的な衣食住には、それぞれの地域の風土や歴史が色濃く反映し、さらには地域性を超えた人間の資質の奥深さがにじみ出ている。この映画は、奄美の泥染（大島紬の別称）の製作工程を記録するとともに、その奥深いものを少しでも明らかにしようとしたものである。

大島紬は、基本的には絹の平織りの織物だが、それが泥染とよばれる技法で染められ、緻密なカスリ模様に仕上げられるところに特色がある。テーチギ（シャリンバイ）の煮汁と鉄分をふくんだ田の泥による染めの技法。奄美の泥染の名が、大島紬の別称でもあるゆえんである。

奄美の泥染は、材料の絹糸をいきなり染めるのではなく、染めに先立って、きわめてデリケートな、また重要な作業工程がある。はじめに描かれたカスリ模様の図案に基づいて、緯糸、経糸の染め準備をする。この段階で手違いがあると大島紬独特の緻密なカスリ模様にくるいが生じる。織物は六丈九尺の長さに織られるが、その先端で二ミリの誤差も許されない。そのためにまず、緯糸、経糸の長さや並び順序を決定づけるハエカタ作業をする。次いでノリづけ作業。そして大島紬独特の発明とされるシメバタ作業がある。シメバタは染めのかからない部分を作るために考案されたもので、昔は手縛り（手締め）でやっていたことを、ガス糸（木綿糸）を張った機でやるようにしたものである。ガス糸の部分が染まらずに残る。緻密な染め模様を決定づける大事な作業であり、力がいるので主に男の仕事である。

続いて染めにはいる。テーチギのふくむタンニン質と田の泥の鉄分の化合によって生みだされる深々とした色合いの黒色。泥染の名からは想像しがたいほどの洗練度をもつ見事な色合い、風合いである。

糸染めの工程は、最も熟練した人たちでも、最低六ヶ月かかる。そしてさらに、織り上がりには、一〜二年の歳月を要するのである。

69 茂庭の炭焼き

福島県福島市飯坂町茂庭梨平

1989年

阿武隈川の支流、摺上川《すりかみ》の上流にある、福島市茂庭《もにわ》の各集落では、昭和四〇年代まで、ほぼ全戸で炭焼きに従事していた。田畑の仕事をおえたあとの冬仕事として、あるいは一年を通じての仕事であった。

この炭焼きの記録では、梨平《なしだいら》の人たちの協力を得て、白炭の炭焼きを行っている。

秋、炭焼き窯が作られた。窯の場所には地の利を選ぶことが必要である。近くに水があり、石が集めやすく、粘土があることなど。今回、沢より一〇メートル上の斜面を切り崩し、穴を掘って窯を形作った。そして、石と粘土で積み上げて、側面や窯口、クドを組み上げていった。次に天井、鉢がきずかれる。窯口とクドとに、湾曲した、メンポウギとよばれる用材が渡される。メンポウギに楕円形の窯の形にあわせて切った木を立てかける。鉢の骨組みができあがると、この上に土の団子と石とが、一段ごとに交互にかさねられていく。粘土の団子を作る人、手渡す人、鉢に団子をのせる人が一列になり、リレーで、能率よく作業をすすめていく。窯作りは、結で行うものであった。炭焼きにかかるまでには、三〇人の人手が必要であったという。窯口の前には作業場となる小屋がかけられる。窯に火がつけられて、窯を乾かしてゆくが、あまり急激にすると窯の天井が落ちることがあり、細心の注意をしなければならない。最後はメンポウギが焼け落ちて完成である。

白炭用の窯口は小さいので、炭木は窯口からなかへほうりこまれる。ナゲタテとよばれるこの作業は、熟練を要する。火がつけられると、煙の色や匂いで焼け具合をみる。煙が辛くなったら、窯口を石で蓋をし、クドに石を置いて一晩そのままにする。翌朝、赤く燃える炭がシャラシャラと金属音をたててかき出される。スバイという炭をかけて、火は消される。炭どうしぶっつけあうと、カンカンと音のする堅い白炭のできあがりである。

●32分　●建設省東北地方建設局摺上川ダム工事事務所委嘱

1

3

2

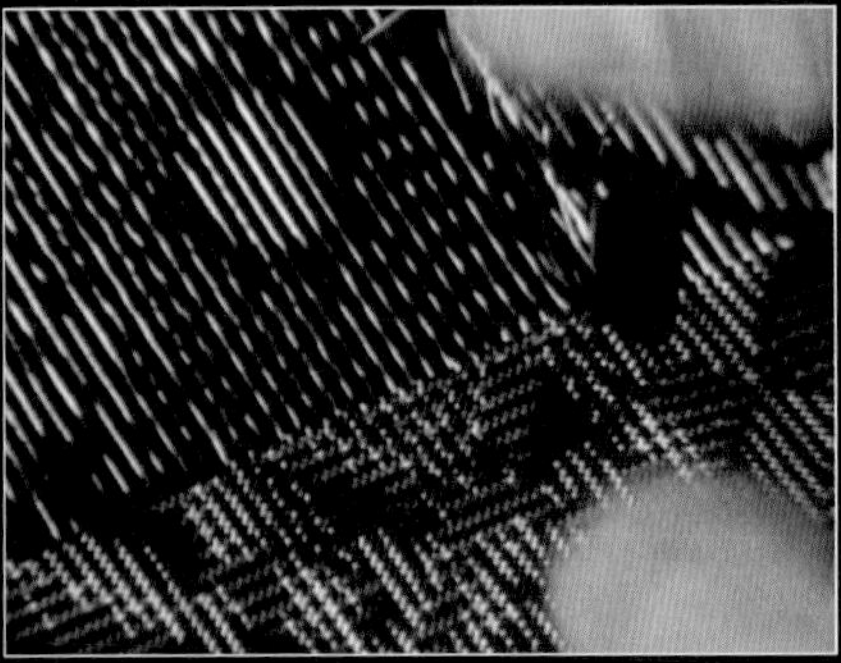
5

4

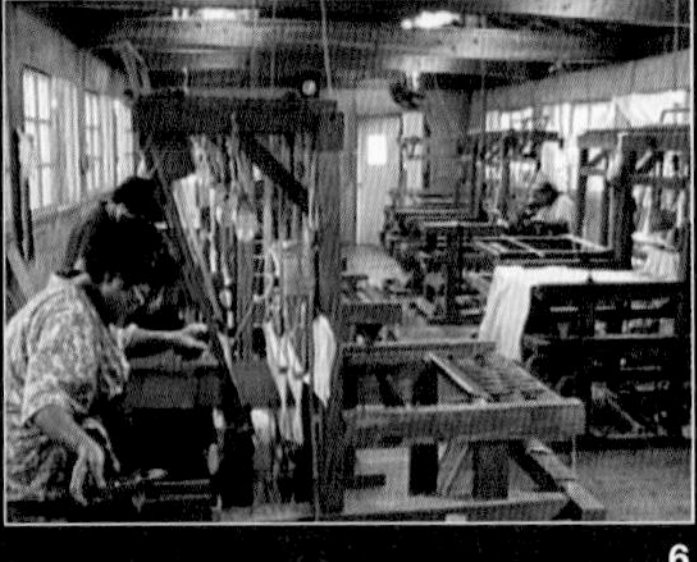
6

1. 田んぼの染め専用の穴で泥に浸け染める
2. 延機(ハエバタ)で糸にアデを作り整理する
3. ノリづけした経糸を、ハッタを使い乾かす
4. テーチギの煮汁で何度も染める
5. 染めた糸を機に掛け、カスリ文様を合わせる
6. 大島紬、機織り工場

69

茂庭の炭焼き

1

2

3

5

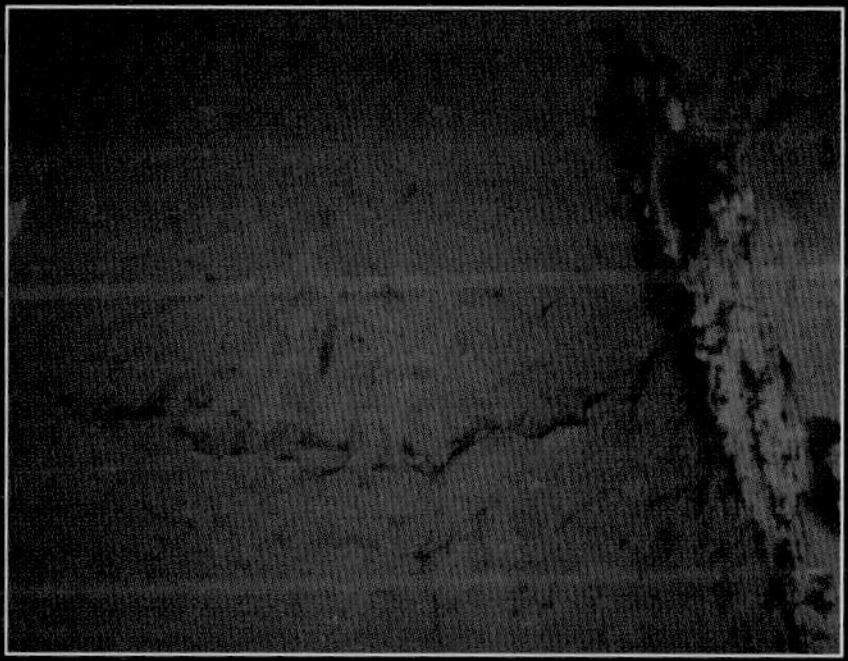

4

6

1. 炭焼き窯の上部、天井に木を立てかける
2. 土の団子と石をさらに載せる
3. 火をつけ、天井の木が焼き落ちて窯が完成
4. 完成した窯の中（天井の木が焼け落ちた跡）
5. 窯から炭を出す
6. 窯から出した炭を俵に詰める

70 奥茂庭——摺上川の流れとともに

福島県福島市飯坂町茂庭岃振・梨平・名号

1989年

山の自然を生かして暮らす山村の生活、文化は、それぞれに、その土地の自然、風土あるいは歴史のちがいをうけて、異なる様相をもつ。

福島市北部を流れる摺上川の上流域に、茂庭の集落が点在する。摺上川が形成した段丘上にそれらはある。大蛇を退治した茂庭氏がこの地を治めたという古い伝説をもつ。しかし、上流の三つの集落、名号《なごう》、梨平《なしだいら》、岃振《なたぶり》の人たちは、福島市営ダムの建設によって移転をせまられている。この記録は、四季に対応した奥茂庭の生活をおっていった。

年の瀬、正月様をお迎えし、年が明けて十一日「ののそめ」には畑に、一四日「松おくり」にはお山（お宮）に正月様をお返しし、一五日には「団子さし」と、作物の豊穣と一年の安全を願う行事がつづく。

春、岃振では、「地蔵流し」の行事が行われる。子どもたちが小川に地蔵を流して遊ぶ。子どもたちが健やかに育つことを祈る行事でもあり、田畑の忙しくなる前のひとときの楽しみでもある。

鮮やかな新緑の頃、田植えが始まる。そしてさらに緑が色濃くなる頃には、蚕の仕事も始まる。茂庭では、蚕の仕事を手伝いに下の集落の人たちに来てもらうほど、養蚕が盛んに行われた時期もあった。

茂庭の夏は短い。お盆が過ぎれば秋風が吹く。そして忙しい収穫の時がやってくる。秋もまた足早に過ぎてゆく。

晩秋からは、シナダ（シナ布）を織る作業が、女たちの大切な仕事となる。春に採っておいたオオバボダイジュの木の皮をアク（灰汁）で煮て繊維をとり出し、糸にして布に織る仕事は、翌年の三月頃まで続く。布は、桑を摘む時につかう大きな袋、ユダンなどに利用した。山では、炭焼きが始まる。雪の降らぬうちに窯を作り、冬中たえまなく炭を焼き続けたのである。（作品69参照）

茂庭の人たちは、摺上川の流れとともに年月を刻み、蚕を飼い、炭を焼き、シナダを織って、山に営々と生きてきたのである。

● 52分　●福島市教育委員会委嘱

71 忍城の鯱

埼玉県行田市本丸／比企郡小川町飯田

1989年

● 18分 ●行田市委嘱

一九八八年、埼玉県行田市に戦国時代の城、忍城《おしじょう》の三階櫓が再建された。屋根には、当時と同様に、豪壮な鯱《しゃち》がすえらえることになった。高さ一八六センチ、重さ二六〇キロの瓦製の鯱である。作製には富岡昭さんがあたった。富岡さんは鬼瓦を作る鬼板師だが、今回の巨大な鯱作製に初挑戦してもらったのである。なお、この作品は、作品67「埼玉の瓦職人」から編集製作されたものである。

忍城の鯱は大きいので、普通の鬼瓦より技術的に難しい。四つに分解して作ることにした。江戸時代のものは、三つにわけて作っていたが、さらに安全をきしたのである。

一段目は頭部。普通の瓦用の粘土板では、大きさが間に合わないので、粘土板を張り合わせてつかう。粘土板を底、側面、上部と箱状に組んでいく。「箱つくり」ともいわれ、関西で発達した技術である。できあがった土台は、濡れたムシロを被せ、適度の乾燥速度を調整しながら乾かす。早い遅いがあると、ひび割れてしまうからだ。設計図にそって土台に粗書きをヘラで描く。それにそって、口、髭、牙、眉を順々に付けていく。猛々しい表情は、指先の感覚ひとつで生まれる。二段目以降も一段目とほぼ同じ手順で作られていく。しかし、つなぎ目の部分では、つなぎ目の枠をはじめに合わせて作り、はずして細かく整形する。また鯱がまっすぐ立つように水平をとることが大切な作業である。

できあがると、乾燥させ、窯に入れて焼く。大きく厚みがあるので、ゆっくり火をまわし、じっくりと焼きあげる。

焼きあがったら、棟に上げる前に一度組んでみる。ぴったり密着するように削って合わせる。摩り合わせといい、瓦を葺く職人、葺き屋の仕事である。

無事鯱は完成し、忍城の櫓の棟に上がった。

1

2

3

4

5

6

7

1. 摺上川と茂庭の集落遠景
2. 1月 11 日、「ののはじめ（農の始め）」の行事。正月様を畑に送る
3. 1月 15 日、「団子さし」。団子を飾る
4. 地蔵を背負って「地蔵流し」に向かう子どもたち
5. 養蚕の盛んだった茂庭。マブシのなかで蚕は繭を作る
6. 繭かき。マブシから繭を取り出す
7. シナノキ（オオバボダイジュ）の樹皮を使った織物、シナダ織

1

2

3

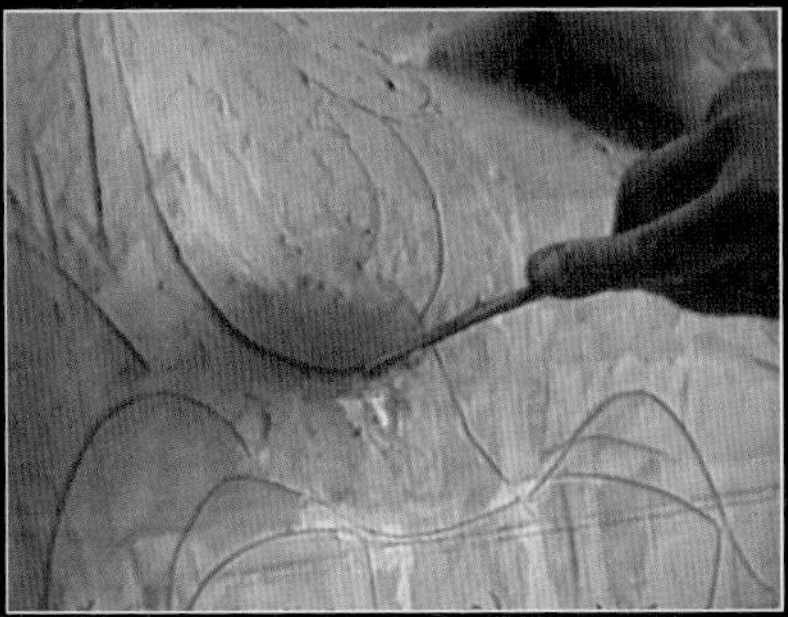
4

5

6

7

1. 焼き上がった鯱の頭部
2. 復元の元になった昔の鯱
3. 鬼板師の富岡さん親子
4. 土台にヘラで粗書きを描く
5. 大ものは割れやすい
6. 一度組み立ててみる
7. 忍城の棟に設えられた鯱

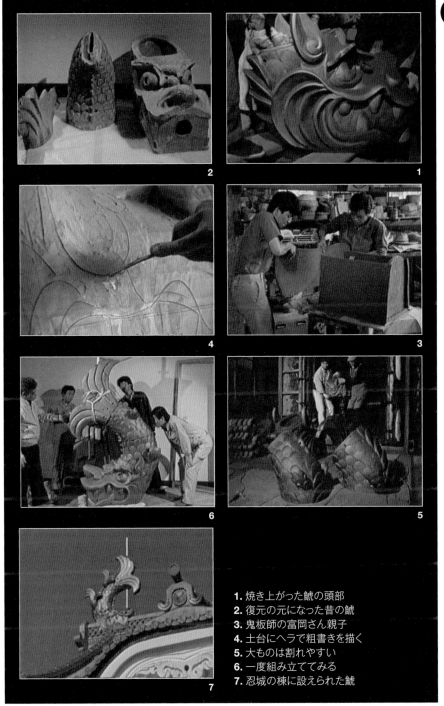

72

吐噶喇——七つの島々

鹿児島県鹿児島郡十島村

1989年

●57分　●十島村教育委員会

九州本土と奄美大島の間の海上に、南北ほぼ一直線に吐噶喇《とから》列島がある。北から口之島《くちのしま》、中之島《なかのしま》、臥蛇島《がじゃじま》、諏訪之瀬島《すわのせじま》、平島《たいらじま》、悪石島《あくせきじま》、小宝島《こだからじま》、宝島《たからじま》、横当島《よこあてじま》。無人島である臥蛇島、横当島をのぞく七つの島に約八〇〇人の人々が暮らし、十島《としま》村を形成している。

その緯度上の立地から、吐噶喇は暖温帯植物の接点をなしており、また黒潮の流れのまっただなかにあることから、古来南と北の人と文化の交流の地であった。この記録映画は、それぞれが荒海で隔てられた離島でありつつ、古来ひとつの生活圏、文化圏であった吐噶喇の人々の生活と文化の記録を通じて、人々の内に伝えられた連帯意識を呼び覚まし、吐噶喇の未来への手がかりにしようと十島村が企画したものである。

七つの島々には、それぞれの自然の特徴と、それに対応した生活、文化の特徴がある。諏訪之瀬島、中之島は活火山の島であり、今も盛んに噴煙を上げている。中之島では、火山活動による受難記念の日があり、島をあげての休日である。また島々に涌く温泉。悠然と野生牛の生きる口之島、貴重な吐噶喇馬が守られている中之島、古い稲作の歴史をもつ平島、風葬遺跡をもつ小宝島、奄美文化との交流が濃厚な宝島などなど。

一九八八年夏。中之島で、丸木舟作りを行った。以前丸木舟は漁業や島々の交通に大切であった。一九六〇年代以降の日本の激動期に姿を消していった伝統的丸木舟をなぜ作ったのか。

また小宝島では、列島をつなぐ村営定期船の接岸港が造られている。接岸港がなく、労多いハシケ作業を続けてきた小宝島の新しい時代の幕あけであり、一九八八年春たったひとりの子どものために学校がこの島に造られたことともに吐噶喇の人の未来への意志を示唆している。映画は、その意志の深まりを追う。

73 舟大工の世界

千葉県佐原市与田浦／安房郡和田町和田

1990年

●42分　●千葉県教育委員会委嘱

海に囲まれ、川の交通網の発達した房総半島では、漁や交通手段に木造船が活躍した。このフィルムでは舟大工の技術とその信仰習俗を記録した。さっぱ船とよぶ川船作り（佐原市の多田一二夫さん）と鯛釣り用の伝馬船作り（和田町の樋口喜持さん）を映像におさめた。

船材は山から伐り出すのが普通だが、屋敷林の杉を使うこともあった。伐った木は最低三ヶ月は乾燥させる。正月二日。舟大工の仕事始め。材料に墨つけをする道具の墨さしと物差しにするケンザオを新しく作り、仕事の無事を祈る。

さっぱ船も伝馬船もまずシキとよぶ船底を、板を接《は》ぎ合わせて作る。さっぱ船は四枚、伝馬船は二枚の板を接ぐ。板を接ぐのは材の節約とともにくるいを少なくするためで、木造船作りが高度に発達した証である。川の船と海の船とでは板の枚数が異なるのは、波の違いによる。

肋骨状の竜骨に板を張る西洋の船と違い、和船は板を接ぎ合わせて組み上げていくため、特有の道具と技術が展開する。板を接ぐ時は、板と板の接ぎ目に目の細かな鋸を入れて、面と面をぴったりあうようにするスリアワセをする。板と板の合う側面を叩きしめ、水を吸うと再度膨張して隙間がなくなるようにする。カシラという溝あけ、溝とは反対方向からツバノミで釘穴をあけておく。溝と穴を貫通するように弧を描く曲がった船釘を打ち込んで固定する。カシラは入れ木をしてふさぐ。釘穴からの浸水を防ぐには、釘の頭にマキハダ（ヒノキの皮の繊維）を巻きつけて打ち、釘頭の腐りを防ぐために銅板を張る。

また船神様もつくる。祠にサイコロ、男女の人形、女性の髪、五穀、麻、銭一二枚を納める。再び開けて船神様を見ることはない。

舟大工は聖徳太子を信仰する。太子講をひらき、その時、船の値段などを決めた。シキを据えた時にはシキズエ、船が完成すると船下ろしをし、船主やなじみの漁師たちと安全を祈願し、祝いあう。

1

5

6

2

3

4

1. 噴火する火山島（諏訪之瀬島）
2. 丸木舟を作る材木をはつる（中之島）
3. 刳り抜いた材を組み丸木舟にする（同上）
4. トビウオを干す（悪石島）
5. 9年ぶりの小学校の再開（小宝島）
6. 黒牛の子牛を出荷する（宝島）

1

2

3

4

5

1. 房総の海。伝馬船での鯛つり
2. 川船の舳先を曲げる。焼き曲げ
3. 川船に焼き曲げた根板をつける
4. 川船（サッパ船）の完成
5. 海の船、伝馬船の船下ろし

74 川越まつり

埼玉県川越市

1990年

● 49分　●川越市立博物館委嘱

埼玉県川越市は江戸時代には農産物の集散地として栄え、江戸との交流が盛んであった。華やかな江戸文化ももたらされた。

氷川神社の例大祭である川越まつりでは、その江戸文化が花開く。

六月、町内の総会でまつりへの参加が決まり準備が始まる。山車の曳き綱を新しくしたり、祭衣装をそろえたりする。また周辺農村の囃子連、山車の運行に大事な役割を果たす鳶や大工とも打ち合わせる。

一〇月一三日まつり前日。町内や周辺農村部の神社を清める。町内は水引幕を飾りつけるノキバゾロエをする。そして鳶を中心に町内総出で山車や屋台の組立て。山車はもともと笠鉾《かさほこ》ともよばれるように、柱が一本である。柱そのものも、その上に飾られる人形も神の依り代である。会所の前には庭師によって庭が造られる。大きな石は神の鎮座する磐蔵《いわくら》、木は神の降臨する神木をあらわす。夜、会所開き。山車に氷川《ひかわ》神社の神霊をうつす御魂うつしをする。

一四日、山車を動かさないでする居囃子《いばやし》の音で町は賑やかになる。

一五日早朝。朝太鼓でまつりの朝は明ける。お店《たな》では神棚に赤飯を供える。午前中、氷川神社周辺の町内の人々は、山車を曳き神社に参拝する。氷川神社からは神輿が各町内を巡ってお旅所へ向かう。そして山車の曳き回しである。鳶は山車の運行の指揮をとる。大工は山車の上で電線などに掛からないように気を配る。夜になってまつりは益々盛り上がる。山車が出会うと、若者たちは提灯を掲げて気勢を上げ合う。「ひっかわせ」である。夜の「ひっかわせ」でまつりは最高潮に達する。午前一〇時、山車の納め。しめの木遣りとお囃子でまつりは終わる。

数日後、囃子連と囃子を頼んだ町内がそれぞれのお日待ちに招待しあい、礼をし次のまつりでの協力を約す。

川越まつりは町衆の熱意と力で支えられ、今日まで伝えられてきたのである。

75 山北のボタモチ祭

新潟県岩船郡山北町中浜

1990年

新潟県の北端、山形県境に近い山北町《さんぽくまち》中浜は日本海航路によって栄え、また海の漁、山の焼畑や田で暮らしてきた。毎年一二月二日から三日にかけて、男だけで夜籠もる通称ボタモチ祭が行われる。伊須流岐《いするぎ》様のまつりである。船や漁業の守り神、作物の豊穣の神であり、能登半島つけ根の石動山《いするぎやま》から北陸七ヶ国に伝播した古い信仰の神である。

まつりに先立ち、当屋とワカゼとよばれる青年が、ボタモチと豆腐汁の材料を準備する。まつり当日、それぞれの家でもボタモチを作り、家の神棚、村はずれの伊須流岐様と十三仏に供えて、豊漁と収穫を感謝する。

夜、念仏堂でのお籠もり。本来は家々の主（男）の行事であったが、戦後青年団の行事になった。ワカゼたちがローソクを携えて来る。そして正面の石動様に礼拝し、座につく。お神酒を三度いただく三献の式と当屋の引継ぎの式があり、宴となる。宴の半ばで、ワカゼが組頭の命で、木の枝を切りスリコギを作り、当屋でボタモチを作る。石動様への大ボタモチ、塩入りの特製ボタモチ、砂糖味のボタモチ。塩入りボタモチは古い時代の食生活をしのばせ、お籠もりの宴で重要な働きをする。それが誰に当たるか、座興が一気に盛り上がる。

真夜中近く、二キロほど北の山形県鼠ヶ関《ねずがせきはら》原海《み》の富樫長治郎家へボタモチを届ける使いがでる。長治郎家は古い船問屋で石動様の幟を奉納するなど、中浜とは縁の深い家である。集落内の新婚や新築の家にもボタモチが届けられる。家の者が起きてこない時や新築の家には、ボタモチを戸口に塗り付ける。また、新婚の者には特にたくさんボタモチを食べさせて祝う。囲炉裏の火で熱くなったスリコギを腹に近づけ、腹を凹ますと、まだ余裕があるとさらにすすめる。若者の気概を讃え、親睦を深めるのである。笑いがあふれ、和やかに夜がふける。

夜明け前、子どもがボタモチをもらいにやってくる。男たちは供えたボタモチをいただき、家路につく。家族で分けていただくのである。

●27分　●山北町教育委員会委嘱

74 川越まつり

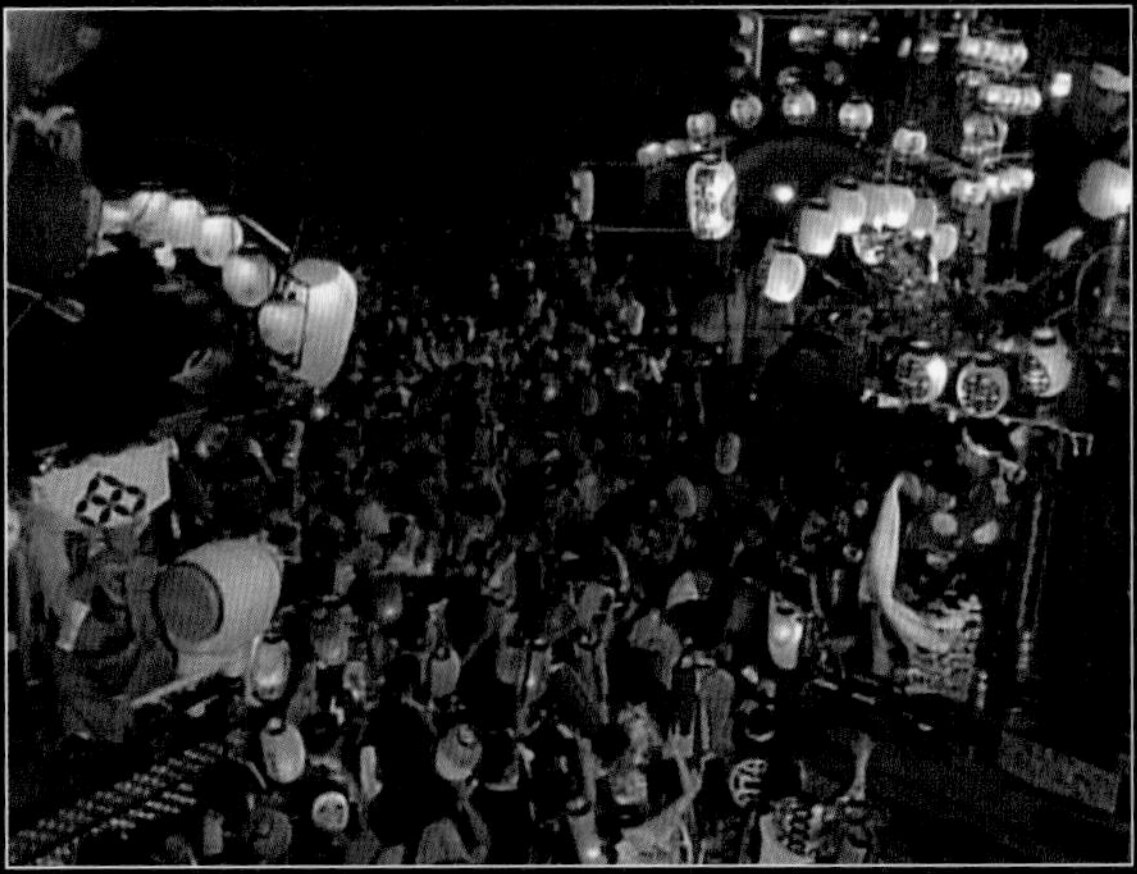
1

2

4

3

5

6

1. ひっかわせ。まつりのハイライト
2. 会所前に庭が作られる
3. 山車の組み立て。町に1台ずつある
4. 山車の曳き回し
5. 幸町の踊り屋台
6. 山車が出会うと気勢を上げ合う

75 山北のボタモチ祭

1

3

2

4

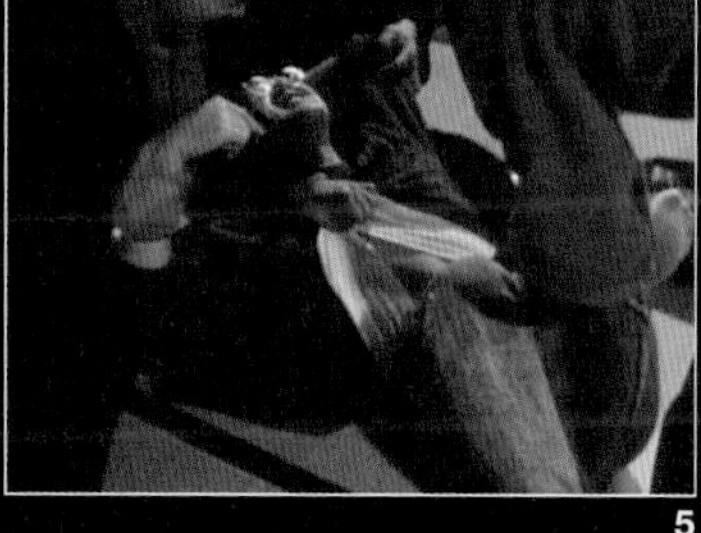
5

1. 子どもたちにボタモチを配る
2. 神様用のボタモチを作る
3. 豆腐汁を炊く。煮詰まると鶴の味(*)がする
4. 念仏堂にワカゼとよばれる青年団らが集まる
5. 新婚の者の腹に熱いスリコギを近づける

*「鶴の味」とは「誰も食べたことのないような味」との意味

76 薩摩の紙漉き

鹿児島県始良郡蒲生町上久徳

1990年

● 30分 ●鹿児島県教育委員会委嘱

薩摩の紙漉きの歴史は奈良時代に遡る。江戸時代には藩の御用紙として奨励され、最盛期には蒲生《がもう》だけでも五〇〇軒余が紙を漉いていたが、現在は蒲生町の野村家と鶴田町の野元家のみがその技術を伝えている。これは野村正二、マツ子夫妻の、原料のカジ栽培から紙漉き、製品の仕上げまでの全工程の技術を記録したものである。

一月一六日、水神まつり。紙漉き場の井戸に奉られる水神に、一年の紙漉きの無事を祈る。この頃は薩摩の紙の原料、カジの木の収穫の季節でもある。刈り取ったカジは、皮を剝ぎやすくするために蒸す。そして近所の人たちも手伝って皮剝ぎ。それから三日ほど天日で乾かす。次にカジ煮。表皮を柔らかくし、アクを出すために苛性ソーダ液で煮る。さらに水に晒してアクをぬく。川に石を並べて堰にしたエゴとよぶ晒し場での昔風な晒し方も記録した。カジのゴミやキズを取り除くキズツミ。そして叩解《こうかい》。カジを打ち、繊維をほぐす。繊維をずたずたに切らないように水平に打つ。自然の繊維の長さを生かすのが日本の紙漉きの特徴である。叩解されたカジをカミソとよぶ。

カミソができたら紙漉きである。今回は障子紙を漉いた。水をはった漉槽《すきぶね》にカミソを入れよく撹拌し、ネリとよばれる粘り気の強い液を入れる。ネリはトロロアオイの根やノリウツギの皮から取る。ネリは、日本で発達した流し漉きになくてはならないものである。

野村さんの漉き方の特徴は、漉き桁を横、縦、横の順に動かして、それぞれの方向に繊維の層を作り、三層にすることである。伝統的技法に野村さん独自の工夫が加わって、丈夫な薩摩紙が漉き上がる。

漉いた紙はしめ木にかけ、静かに水分を絞り出してから乾燥させる。現在は蒸気で温めた鉄板を使うが、以前は板に張り天日で乾かした。第二次世界大戦後の桜島の噴火がその転機であった。最後に紙の端を切りそろえ、障子紙の寸法に切ってできあがる。

77

埼玉の木地師

埼玉県秩父市／秩父郡両神村、大滝村、小鹿野町

1990年

●40分　●埼玉県教育委員会委嘱

木地師は日本全国どこの山でも、八合目以上の木を自由に伐って、木地物を作ることをゆるされていた。それを示す文書も伝えられている。埼玉県秩父地方にも、木鉢、盆、椀などの刳《く》り物や挽き物の器を作る木地師がいた。両神村の小椋弥市さんはその系譜につながるひとりである。これは弥市さんの木鉢作りを中心にした、木地師の技術とそれにまつわる信仰の記録である。

木鉢にはトチノキがよい。まず直径一メートル程のトチノキから、大まかな形を刳りだすアラキドリをする。幹にマサキリで木鉢の大きさに谷を切り、ヤとよぶ楔《くさび》を根の方から水平に叩き入れて剝がす。次にそれをコヅクリダイに固定して表面を削るアラケズリをする。これにコンパス状のブンマワシで墨つけする。墨つけした線を目安に側面をはつり、内側を刳るアラボリをする。アラボリは、割れるのを防ぐために必ず木口から刳る。ここまでの作業で使うのはマサキリだけである。

次に作業場は、屋外から作業小屋へと移る。ヒラクチとよぶチョウナと鉋で、外側のマサキリの目の跡を削るハタガケをする。そしてナカキリとツボウチで内側をさらに彫り、ササガンナで仕上げる。

できあがると乾燥である。木鉢の乾燥はいぶし小屋でした。斜面を利用して小屋がけし、その中で木鉢をいぶす。二、三軒で小屋をもち、一緒に作業したという。乾燥には二、三昼夜を要した。

山に暮らす木地師は山の神を信仰する。一〇月一七日、山の神の日。この日は仕事を休み、ヤマノコダンスとよぶ団子を作って山の神や道具に供える。屋敷神や山にある山の神の祠へも参る。

木鉢のような刳り物の他に、椀や盆などをロクロで挽く職人もいる。現在では電動ロクロが使われているが、木どりの方法や削り方の手順などには手引きロクロの時代の知恵と技術が生きている。その技術を受け継ぐ若い職人も育ってきた。

76

薩摩の紙漉き

2

1

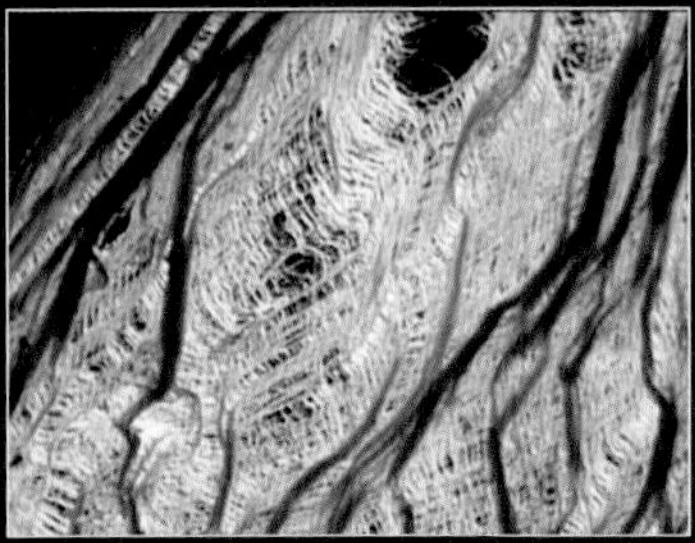
4

3

6

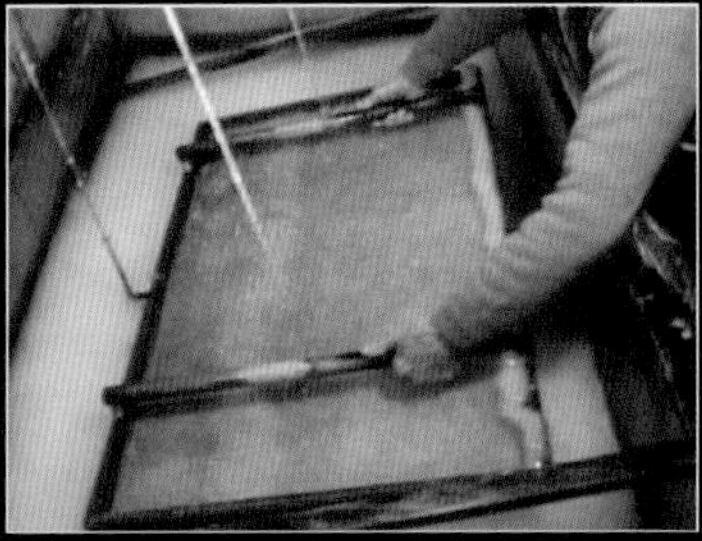
5

8

7

1. カジの樹皮を剝ぐ
2. カジの樹皮を苛性ソーダ液で煮る
3. 煮たカジの樹皮を川の流れに晒す
4. 柔らかくなったカジの樹皮の繊維
5. 漉槽にカミソとネリを溶き、紙を漉く
6. 漉いた紙を丁寧に重ねていく
7. 完成した紙を障子紙の寸法に切る
8. 完成した障子紙の束

1

2

3

4

5

1. アラキドリ。ヤ（楔）を入れて剝がす
2. ブンマワシで墨つけ
3. アラボリ。内側を刳る
4. ササガンナで内側を仕上げる
5. 木鉢でヤマノコダンス（団子）を作る

78 越前和紙

福井県今立郡今立町五箇

1990年

日本の紙を代表する越前和紙。その産地である今立町五箇は、越前平野の南部、古代の国府を眼前にした水の豊かな静かな山懐の里である。この記録は越前和紙の原点ともいうべき生漉奉書《きずきほうしょ》の漉き手、岩野市兵衛さん一家の営みを中心に、走査電子顕微鏡写真なども駆使しつつ、「紙を漉く」とはどういうことかを探る。

紙漉きは種々の道具や材料を必要とする。漉き桁、漉き簾を作る人々、原料の楮やネリの材料のトロロアオイを栽培する人など、和紙作りを支える作業も追う。

二月三日、節分の日。市兵衛さんは権現山上に鎮まる紙祖神川上御前の祠から火をいただいて来る。楮を煮る火である。十一月末頃に収穫し、蒸して剝いておいた楮の皮を苛性ソーダ液で煮る。皮を柔らかくし、アクをぬく作業である。次に煮て柔らかくした皮から節やキズを取り除くチリトリをする。冷たい水中での手作業で、細かく根気のいる作業である。一家総出で行われる。この後樫の棒で打って繊維組織をほぐす叩解《こうかい》、水中で余分なデンプン質を洗い流すカミダシと続く。原料の準備ができた。次にネリの準備をする。材料はトロロアオイの根とノリウツギの皮。ネリはその粘り気で繊維の動きをなめらかにして並びの方向を整えつつ、紙の厚みをつくる役割を果たす。

漉き桁を静かに前後に動かして紙を漉く。手首や全身の微妙な動きと目くばりによって均質な紙となる。紙を漉くとは、精妙な組織構成になっている楮の皮の繊維を一本一本にほぐし、もう一度絡みあわせ、再構成することなのである。漉いた紙は慎重に圧搾して水分を絞り、板張りして乾燥する。最後に一枚一枚点検して奉書は完成する。

春、五箇のまつり。人々は紙漉きを教えたと、川上御前を崇敬する。

市兵衛さんは言う。「越前奉書の特徴は、ぽってりと白くて柔らかい。和紙の和というものを重んじて、家族の者が穏やかに、祈りをこめて紙を漉くのです」。

●57分　●福井県和紙工業協同組合委嘱　●1991年度日本ペンクラブ推薦
●1991年第32回イタリア・ポポリ映画祭民族部門入選

79 青海の竹のからかい

新潟県西頸城郡青海町青海

1990年

●41分　●青海町教育委員会委嘱

日本海に面して富山県境に位置する新潟県青海《おうみ》町。ここには一月一五日、「竹のからかい」とよばれる勇壮な行事がある。賽の神を招き、竹を東西両地区の若者たちが引き合い、豊漁豊作を願う行事である。かつては全国に三ヶ所あったが、現在では青海だけとなっている。

一月七日、家々では正月の松飾りをおろし、子どもたちが集める。お松取りである。おとなは山から竹を伐り出す。それぞれの地区で、カザリ竹、アワセ竹、イサミ竹用に長さ一五メートル程の竹を三本用意する。神聖なものなので地面につけないように置く。アワセ竹とイサミ竹は、根や節をそいでなめらかにしておく。またさまざまな飾り物も作られる。賽の神が宿る御神体といわれる御幣、三本の扇を合わせて円形にした鏡、八幡幣とよばれる色紙の御幣、神への願い事を書き込む扇など。前日には、それぞれの地区の本拠になる家に本陣頼みに行く。

一五日早朝、本陣が開き、カザリ竹が立てられる。続いて青海神社で行事の無事を祈る。本陣へ戻ると身支度をする。墨や紅で隈取りをし、腰には注連縄を巻く。神まつりをする人への変身である。からかいが行われるのは東西地区の接する所。両地区の若者たちは立てたイサミ竹を中心に回りながら、サギチョウの唄を歌い、気勢を上げる。いよいよ竹のからかいである。始めはイサミ竹で、次にアワセ竹で本格的に引き合う。竹を頭上高く交差させ、かけ引きをしながら呼吸の合ったところで相手方の竹を引き下ろして、引っ張りあう。三回のからかいが終わるとカザリ竹から飾り物を下ろし、家々にいただいて帰る。日の丸板や御神体の御幣、からかいに使った竹は浜に運び、正月の松飾りと一緒に燃やして賽の神送りをする。突然若者が、火のついた松や竹を海へ投げた。賽の神を海へも送るのである。

行事のしめくくりは直会。東西それぞれの宴席と本陣へお礼の使者が出る。いただいた飾り物は神棚に供え、豊漁豊作、家内安全を祈る。

78

越前和紙

1

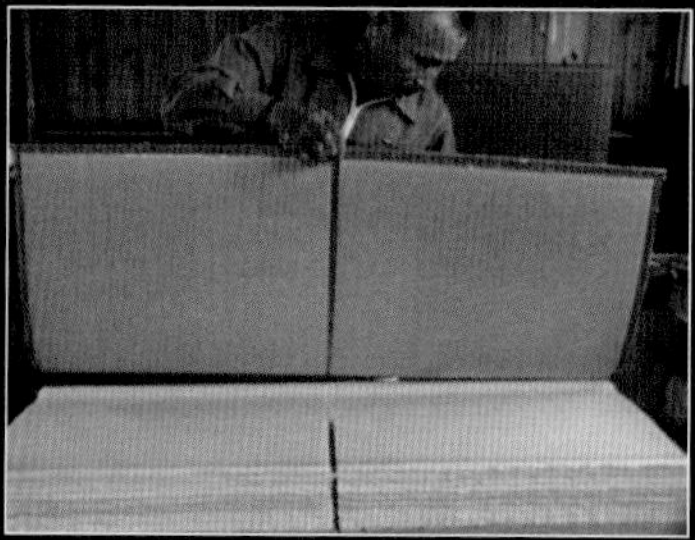
3

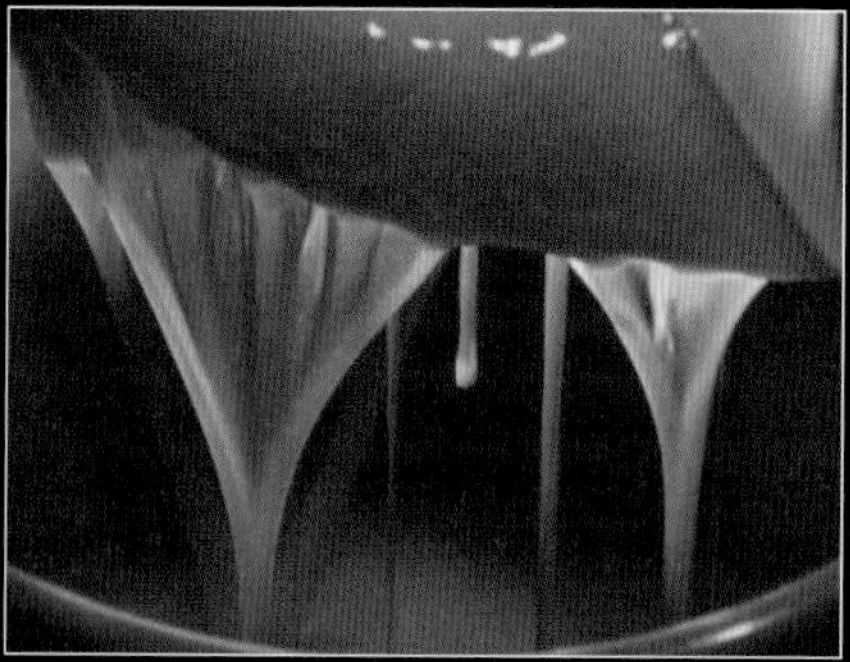
2

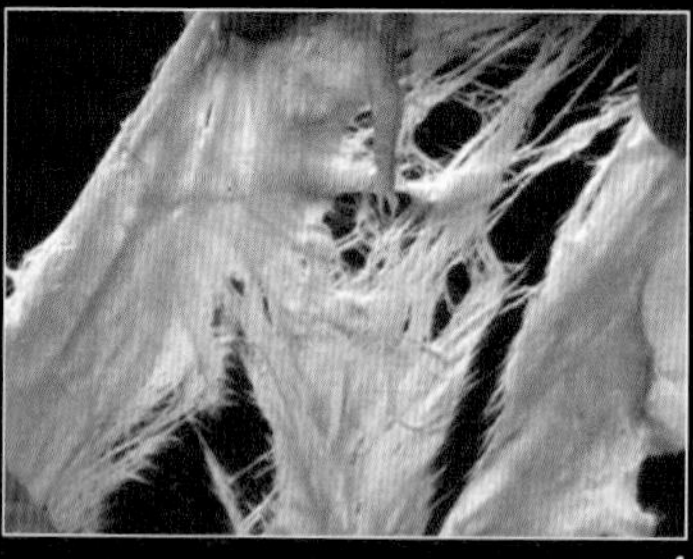
4

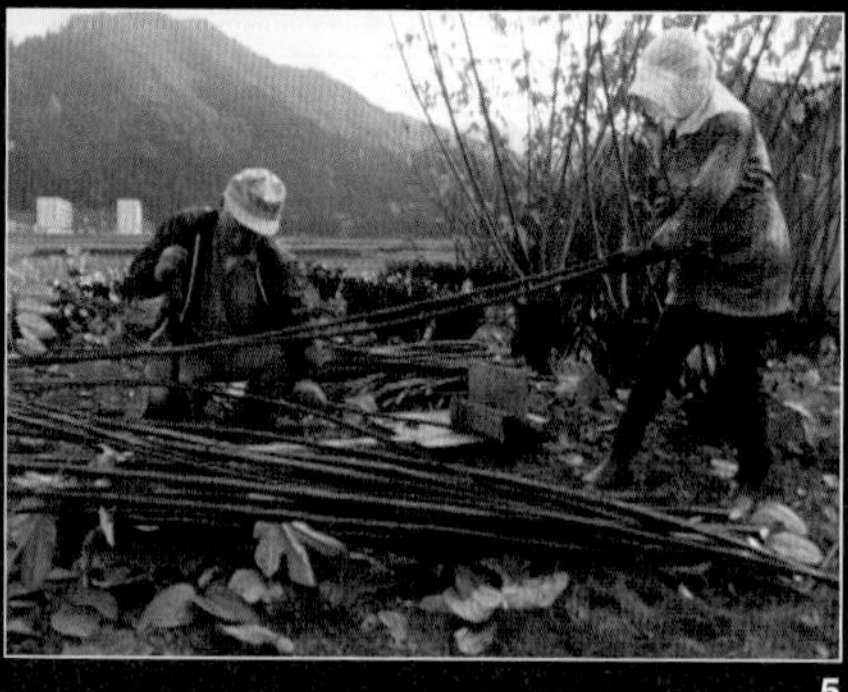
5

1. 岩野市兵衛さんの紙漉き場
2. トロロアオイとノリウツギを混ぜたネリ
3. 生漉奉書を紙床(しと)に移す岩野さん
4. 紙の原料、楮の繊維は太くて長い
5. 今立町での楮の刈り取り

79 青海の竹のからかい

1

3

2

4

5

1. 竹を高く交差させてから竹を引き合う
2. カザリ竹に付ける西方の日の丸
3. 本陣に立てた東方のカザリ竹
4. 顔に隈取りをした若者たち
5. 浜での賽の神送り

80 麟閣——千少庵の茶室

福島県会津若松市

1990年

●11分　●会津若松ライオンズクラブ委嘱

　福島県会津若松市鶴ヶ城内に、千利休の次男、千少庵ゆかりの茶室「麟閣《りんかく》」がある。豊臣秀吉の怒りにふれて千利休が自害してのち、少庵は利休を師と仰ぐ会津藩主蒲生氏郷《がもううじさと》のもとに身を寄せ、およそ二年滞在した。この間に麟閣を作った。明治時代に入って、麟閣は城下の商家森川家に移築されたが、一九九〇年にもとの場所に戻された。この記録は少庵以来、四〇〇年の歴史をもつ麟閣の移築後の姿を映像化したものである。

　麟閣は茅葺屋根、土壁の庵で、内部は大きくふたつの部分からなる。茶室と鎖の間である。茶室は、三畳台目席とよばれる三畳の座敷と床。床に向かって右手の点前座《てまえざ》、左手の相伴席が各一畳付属している。点前座の奥には茶の支度をする水屋がある。茶室部分と並んであるのが、六畳の鎖の間で、相伴席から給仕口を通っていくことができる。ここにも炉がきられ、茶もたてられる。一種の密室的雰囲気の茶室から鎖の間に入ると、気分が一新する。

　麟閣は、利休によって完成された草庵風茶室の典型のひとつである。窓、天井、突き上げ窓、それら茶室構成部分のひとつひとつに、精細な配慮と工夫が見られる。

　麟閣は、その建立年代の意義や京都にある重要文化財の燕庵《えんあん》形式のものであること、あるいは雪深い土地に建てられた草庵風茶室建築であることなど、種々の点で重要な歴史的建物である。少庵自らが削ったとされる床柱以外は当時の材はないが、森川家移築の際にも厳格に復元されたという。

　簡素静寂を旨とする侘茶は、利休によって完成され、少庵によって受け継がれ、その子孫や弟子たちによってひろめられ今日に至っている。麟閣は、堺、京都で発達した茶道をはるか東北の地に根づかせた記念碑であると同時に、茶道繁栄の要となる茶室だといえよう。

81

旧岩澤家住宅の復原

神奈川県川崎市

1990年

●30分　●川崎市教育委員会委嘱

一九九〇年、神奈川県愛甲郡清川村の岩澤家住宅が川崎市立日本民家園に移築された。この民家は江戸時代初期のもので、家本体の周りに下屋柱《やばしら》という柱を立てる、四方下屋づくりとよばれる特徴をもつ。復原には伝統的な民家づくりの工法がとられた。

地鎮祭から始まる。祭壇に御神酒と塩を供え、シズメモノが用意される。施主と棟梁が土盛りに木の鍬を入れ、敷地を清める。

柱を立てる場所の地固めをする。柱穴に砂利、土、砂をつめて、タコとよばれる槌でつき固め、その上に礎石を置く。次に礎石の上に柱を立てる。石の凹凸を柱に描き移すヒカリツケの作業の後、その線にそって柱を削り、石と柱が合うようにする。柱の加工が終わると鳶による建て方にはいる。柱を立て、梁、桁を組む軸組み、屋根の骨組みを作る小屋組みへと進む。釘は使わず、ホゾをホゾ穴に差し込み、カケヤとよぶ木槌で打って組み合わせる。家の骨組みができあがると棟上式が行われる。

次に屋根葺き。棟に対して水平にヤナカ竹、エツリ竹、垂直にタルキ竹、屋根の隅に隅木《すみぎ》、軒に化粧竹をそれぞれ縄で結束して下地を組み立てる。茅は屋根の隅と軒の部分を基準に、棟に向かって葺き上げられる。一層目の茅は直接屋根の下地に縛りつけられるが、次の段からは先に葺いた茅を押さえるホコ竹に結びつけ、重ねていく。棟はミノ茅、火伏せのまじないの笹束、ミノ茅、笹竹と重ね、それを杉皮で覆い、竹の化粧簾で飾る。最後に茅の表面を刈りそろえて、屋根は完成する。

次に屋内の作業。壁は割竹を縦横に組んだ木舞《こまい》に壁土を塗って作る。土間はふるった土に石灰と荒塩をまぜて叩きしめる。土間の一角に竈も築かれた。床張りの最後にはシズメモノをする。鏡、勾玉、剣、鋸などのかたどった金属製のつくりものであり、床下に埋める。奥座敷のデエには床の間の原型といわれる押板がつけられる。

1

2

3

4

1. 茶室内部。手前が炉
2. 千利休次男、千少庵の座像
3. 茶室内部。躙(にじ)り口が見える
4. 破風に掲げられた「麟閣」の扁額

81 旧岩澤家住宅の復原

1

4

2

5

3

6

1. 復原された旧岩澤家住宅
2. 上屋梁と下屋柱を組む
3. 小屋組みのサス（叉首）の材を立ち上げる
4. 小屋組みの完成で棟上式の旗が立つ
5. 茅葺屋根の下地の完成
6. 茅で屋根を葺く

82

薩摩の水からくり

鹿児島県川辺郡知覧町／加世田市

1990年

●30分　●鹿児島県教育委員会委嘱

薩摩半島の中央部に位置する知覧《ちらん》町豊玉姫《とよたまひめ》神社では七月九日、西部の加世田市竹田神社では七月二三日の夏まつりに、水からくりが行われる。水からくりは大小の人形を水車の力によって動かす仕掛けである。

加世田の水からくりは素朴である。常設の館もない。神社前の水路に水車をとりつけ、その上に舞台を作る。水車の心棒の回転を歯車で垂直軸の回転に変え、舞台に突き出た垂直軸上部にトンボとよぶ台をとりつける。そのトンボに人形を装着する。人形は等身大ほどで、その材料はワラ、竹、和紙などである。古くは二才衆《にせ》（若者）が城の本丸脇にある福寿《ふくじゅ》権現の蔵の中で、密かに作ったと伝えられている。演目は毎年かわる。今年の演目は田原坂の戦い。加世田のものはすべて歴史上の戦いの場面である。

知覧大工の名で知られる知覧の水からくりには、精緻な工夫がある。人形は三〇～五〇センチほどの小型なものだが、頭と胴は桐の木で作り、胴や手足には浄瑠璃人形に似たからくりがある。舞台にも複雑な仕掛け（動力伝達装置）がある。その特徴のひとつがツギ。三六枚の板をつなげたキャタピラ状の装置で、とりつけた人形は舞台の上を進み、そでで床下に入っていく。間歇《かんけつ》滑車は一部の欠けた円盤で、その欠けた部分が相手の歯車を逆回転させる。それにより人形は前進後退を繰り返す。おさえは人形につけた糸をおさえたり離したりして、おじぎなどの動作をさせる。うで木は回転して糸そのものを引く。そのため重い大きな人形を動かすことができる。これらの複雑な仕掛けはすべてひとつの水車の回転がベルトや歯車、滑車に伝えられることによって動く。この年の演目には西郷隆盛と大久保利通が登場しているが、毎年かわる演目には花咲爺や桃太郎など、日本のお伽話や神話が多い。

鹿児島県の他の地方では、夏まつりには太鼓踊りや舞台の手踊りが行われるが、ここでは水からくりを楽しみ、大事に伝えてきた。

83

湯——山形県大蔵村肘折温泉郷

山形県最上郡大蔵村肘折

1991年

● 31分　●大蔵村委嘱

北は最上川に面し、南は月山、葉山に抱かれて大蔵村はある。火山であった葉山の山すそには、いたるところに温泉が湧く。そのひとつ、肘折《ひじおり》温泉郷は、最上川にそそぐ銅山川のほとりにある。

肘折温泉が発見されたのは、大同二年、西暦八〇七年と伝えられる。薬師神社上の山の中腹にある地蔵堂には、ここに湯のあることを教え、肘折の名の由来ともなった伝説の主、地蔵菩薩が祀られる。ここは歴史の古い湯治場で、月山や葉山への登山口として栄えてきた。

葉山はさまざまな恵みを与えてくれる。秋のキノコ、木の実、春の山菜などの山の幸。また蓑の裏にはるミゲとよぶ草、カンジキをつくるミズキやトリキ。ブナ、トチ、ミズナラなどの樹木からは、コケシなどの美しい工芸品が作られる。

温泉郷には近郷近在、また遠い町方からも、湯治にやってくる。何十年も続けて通ってくる人も多い。湯治客は自炊をしながら、何日もゆっくりと湯につかる。そこにはなじみの宿の主人や客同士のくつろいだつきあいがあり、宿もまた、なじみの客を心待ちにする。

夜明け前、肘折名物の朝市がたつ。葉山の山すその集落の人たちが、葉山の山の幸を並べる。湯治客たちは、自炊のための材料を求める。土地の人々とのやりとりも楽しみのひとつである。朝市から帰って、ひと風呂あびて、朝御飯のしたくをする。好きな時に好きなだけ湯に入り、親しい者同士一緒に御飯をいただく。体も心もゆっくりと休める。湯治の醍醐味である。

温泉郷には共同浴場もある。宿の湯だけでなく共同浴場につかる湯治客も多い。掃除は小中学校のＰＴＡが当番で受けもつ。

湯治客の帰る日。皆、どっさりと葉山の幸をお土産にする。

冬。葉山も肘折も雪に埋まる。その雪は水となって大地に沈み、湯となって地上にあらわれ、再び人々の疲れを癒すのである。

82 薩摩の水からくり

1

2

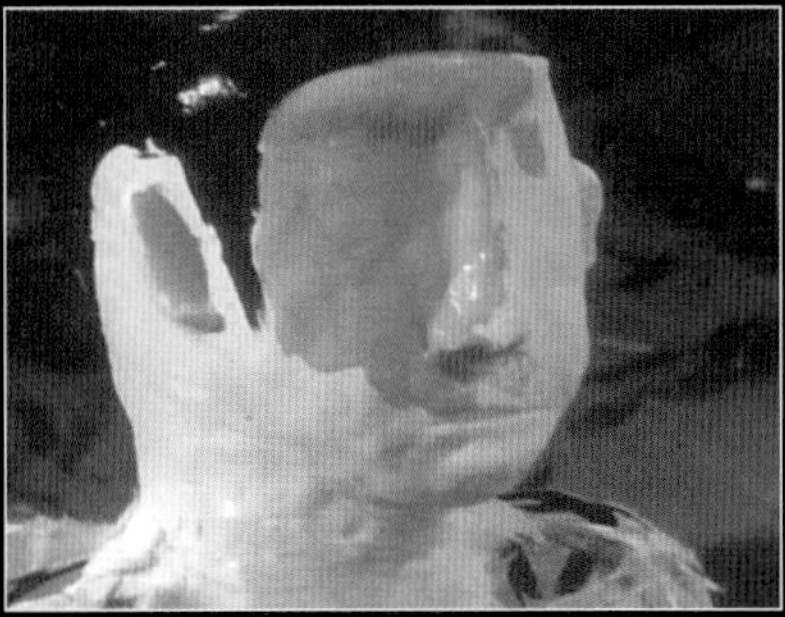

3

4

5

6

7

1. からくりの動力、水車の手入れ（知覧町）
2. 人形を動かすからくりの一部（同上）
3. 人形の頭部の顔づくり（加世田市）
4. からくり人形の胴体部分（知覧町）
5. 人形に衣装を着せる（同上）
6. 完成したからくり人形の舞台（同上）
7. 舞台の設営（加世田市）

1

2

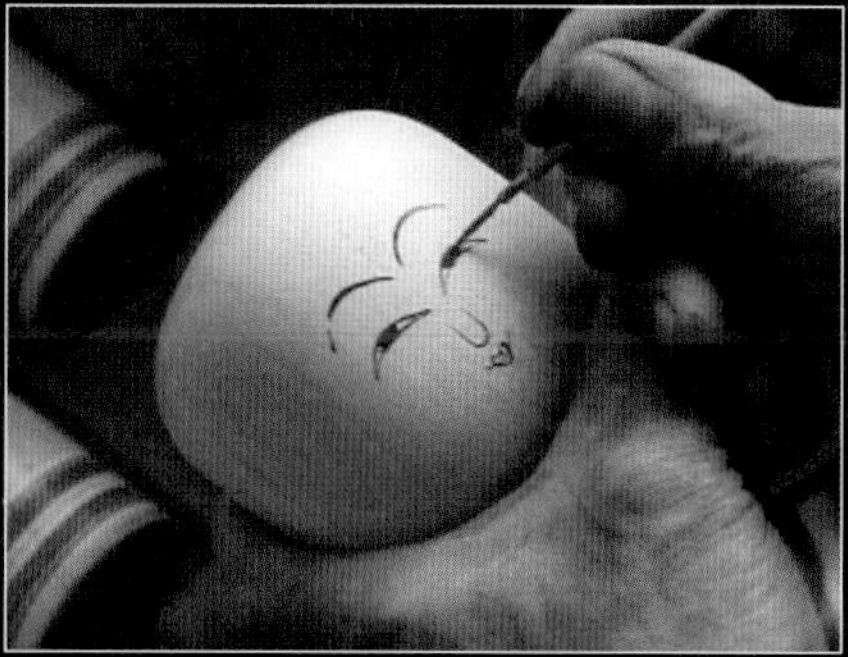

3

4

5

1. 肘折温泉の風呂
2. 冬場の作業、カンジキ作り
3. 名産お土産、肘折コケシの顔を描く
4. 肘折温泉の源泉のひとつ
5. 湯治客の団欒。秋の農作業後、長逗留する

84 埼玉の押絵羽子板

埼玉県所沢市／春日部市／鳩ケ谷市／東京都台東区浅草

1991年

●41分 ●埼玉県教育委員会委嘱

室町時代には貴族の間で正月の贈り物に羽子板は用いられた。現在も女の子の初正月には羽子板を贈る習わしがある。一方、押絵《おしえ》細工は江戸時代初期に始まる。厚紙を布でくるみ、中に綿を入れてふくらませ、平面的な絵を立体的に表す手芸である。庶民はより立体的な表現を求めて押絵を流行させた。江戸後期に浅草を中心に押絵の技術が羽子板に取り入れられた。所沢市では江戸中期から羽子板が作られた。春日部市では、羽子板に使う桐の産地であったところから、第二次世界大戦中、浅草の職人が移住して作られるようになった。

羽子板の木地の桐は軽くくるいが少ない。三枚の板を糊ではり合わせて作る。木地には、裏絵師が表の押絵にあった裏絵を描く。

押絵は面相《めんそう》師と押絵師によって作られる。まず面相師が下絵を描く。押絵師は絵の各部分を厚紙に型どりし、鋏で切り抜く。厚紙に布をかけ、間に綿を入れ、糊をつけ鏝《こて》をあてて圧着し、くるみ込む。鏝を使いこなすのに年季が必要という。顔、髪、着物など一〇〇点ほどの部分ひとつひとつを作り、組み合わせていく。面相師はできた押絵の顔を肌色に塗り、目鼻や着物の模様を描く。絵の具がにじまないようにミョウバンと膠《にかわ》をまぜたドウサを塗り、その上に胡粉でといた絵の具で描く。頭と着物が組みあがると、押絵師がそれらを組み込み、手に小道具をもたせる。そして羽子板にとりつけて押絵羽子板はできあがる。押絵羽子板にはふたつの系統がある。日本舞踊をテーマにした見立て物と、歌舞伎役者をモデルにした役者物である。

羽根は水鳥の羽が多く使われる。型抜きし、色を染め、竹ヒゴに糸でくくりつける。玉はムクロジの実。温めた玉にヒゴを差し込むと、冷えれば抜けなくなる。飾り羽根である串羽根は押絵羽子板に添える。

こうして作られた押絵羽子板はおもに、一二月一七日から三日間浅草寺で行われる羽子板市で、職人自身の手で売られる。

85
茂庭のしなだ織

福島県福島市飯坂町茂庭

1991年

福島市の北、摺上川《すりかみ》の上流域で生活を営む茂庭《もにわ》の人々は、シナノキをマダとよび、マダの繊維でシナダを織る。この布は糯米を蒸かすときに甑《こしき》の中に敷かれたり、養蚕のための桑を取るときに使う袋、ユダンとして利用されてきた。

入梅の時にシナノキの皮を取る。この時期、木には水分が多く、皮を剝ぎやすい。伐り倒した後、岇で皮に縦の筋目を切り、そこに先を削った棒をさしこんで皮を剝ぐ。さらに繊維を取ることのできる内側部分を表皮から剝ぐ。剝いだ皮は天日で乾燥させておく。

農作業の終わる晩秋、女たちは糸つくりを始める。皮は一ヶ月程水に浸してから、灰と一緒に煮て柔らかくする。そして層になっている繊維を薄く剝ぎとる。長ければ長いほど良い糸になるので、繊維を途中で切らないように注意深く剝ぐ。次に糸うみをする。指で繊維を細く裂いていき、細く裂いたもの同士を縒って長くつないでいく。これに糸車で縒りをかける。

糸ができると機織りの準備にかかる。まず一反分の長さの経糸を必要な本数だけ用意する糸ノベをする。この経糸を竹でできた柵状の筬《おさ》の一目に二本ずつ通して経糸の並びの順序を決めてから、筒状のオマキに巻き込み、オマキをジバタシとよぶ機にかける。機の仕掛けのひとつであるマネキものせる。マネキは下糸を引き上げる仕組みである。経糸の端は腰にかけられた板、コシイタにつないで張る。

糸がしまるように水で濡らしてから織る。足でマネキを引いて上糸と下糸を交互に上げ下げし、二本の糸が交差した部分に杼《ひ》で緯糸を通す。腰では経糸をぴんと張る。体全体を使って織るのである。

機織りは女性の身近な作業だった。しっかりと織られた布には、りっぱな布を作りたいという祈りがこもり、茂庭の山の木の命が布として生きかえる。

●31分　●建設省東北地方建設局摺上川ダム工事事務所委嘱

84 埼玉の押絵羽子板

1

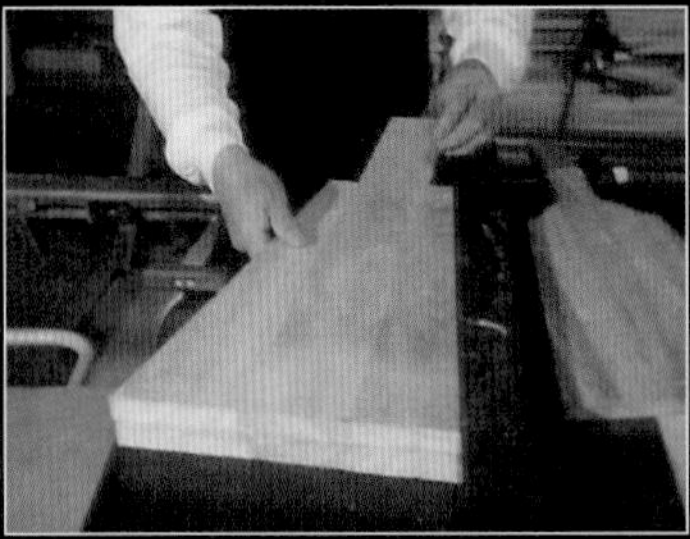
2

4

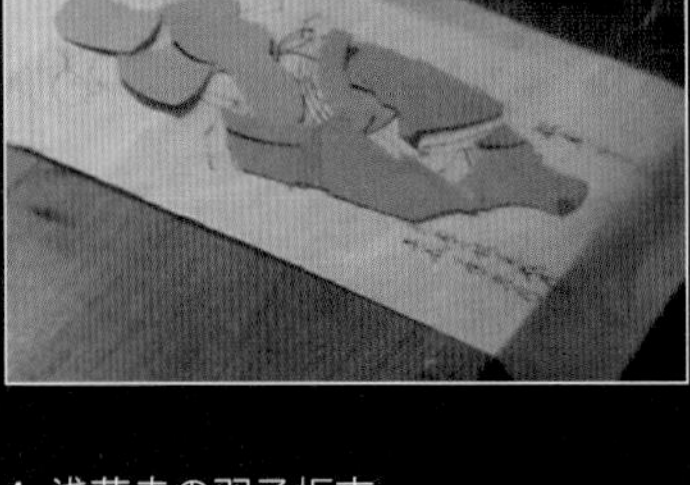
3

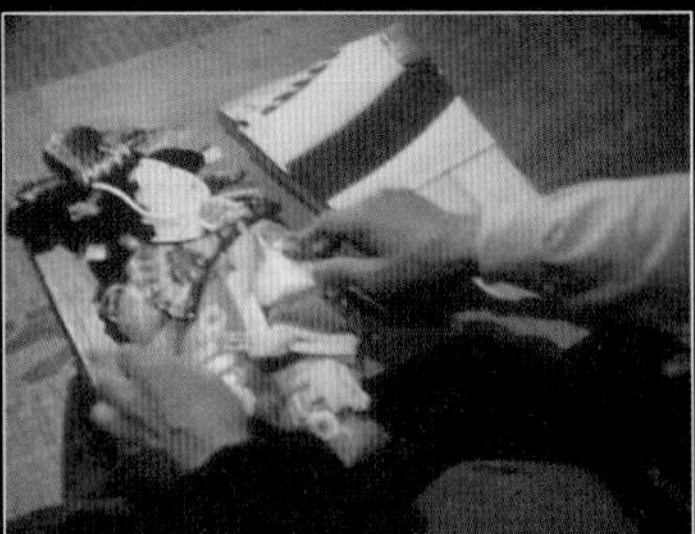
5

1. 浅草寺の羽子板市
2. 桐の3枚の板を張り合わせた羽子板木地
3. 下図に合わせて型どった厚紙
4. 押絵師が綿をくるみ込み、面相師が顔を描く
5. 顔と胴を組み合わせ、羽子板に乗せる

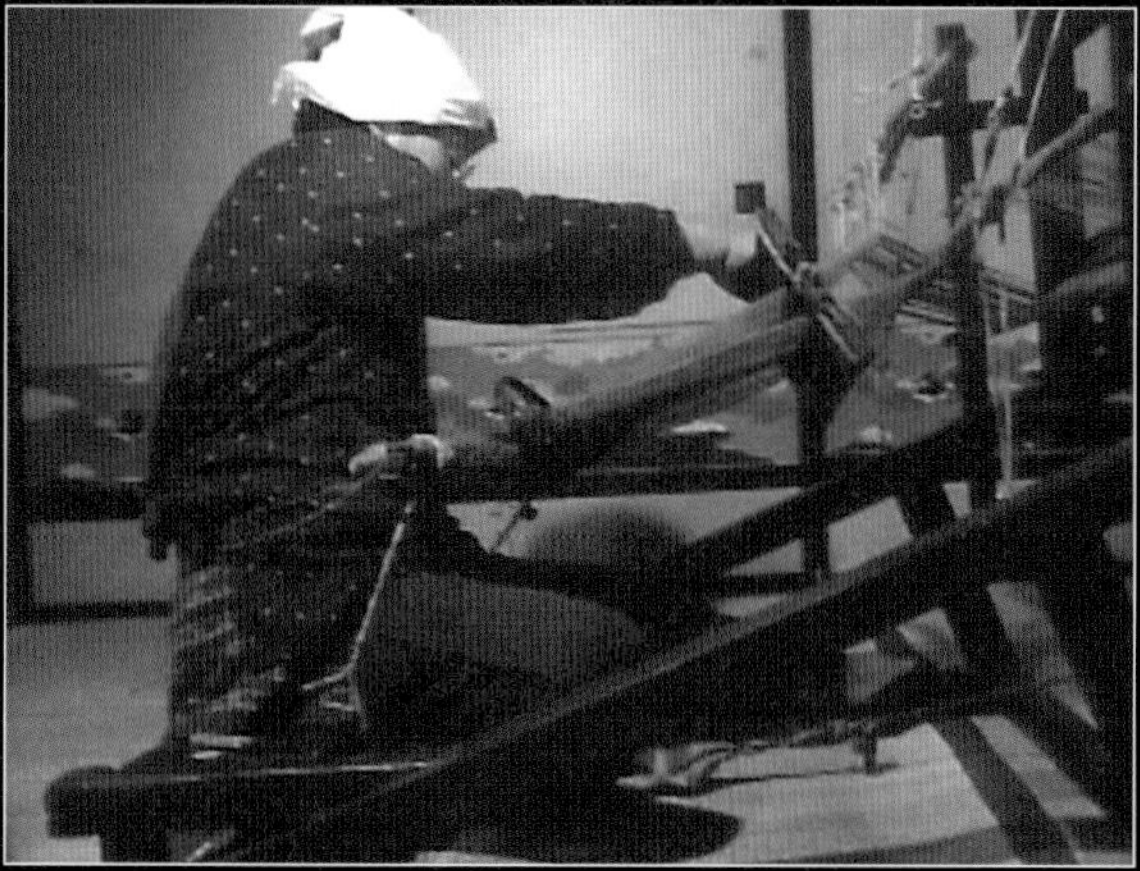
1

2

3

4

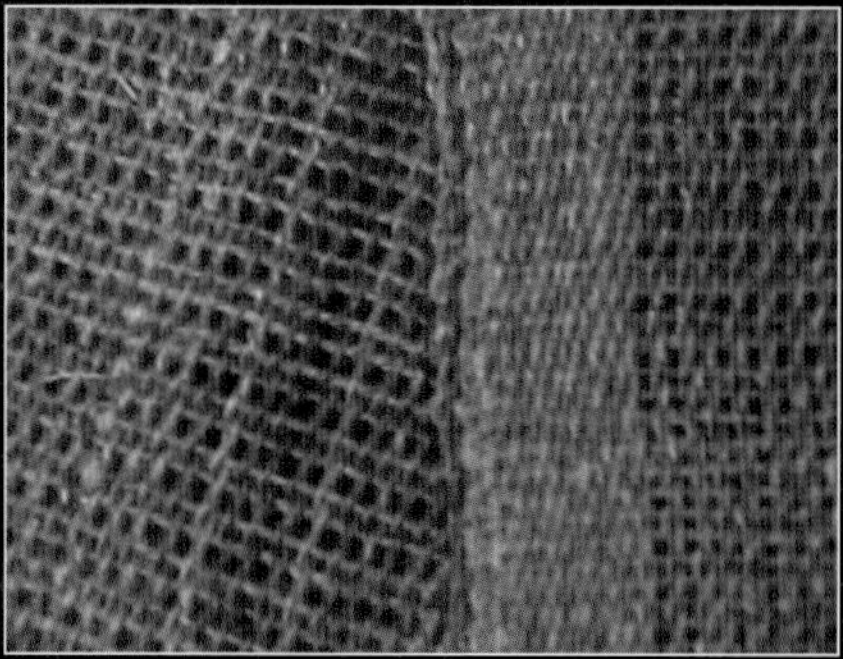
6

5

1. ジバタシ。コシイタで経糸の張り具合を調節
2. シナノキの樹皮を剝ぎとる
3. 糸うみした糸に縒りをかける
4. 糸ノベ。経糸を、アヤを作りながらノベる
5. ジバタシは高機より座る位置が低い
6. 織りあがったしなだ織

86

イザイホー一九九〇年——久高島の女たち

沖縄県島尻郡知念村久高

1991年

●30分　●沖縄教育庁委嘱

沖縄本島の東南海上に浮かぶ久高《くだか》島には、イザイホーとよばれる一二年に一度（午年《うしどし》）の重要な神行事が伝えられている。

久高島には、久高ヌルと外間《ほかま》ヌルなど女性を中心にした祭祀組織があり、一年に四〇回近い年中行事が行われているが、イザイホーは、その祭祀組織に三〇才から四一才の年齢層の女性が新しく加入する儀礼である。イザイ・ニガヤーとよばれるそれら新加入の女性たちは、イザイホーを経験することによってはじめて、「一人前の島の女になった」と認められるのである。

旧暦十一月一四日のウガンダティ（御願立）から十一月二〇日のシディガフー（御願結び）までがこの神行事の期間であり、ウガンダティに先立つ旧暦一〇月一五日にも御願立の神行事がある。久高島の人、特に女性たちにとっては、一二年に一度の非常な精神的高揚を経験するときである。

一九九〇年は、そのイザイホーの行われるべき年であった。が、久高ヌルは三年前に亡くなり、外間ヌルは高齢に加えて病気のため、ついにイザイホーは行われなかった。

この記録は、イザイホーを行うことができなかった久高島の女性たちのこの期間中の行動と想いを集積するとともに、前回のイザイホー（一九七八年）の写真記録（比嘉康雄氏提供）と音声記録（ＮＨＫ沖縄放送局提供）を活用しながら、イザイホーという神行事がどんなものかを明らかにしようとしたものである。

イザイホーには、年々行われている年中行事の集大成ともいうべき行事次第がある。しかしその基本は、久高島で生まれ育った女性が、祖母から血脈を伝える香炉を受け、イザイヤマ（聖地）に籠もり、太陽と月の霊気のしるしを与えられ（朱リィキィ）、「家族を守り、島を守る」守護者として生まれかわる再生の儀礼なのである。沖縄文化の古層、日本文化の古層を伝える貴重な神行事である。

87

旧原家住宅の復原

神奈川県川崎市

1991年

●40分　●川崎市教育委員会委嘱

『旧岩澤家住宅の復原』（作品81）に続く川崎市立日本民家園での第二作目である。川崎市武蔵小杉にあった旧原家住宅は、建坪一〇六坪、部屋数一五、入母屋造、二階建、桟《さん》瓦葺きで、明治二四年頃から二二年間かけて建てられた豪壮な木造農家である。この記録映画は、一九九一年日本民家園への旧原家住宅移築工程を忠実に記録したもので、特に大工技術の粋ともいうべき仕口《しくち》、継手《つぎて》に焦点をあてた。

家の土台となる礎石を米、塩、御神酒で清め、安全祈願を終えると柱立て作業に入る。基本となる柱は、二階まで貫く一二本の通し柱で、長さ二三尺（一二メートル）、全て欅である。各柱には、仕口と継手がある。仕口とは材と材をある角度をもって組み合わせる仕組みをいい、継手とは材と材を長手《ながて》方向に直線状につぐ仕組みをいう。それぞれの仕口と継手には、特有の形状があり組む順序がある。

大黒柱を出発点にして、四方に柱が立ち柱間をつぐ材、根太、梁、桁、鴨居などが組まれ升組みが形成される。この升組みが部屋の間取りとなる。全ての升組みが仕切られたところで、材の継手や仕口を固定する。続いて屋根の小屋組作業にかかる。屋根の勾配を決める隅木《すみき》、ハネ木、屋根下地を支えるモヤ、棟木《むなぎ》等が組まれる。

瓦屋根の下地には垂木《たるき》、ノジ板とよぶ縦横の材の上にドイ葺き板という薄い杉板が、敷かれる。一枚一枚釘で固定する緻密な作業である。瓦は、妻側隅からヒラ側軒先へ展開し、下から上へ葺き上げる。棟は一〇層にも及ぶ瓦と巨大な鬼瓦を据え、瓦屋根は完成する。

建物内部の造作作業に入る。旧原家の各部屋の造作には、明治大工の技術的粋ともいうべき多様な仕口と継手がみられる。緻密な継手と仕口で結合するカマチと縁側の廊下。床下、柱、長押《なげし》全てに接合される仕組みをもつ書院窓。八〇人工もかかったといわれる戸袋の複雑な仕組み。他様々な造作の仕組みを記録した。

86 イザイホー 一九九〇年——久高島の女たち

1

2

3

1. 1990年旧暦11月15日午前4時、第一夜に祈りを捧げるカミンチュ4人
2. 旧暦8月のまつりナーリキ、男の命名式。ウタキから女たちが踊りながら戻る
3. 一年の締めくくりの行事、網同志（アミドウシ）（11月13日）

1

2

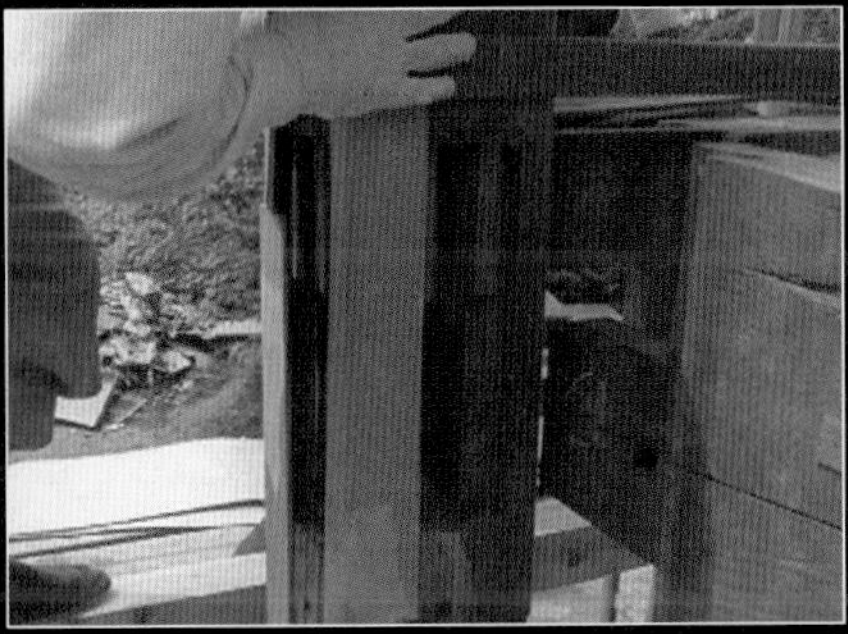

3

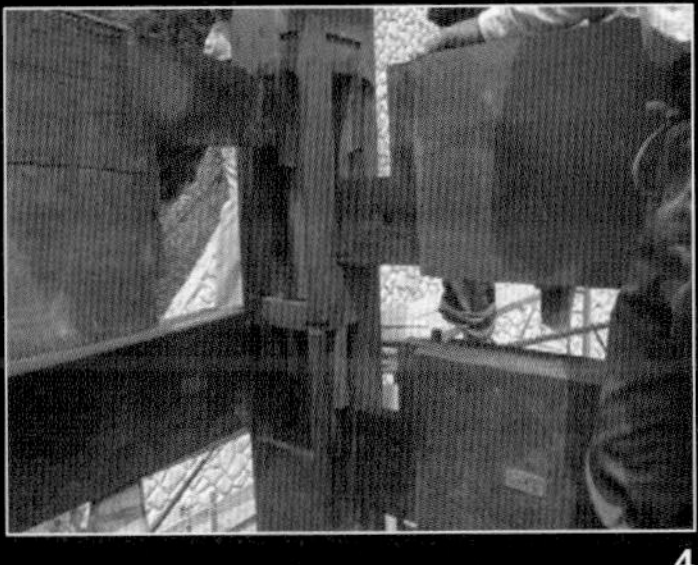

4

5

6

1. 瓦葺き屋根の下地、杉のヘギ板を葺く
2. カケヤを使って梁を柱に差し込む
3. 柱に差した梁のホゾにもうひとつの梁を差し込む
4. 二方向からの梁を柱に同時に差し込む
5. 格天井の格子の枠
6. 書院造り。床の間の長押の複雑な木組み

88 根知山寺の延年

新潟県糸魚川市山寺・和泉・大神堂・別所

1992年

新潟県糸魚川市の山際の集落、根知《ねち》山寺では、毎年八月三一日と九月一日の二日間、日吉神社秋季大祭が執り行われる。大祭に奉納される国指定民俗文化財・延年は、古来奈良や京都の寺院で法要の余興として舞われた不老長寿を願う「遐齢延年《かれいえんねん》」の芸能である。この映画は延年と大祭全容の記録である。

根知山寺を流れる根知川は、姫川の支流である。根知川沿いの道は信州に通じる古来から塩の道で、根知山寺は北アルプスに入る要地に位置し、また山岳修験の要地でもあった。日吉神社の大祭は、根知山寺の人々が中心となって和泉、大神堂、別所など根知川流域一円の人々によって守られてきた。

八月二四日、集落上手にある日吉神社の拝殿前方の岩上に祀られた祠、鹿島神社に御神酒が供えられる。この日から、神社の拝殿前に舞台が設営され、大祭前日まで延年と神楽の稽古が続けられる。

八月三一日、拝殿後方の山の御神木に御幣を立て、鳥居の注連縄をかえ、幟を立てるなどの準備がととのえられ、夜の宵宮祭が行われる。神社拝殿で日吉、鹿島二基の神輿に御霊を移した後、舞台で神楽が九演目舞われる。そして神楽終了後、深夜、楽人の音の中を集落中央の観音堂に神輿が厳かに移される。この社殿から観音堂への神輿渡御は数十年来、途絶えていたもので、この記録を機に復活した。

九月一日、集落下手の金蔵院に、舞児、楽人、稚児、そして別所の金棒、和泉の幟、大神道の鳥面が集結する。午後一時頃、金蔵院門前で稚児によるくるいの舞の後、日吉神社に向けて行道《ぎょうどう》が出発する。行道は観音堂で二基の神輿を迎え、神社の鳥居下でくるいの舞を舞い、神社に入る。舞台の周りを二基の神輿がもみ合う。そして延年奉納となる。くるいの舞、おててこ舞、鏡の舞、花の舞、弓の舞、鉾の舞、種蒔き、しめの舞、万才、獅子の舞が舞われる。

●56分 ●糸魚川市教育委員会委嘱

89 茂庭の焼畑

福島県福島市飯坂町茂庭岩振

1992年

● 40分 ●福島市教育委員会委嘱

この映画は焼畑を中心にした生活技術の記録である。山の村、茂庭《もにわ》における生活のありようを記録した一連の作品（作品69、70、85）のなかで、第四作目にあたる。

茂庭の人たちは、焼畑のことをカノとよぶ。夏は田畑の耕作と養蚕、そして冬は炭焼きをして生計をたててきた。焼畑も食を得るための大切な営みであった。

カノは自分の土地で行うだけではなく、茂庭の地域の大半をしめる官地（国有林）でもした。炭焼きなどで山に行ったとき、カノに適した場所をみつけると、営林署に折衝し、借地をして行った。山林を牧場にするなどの開墾や植林の整地を目的にしたカノもあった。

カノには春に火入れをするカノと夏に火入れをするカノがある。今回は夏に火入れをして、ソバを蒔くソバカノを記録している。

夏のお盆前には火入れをしてソバを蒔く。お盆より遅くなると、結実期に霜の害を受けるからである。まず草地を刈り払い、数日後、草が枯れた状態をみて火入れをする。周りに飛び火しないように、周囲の枯れ木や草を唐鍬《とうぐわ》で取り除いて火道をきる。斜面上方の風下の地点から火を付けて徐々にひろげ、焼け残りができないようにする。種蒔きはその日のうちに行い、蒔いたあとを唐鍬でうなって種に土をかける。

秋にソバを刈り取る。刈ったソバは、ソバタテにして乾燥する。ソバタテは一〇束をひとまとめに立てる。よく乾燥してから、ソバの実を落とす。石のざらついた面や板に荒縄を巻いた凹凸にソバの穂を擦り付けて、実を落としていく。落とした実は、箕や唐箕《とうみ》を使って茎葉などのゴミを除く。そしてさらにムシロなどにひろげて乾燥する。

ソバの実はイスス（石臼）で挽いて製粉する。ソバキリ、ソバ団子、雑炊にソバ粉をいれ団子にして囲炉裏で炙る食べ方など、いくとおりものソバの食べ方がある。

88

根知山寺の延年

1

2

4

3

5

1. 延年奉納の万才
2. 日吉神社境内での神輿のぶつかり合い
3. くるいの舞（延年の舞）
4. おててこ舞。テコ·テン·テンと口拍子をとる
5. まつりに欠かせない笹ずし

89 茂庭の焼畑

1

4

2

5

3

6

1. 刈ったソバをソバタテにして乾燥させる
2. カノ（焼畑）の火入れの様子
3. 風下、斜面の高い方から火を付ける
4. 焼いた当日に、焼け残りを整理しソバを蒔く
5. ソバの花が咲き誇る
6. 手伝ってもらった衆と新ソバを味わう

90 小川和紙

埼玉県秩父郡東秩父村／比企郡小川町／茨城県久慈郡大子町／水戸市

1992年

●40分　●埼玉県教育委員会委嘱

埼玉県東秩父村《ひがしちちぶ》は、秩父山地の東斜面から流れ出る槻川《つきかわ》の源流地帯に開けた村である。東秩父村の標高約二〇〇メートル以上の地帯では竹で縄を作り（作品⑫参照）、それ以下の標高の地帯では和紙を作った時代があった。これはその東秩父村での和紙作りの記録である。

この作品で記録した和紙は、紀伊国高野山麓の細川村より伝えられ、細川紙という名前で江戸に出された。日当たりが良く、水はけのよい傾斜面は、原料である楮《こうぞ》を栽培する上でも適地であり、良い水の豊かな立地条件とあいまって、ここに紙漉き産地を成立させた。

江戸時代、冬の農閑期の余暇作物だったが、販売量の増加にともない専業的に紙を漉く家が増えた。隣の小川町に紙問屋があり、現在では小川和紙の名前で流通し、市場に定着していった。

近年、東秩父村では楮を作ることが少なくなり、茨城県大子町《だいご》から取り寄せることが多く、中国産の輸入楮もつかわれている。

世界的大都市だった江戸の諸職としての紙漉きが盛んになったことは、小川和紙の特徴を形成した。細川紙以来の伝統的写経用の奉書をはじめ、障子紙、畳紙《たとうし》（和服の包み紙）、大福帳、千代紙などの幅の広い用途の紙をつくった。きめ細かい需要に応え、小川和紙は生きのびてきた。様々な注文に応じることのできる技術伝承者が大勢いる。

そのなかに、薄く、丈夫な紙をつくる職人、江原士秋さんがいる。江原さんの技術を中心に、小川和紙の工程を追った。江戸小紋の型紙にする和紙を漉けるのは、関東近辺ではこの人ぐらいであるという。織物研究家の桜井貞子さんは、江原さんの紙に出会うことで、長年取り組んでいた紙布《しふ》の再現を完成した。

手漉き和紙の技術はどんどん変化している時代である。その中にあって伝統的な技術を忠実に継承することは容易ではない。「手抜きをしない」ことを守り、江原さんは紙を漉き続けてきた。

91 神と紙——その郷のまつり

福井県今立郡今立町五箇

1993年

紙漉きの郷、福井県今立町五箇。『越前和紙』（作品78）では五箇の紙漉き技術を追ったが、姉妹編である本作品は、その基盤にある五箇の人々の精神文化を浮き彫りにする。

紙祖神川上御前を祀る岡太《おかもと》神社と大滝神社は、遠い飛鳥時代より人々に祀られてきたという。大滝神社里宮社殿は、一九八四年、国の重要文化財指定を機に修復工事が計画された。一九九二年、例年行われている春の大祭はその修復完成を記念した大事業となった。そして江戸時代末まで続いた神仏習合時代のいくつかの行事が復活した。

五月二日、祭一日目。朝、岡太・大滝神社や五地区の氏神社で万灯や幟を立てて祭の準備をする。昼過ぎ、祭の始まりを知らせるふれ太鼓が五箇を巡る。夕刻、奉迎祭・お下り。神輿が岡太・大滝神社奥の院に鎮まる神々を里宮にお移しする。献酒献餅《けんしゅけんぺい》。各地区からの餅や御神酒、奉納物を記した五、六メートルの和紙大目録等が奉納される。

二日目。朝、修復完成を神々に報告する竣工奉祝祭。山海の幸や和紙が奉納される。昼過ぎ、社殿境内で天台真盛宗の僧侶たちによる法華八講。法華八講は法華経の真理を問答形式で説く儀式法会で、明治の廃仏棄釈以後途絶えていた。天保五（一八三四）年の『祭礼図絵馬』が手がかりとなり、また僧侶たちの二年間の研鑽による復活であった。

三日目。稚児行列に続き、湯立神事。前日、法華八講で僧に清められた祈禱札が神前に供えられ、神官が燃やし湯を立てる。その湯によって巫女が舞台を清める湯立舞。この大祭では新たに誕生したものもある。創作芸能・紙能舞、紙神楽が奉納される。そして湯囃子の復活。

最終日。神幸祭。神輿が五箇の各氏神社を順に巡行する。神輿を迎えた氏神社の氏子は少しでも長くいてもらおうとし、早く来てもらおうとする次の氏子神社の氏子とが神輿を奪い合う。夜、奉送祭・お上がり。神々は神輿にお移りになり、厳かに奥の院に戻られる。

●58分　●紙祖神岡太神社・大滝神社重要文化財指定記念事業実行委員会、岡太講委嘱

90

小川和紙

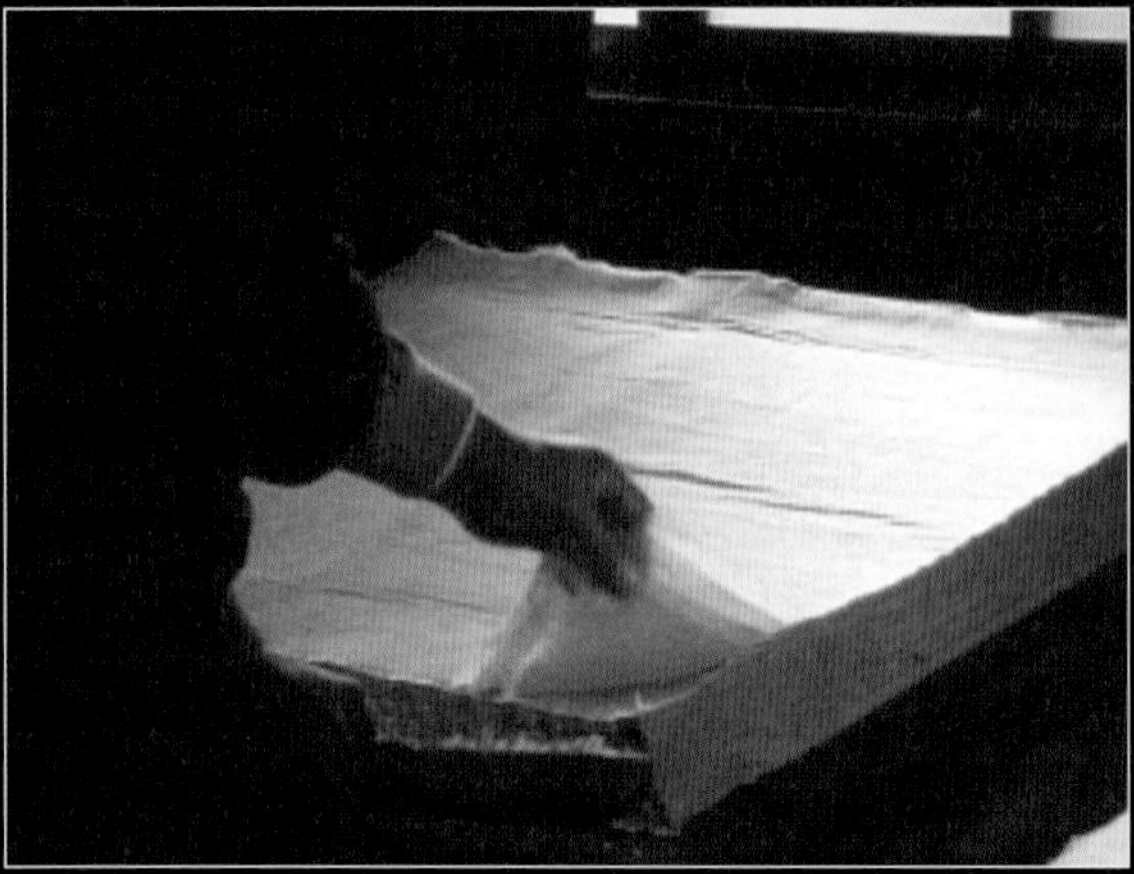

1

2

3

4

5

6

1. 紙の床（カンダ）から紙を剝がす
2.12月、原料の楮の刈り入れ（大子町）
3. 楮を蒸す（同上）
4. 黒い皮が剝がされた楮（同上）
5. 紙を漉く
6. 乾燥機で紙を乾かす

1

2

3

5

4

1. 神幸祭。岩本神社での神輿の奪い合い
2. 今立町五箇。和紙の里
3. 奥の院からのお下り。里宮に向かう
4. 復活した法華八講
5. 稚児行列した子どもたちへのお祓い

92

茂庭のくらし
——狩猟・漁労・採集

福島県福島市飯坂町茂庭

1993年

このフィルムは茂庭《もにわ》の映像記録の第五作目である（作品69、70、85、89）。山菜、木の実、キノコの採集や狩猟、漁労など、四季の自然に対応した人々の生活と、その中で培われた人々の精神性を記録した。

四月下旬、茂庭に春が訪れると、人々は山の入口にマッタトウバを立てて鳥獣供養を行い、自然の恵みに感謝する。この頃から、山では山菜採りが行われる。茂庭の山はワラビ、コメゴ、シドキ、ウルイ、ウドなどの山菜が豊かである。

五月、川ではクキと呼ばれる漁法が行われる。川原の砂利石を利用してハヤ（ウグイ）の産卵場所をしつらえ、集まった魚を投網《とあみ》で捕る漁法である。産卵期のハヤは腹に赤色の婚姻色が現れるため、茂庭ではアカハラとよばれる。

夏、ノバチの巣から蜜を取る。山では山菜のミズナ採り。田では夜、松明《たいまつ》を灯してドジョウぶち（捕り）をする。川では、魚の生態に応じて、テンカラ、ひたし針、ヨカワなど様々な漁法が行われる。石の陰や川淵に潜んだアユは投網を投げて脅し、ヤスで突いて捕る。

秋、山ではマイタケ、モタシなどのキノコ類や木の実の採集が行われる。これらは長い冬を越すための大切な保存食である。秋は冬を越すための餌を魚も必要とし、その生態を利用した漁法がある。粘土に蚕のヒビツ（蛹）と香りの強いニラを混ぜて底に塗りつた箱ドオ（筌）を川に設置する。その匂いで魚をドオに誘い込む仕掛けである。

冬は狩りの季節である。ウサギの巻狩りは村の男たちが協力し、山裾からウサギを追う役目のセコと山の尾根でまちかまえて鉄砲を撃つタチにわかれてウサギを追う。

寒に入ると、家々ではゴボッパと糯米を搗き込んだシミモチを作る。これは保存食であり、田植の時のコビル（間食）に食べる。

マンサクの花が咲く。長い冬が終わり、再び茂庭に春が訪れる。

●52分　●東北地方建設局摺上川ダム工事事務所、福島市教育委員会委嘱

93 埼玉の箕づくり

埼玉県入間郡毛呂山町葛貫

1994年

●40分 ●埼玉県教育委員会委嘱

箕は「百姓の風呂敷」とも言われるほど、農作業のあらゆる場面に欠かせぬものであった。

このフィルムでは、秩父山地と関東平野の接点にある埼玉県毛呂山《もろやま》町 葛貫《つづらぬき》の桜箕《さくらみ》作りの全工程と、箕をめぐる民俗を記録した。

桜箕は桜の樹皮と篠竹とを綾模様に織り込んだ箕である。桜の樹皮の繊維は丈夫なので良質の箕の材料になる。全国的には藤蔓の皮で作った箕のほうが多く、桜箕は珍しい。葛貫では、戦前は六〇軒ほどが桜箕作りに携わっていたが昭和三〇年代以降農業の機械化とともに衰退し、わずか数人が伝承するだけになった。

桜の樹皮は八月に取る。樹液の豊富な真夏に、直径一〇センチほどの若木を選び小刀を縦に入れるとポンと弾けて皮がとれる。家に持ち帰るときは他人にわからないように包んで運んだという。篠竹は冬、霜が降りる頃に刈り、天日で乾燥させ、裂いて弾力のあるヒゴに加工する。その他、藤蔓の皮、楮の皮を春から夏にかけて取って保存しておく。

箕作りでは、まずイタとよばれる四角い平面状のものを作る。篠竹を経糸、約一寸幅に裂いた桜皮を緯糸に、いわば織物の原理で平面を織り上げて行く。次にイタの三方をチリトリ型に立ち上げ、その縁に縁木をつける。縁木の材にはエゴノキなどの柔らかい木を利用し、ヒゴで編みこみ、さらに藤蔓の皮で作った紐で縫い付けて完成する。織る、編む、縫うという様々な工程をへて箕はできあがる。

完成した箕は主に八月の十五夜の頃に行商して売った。豊作感謝の十五夜に、近郷の農家では、箕の上にたくさんの供え物を並べることから十五夜箕とよんだ。正月や小正月にも、箕の上に供え物をした。

林の活用と桜箕の生産は密着した関係にあった。薪炭木を伐ることで再生した若い雑山《ぞうやま》（雑木林）から、材料にする若い桜の樹皮が円滑に手にはいった。丈夫な桜の皮をふんだんに使った桜箕は、かつては秩父山地を中心に、遠くは東京都や群馬県にまで行商されたのである。

1

3

2

4

5

1. ゴボッパを干す準備。シミモチに混ぜる
2. 山ワサビとワラビ
3. ハヤ(ウグイ)とヤマメ
4. 焼いたハヤを干して保存する
5. 秋のキノコ類は大切な保存食。塩漬けにする

93

埼玉の箕づくり

1

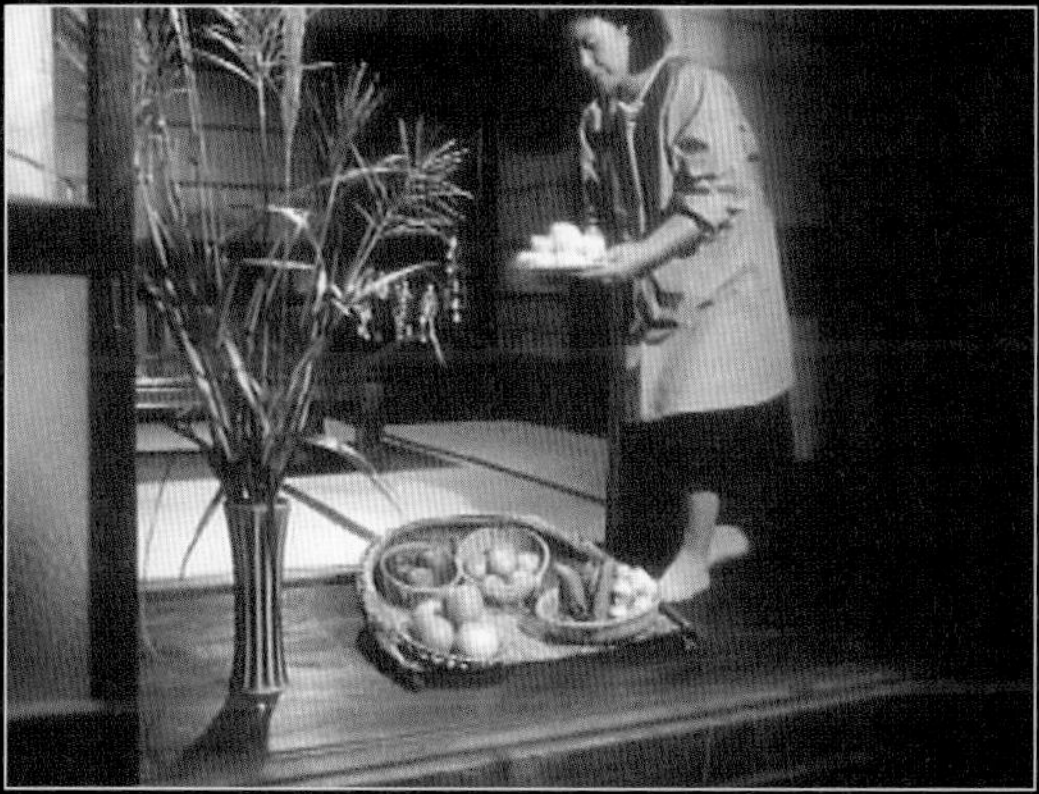

2

3

4

1. イタづくり。篠竹と桜の樹皮で編み上げる
2. 十五夜の供え物を並べるのに箕が使われる
3. イタの完成
4. できた箕の行商

94

那珂川の漁労

栃木県那須郡馬頭町、烏山町／芳賀郡茂木町

1994年

●30分　●栃木県立博物館委嘱

このフィルムは馬頭町《ばとうちょう》久那瀬《くなぜ》の川漁師、鈴木信一さんを中心に、那珂川中流域で行われる漁労を記録し、それを通じて、自然の恩恵をいただく人間の知恵と敬虔さをえがいたものである。

那珂川にはサケ、アユ、ウグイ、ニゴイ、ウナギなど、様々な魚種が棲息する。川漁はそれらの魚種の生態や習性に応じて行われる。特に産卵期は、川漁の焦点である。

五月はウグイの産卵期である。那珂川流域では産卵期のウグイをアイソといい、アイソッカワという漁法を行う。川底の砂利を掘って、魚の産卵に適した場所を作り、集まった魚を投網で捕るのである。川底に産みつけられた卵は一週間ほどで孵化する。鈴木さんは魚の豊穣を願い、雄雌一対のアイソに酒を注いで、川に放流した。

秋、アユは産卵のために川を下る。この落ち鮎を捕るために、鈴木さんは笹竹を川幅いっぱいに沈める大がかりな仕掛けを作った。ナワバリという漁法で、川底に沈められた笹竹の障害物を越えられずに集まったアユを投網でとる。

サケは秋から冬にかけて、産卵のために川を遡る。サケの産卵場をホリといい、そこではカギ漁、カマス網漁などを行う。また流れがゆるやかで、水深のある場所に休息に集まるサケを捕る四ツ手網のヤグラを設置する。一九五〇年代後半から那珂川ではほとんど行われなくなった漁法のひとつにイグリ網漁がある。三間半の網を、二艘の舟で繰りサケをとるのだが、映画ではそれを再現した。

那珂川流域の漁労の歴史は古く、縄文時代の漁網の錘《おもり》が数多く発掘されている。鈴木さんはそれらの出土品を手に取り、それがどのような魚種を対象に使用されたものであるか、的確に指摘した。川漁に生きてきた人の、自然と人間の文化に対する深い洞察力と知性を、私たちは教えられた。

95

寝屋子——海から生まれた家族

三重県鳥羽市答志

1994年

●57分　●自主制作

伊勢湾口に浮かぶ島、答志島《とうし》。この記録フィルムは、この島の答志集落に伝えられている日本で唯一の伝統的若者宿の制度（ここでは「寝屋子《ねやこ》」とよぶ）を、一九八〇年三月から一九九四年秋までの一四年余をかけて記録し、それをまとめたものである。

伝統的な若者宿は、かつて日本の各地でみられる制度であった。しかし第二次世界大戦後、特に一九六〇年代に急速に消滅していった。答志の寝屋子は、その激動する時代をくぐりぬけて生き続けている唯一のものである。

答志は、海に依存し、漁業に生きる町である。なぜこの地に、伝統的若者宿の制度が、生き続けているのであろうか。

答志では、中学校を卒業した男子は、数人単位のグループをつくり、寝屋親を選び、自分たちの宿を引受けてくれるように頼んでもらう。そして十数年、起居をともにする共同生活をし、最初の結婚者が出るとそれを機にその寝屋子組は解散する。

血気盛んな時期の共同生活である。実の兄弟以上に強い人間的結びつきが寝屋子たちに生まれ、また寝屋親とは実の親とはまた違った強い結びつきが生まれる。そしてそれは生涯変わることはない。

寝屋親には、たいてい三〇才代後半から四〇才代前半の人がなる。自分の両親や子どもがいる。子どもはまだ小さい。さらにそこに数人の他人の子どもを引き受けなければならないのである。

「ここが漁業で生き続けるかぎり寝屋子はなくならない」と、この記録で追い続けた、通称「辰吉寝屋子」の寝屋親、山下正弥さんは言った。「わしらは漁師。海の仕事には危険がつきまとう。助け合わなければならない。寝屋子はその助け合いの制度だ」、そうも言った。この記録は、辰吉寝屋子一四年の記録でもある。

1

2

3

4

5

1. 冬の漁、ニゴイ漁
2. ウナギ筌漁
3. 夏のアユ漁
4. 秋のナワバリ漁。落ち鮎をとる
5. カニ筌漁。産卵で川を下るモズクガニをとる

95 寝屋子——海から生まれた家族

1

2

3

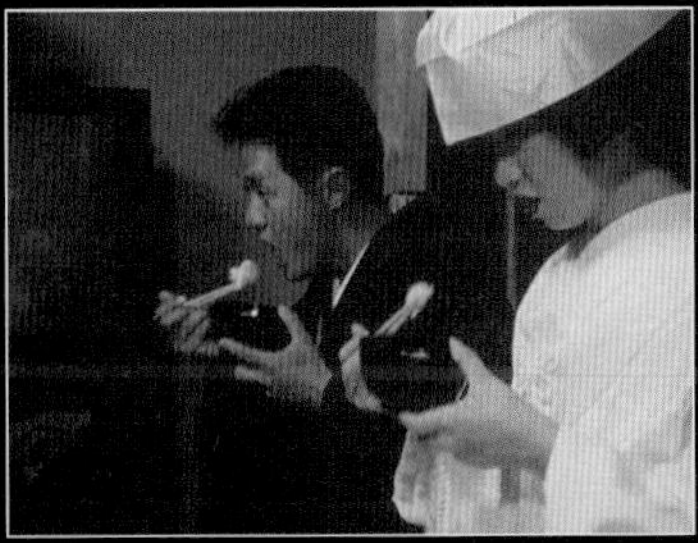

5

4

6

1. コウナゴ漁。船で囲んで協同で捕る
2. 答志島答志、ただひとつ若者宿が残る集落
3. 寝屋親の家で共同生活
4. 寝屋子と寝屋親の記念写真
5. 結婚する者が出ると寝屋子は解散する
6. 海女の漁は夫婦で。命綱は夫がもつ

96 平方のどろいんきょ

埼玉県上尾市平方

1994年

●45分　●上尾市教育委員会委嘱

上尾《あげお》市平方《ひらかた》は、古くからの麦作地帯で、その中心部は川越とつながる街道の宿場町として発達した。また秩父から流れ出る荒川に沿っており、川港ができ、高瀬舟で江戸とつながっていた。

町の入り口にあり、川港を守る八枝《やえだ》神社の祇園祭では、「どろいんきょ」とよばれる特徴のある神輿巡行行事がある。

まつりでは、担ぎだした白木づくりの神輿を倒し、転がし、どろまみれにし、荒川に浸け、人を乗せて引きずり回す。この行事の担い手は、町に一〇組ある若衆組である。

八枝神社の祭神は、牛頭天王《ごずてんのう》である。

祇園祭が行われる真夏は、疫病流行の時期であり、それは御霊（悪霊）のなせる災いだとされ、その退散を願って行われてきたのが祇園祭である。毎年春、若衆会議を開いて、七月一四日の八枝神社の本祭に近い土曜日か日曜日に「どろいんきょ」の日を決める。

「どろいんきょ」のどろは泥。使われなくなった神輿をご隠居さまとよび、お祭りで担ぎ出されないのでは寂しかろうと引きだされたのが、どろいんきょの始まりと伝えられている。

八枝神社を昼に出発した隠居神輿は、町内一〇ヶ所のお旅所を巡る。「どろいんきょ」はその内の五ヶ所で使われる。お旅所になった農家の庭を巡り、気勢をあげて転がす。途中で荒川に入り、暴れる。

町の北東にある境の家で転がした後、南西の町境の河岸で神輿を立て、その上に歌舞伎役者の扮装をした町の人を乗せ、縄をかけ、ずるずると引きずり、再び北東の境に向かう。これを「山車にして行く」という。更に神輿を転がし、八枝神社へのお山納めは夜一〇時過ぎとなる。

大正時代、平方と隣接する村々を巡るのに三日かかったという。

春三月三日、牛頭天王のお使いのお獅子を担いで家々を土足であがり、悪疫が町に入り込むのを防ぐ、「ふせぎ行事」も行われる。

97 越後奥三面 第二部
――ふるさとは消えたか

新潟県岩船郡朝日村奥三面／村上市

1995年

これは、『越後奥三面――山に生かされた日々』（作品50）の姉妹篇である。『山に生かされた日々』は、一九八〇年冬から八四年春にいたる四年間の記録をまとめたもので、本篇は、それに続き八四年六月から一九九五年秋にいたる十一年間の記録をまとめたものである。一九八四年六月二九日、奥三面《おくみおもて》の住民代表は、新潟県知事とダム補償基準協定書に調印した。一九六九年にこの地に県営ダム建設の話がもちあがって以来一五年、悩み苦しみ続けた全戸移住問題に決着の賽が投げられたのである。そしてこの日から一年半後の八五年一〇月末、奥三面の家は完全になくなった。刻々に、無残に、家々は消滅していった。

本篇は、その一年半の日々のようすを主軸にしながら、八五年一〇月末以降九五年秋にいたる一〇年間の移住地での生活のようすと人々の思いを織りこみ、さらに人々の移住後始まった奥三面一帯の考古発掘の結果を織りこんでまとめている。考古発掘によって、この地帯が旧石器時代から縄文時代全期間にわたる大遺跡地帯であることが明らかになり、さらに平安時代の集落さえあらわれてきている。消滅した奥三面は、ただ単に奥三面の人たちのふるさとであるばかりでなく、いわば日本人のふるさとともいうべき地なのである。八五年九月、閉村式の壇上で、奥三面の区長高橋宏氏はこみ上げる激情をおさえながら言った。「先祖に申訳ない」。移住地では、奥三面を恋いつつ、次つぎに年寄りたちが逝った。奥三面のことしか頭にない年寄りも次つぎにあらわれた。

移住地は、奥深い山岳地帯のまっただなかにあった奥三面とは全く生活環境の違った平坦地であり、しかも都市的環境にある。移住一年目、二年目、人々の重く苦しい日々が続いた。移住地へ通う私たちも、カメラはもちろん録音機も、ノートさえも持ちだせなかった。一方、奥三面で幼少期を過ごした子どもたちは成人し、結婚し、孫たちが生まれた。奥三面を全く知らない若嫁たちや孫たち、彼らの胸中に何が芽生えてきているか。私たちはそこに、ふるさとのよみがえりをみた。

●154分　●自主制作　●（協力）トヨタ財団

平方のどろいんきょ

1

2

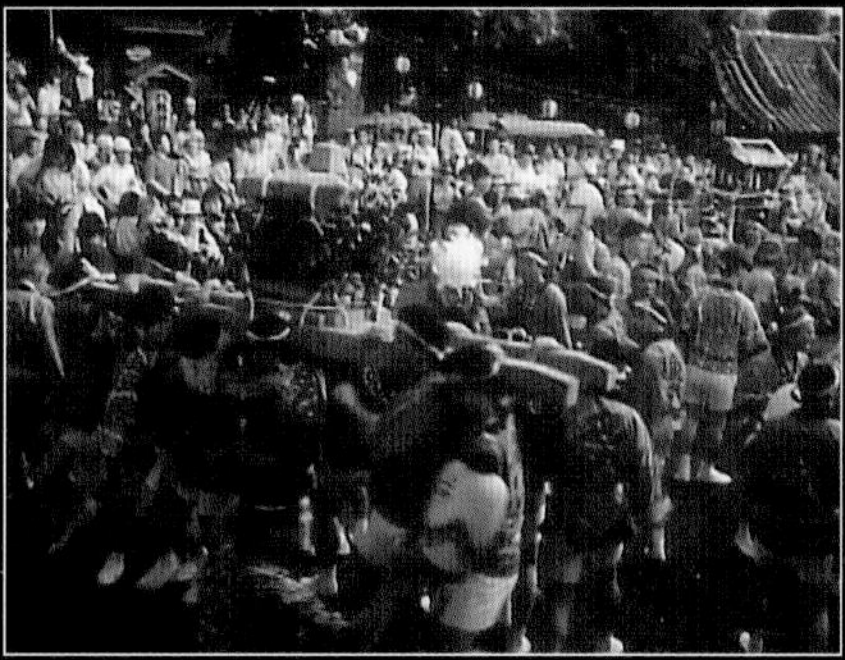

3

4

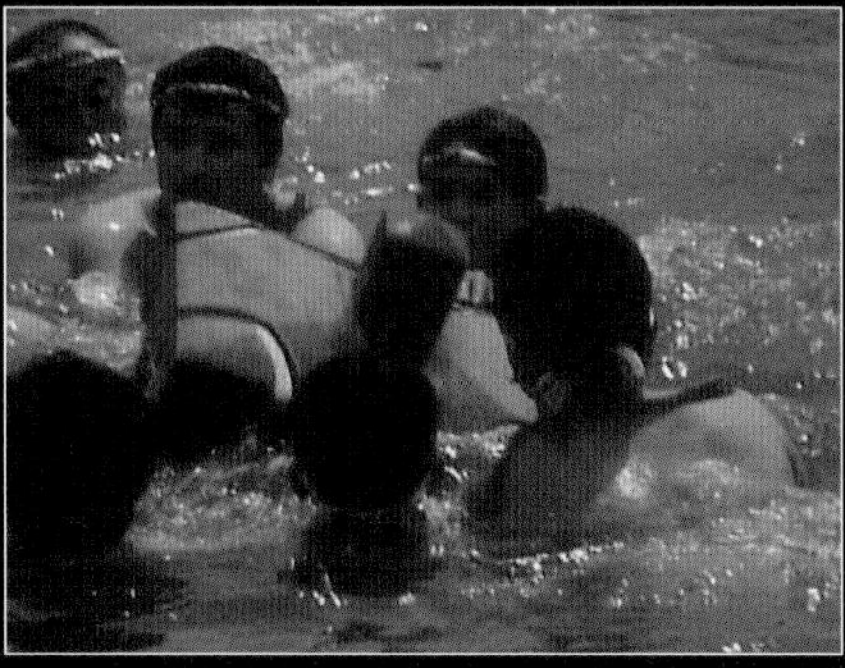

5

1. 夕方、役者を乗せて曳かれる隠居神輿
2. 竹縄でしっかり結束された隠居神輿
3. 八枝神社の境内から隠居神輿を担ぎ出す
4. 隠居神輿を地面に転がす
5. 荒川に隠居神輿を荒々しく投げ入れる

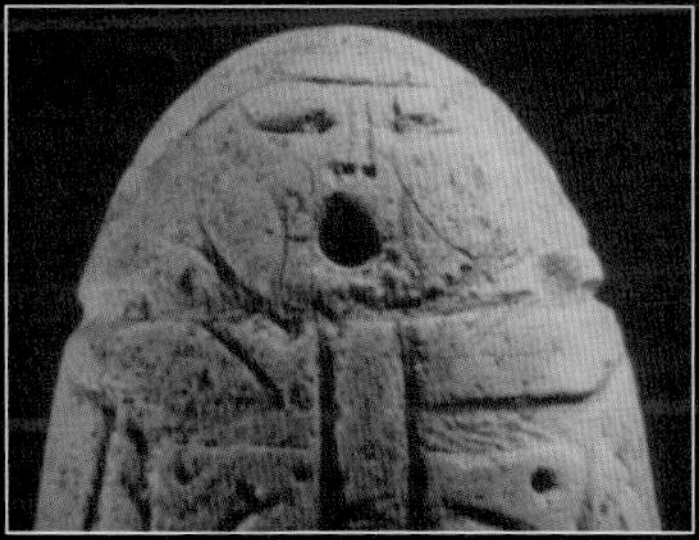

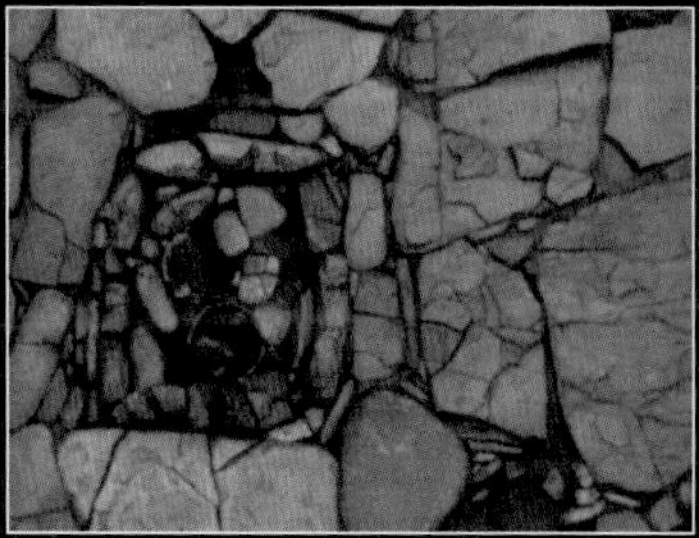

1. 移築のために解体される三面の龍音寺
2. 県庁でのダム補償基準協定書の調印式
3. 取り壊される三面の家
4. すっかり家がなくなった集落
5. 奥三面地域の遺跡から出土した土偶
6. アチヤ平遺跡の敷石遺構（住居跡）

98 日光山地の鹿狩り

栃木県塩谷郡栗山村川俣

1995年

● 30分　●栃木県立博物館委嘱

関東平野の北部に特徴のある山容をうかびあがらせる日光山地は、いわば関東と東北の接点にあり、その立地がもたらす植生と鳥獣魚虫の生物世界が、この山地域を日本でも有数の狩猟生活、狩猟文化の地たらしめてきた。

たとえば、この山地域には笹類が豊富であり、それを食料とする鹿が多く生息する。はるかな縄文時代以来、ここは日本有数の鹿の狩場であったし、鹿狩りにまつわる習俗も色濃く伝えられている。

この記録フィルムは、日光山地から流れ出る鬼怒川の源流地帯、栃木県栗山村川俣《かわまた》の人たちの鹿狩りとその習俗儀礼を軸にしながら、狩猟世界と狩猟文化、そして基盤の自然を明らかにしようとしている。

春四月、日光二荒山《ふたらさん》神社の弥生祭。奉納物のなかでひときわ目立つ鹿皮に、日光山地を鎮める神社と鹿とのつながりがうかがえる。

さらにこの山地で培われてきた狩猟文化、精神文化を物語る日光山縁起絵巻、諏訪の神文書などの歴史的記録類や文書類、さらには江戸時代末に建てられた鹿供養碑、厳粛な山神祭りなども収録した。

そして川俣の人たちの鹿狩りでは、鹿を待ち受けて撃つタチと鹿をタチの場所に追いつめるセコによる巻き狩り、獲物の解体法、分配法を記録した。

狩りは第二次世界大戦後の新しい狩猟法にのっとりながら行われるようになったが、その用具、行為、言葉の端々に、この地の狩猟伝統の古さ、深さがうかがえる。

古老の教えるオキ（鹿笛）の使用法には、鹿の生態を深く識った者の知恵が凝縮している。またキバケ（木化け）など数々の狩猟用語にもそれがうかがえる。キバケとは、木を背にして動かず獲物を待つ、木に化ける、ということで、「待つ」という狩猟行動の本質をズバリ言い現している。

99 コガヤとともに——世界遺産登録記念

岐阜県大野郡白川村荻町

1996年

岐阜県白川村荻町は、深い渓谷の発達した飛騨山地の中を流れる庄川の河岸段丘にひらける集落である。

この集落には約一八〇棟の合掌造り建築がここに住む人々の手によって維持され、一九九五年一二月、富山県平村相倉・上平村菅沼とともに、「白川郷・五箇山の合掌造り集落」として世界遺産リストに登録された。

この作品は、その合掌造り民家の屋根を葺くのに使われる大量のカヤがどのようにして生み出され、処理され、屋根の守り手となっていくかというカヤの足取りを軸とし、それを実現していくための、荻町の人々の工夫や努力を記録したものである。

合掌造り民家の屋根を葺くには、コガヤ（カリヤス）が良いとされる。コガヤはオオガヤ（ススキ）と比べると細身だが、茎がストロー状という特徴をもち、湿気を蒸発させやすいので、オオガヤで葺くよりも屋根が長もちする。

白川村の人たちはこのコガヤを得るために、標高七〇〇〜一〇〇〇メートルゾーンの焼畑の作物づくりとコガヤの栽培を組み合わせる方法を伝えてきた。作物を収穫した後の焼畑地にコガヤを植え、育てたのである。

山のカヤ場から村へ大量のカヤを下ろす方法は大別して二つある。秋と春に、急斜面を利用してカヤ束をおろすムカデとよぶ方法と、冬に、雪の斜面を利用してカヤ束をおろすヒキギリとよぶ方法である。焼畑地のコガヤの栽培といい、ムカデ・ヒキギリによるカヤの運搬方法といい、昭和三〇年代以降、日本の大きな変化のなかで急速に消えていく傾向にあった。この記録作業では、それらカヤに関わる伝統的な生活文化の体験者たちを中心とした復元・復活作業とともに、新しい方法によるコガヤ栽培地実験や、カヤ穂の保存・発芽実験など新しい試みも行われた。

● 54分　●岐阜県白川村教育委員会委嘱
●（助成）芸術文化振興基金　● 1998年度キネマ旬報文化映画ベスト・テン第5位

98

日光山地の鹿狩り

1

3

2

4

5

1. 川俣集落の猟師たちと捕れた鹿
2. 猟の場所に向かう猟師たち
3. 仕留めた鹿を運ぶ猟師
4. 鹿肉を猟師全員均等に分ける
5. 当元の引き継ぎの儀礼「当渡し」

99 コガヤとともに——世界遺産登録記念

1

2

3

4

5

1. 秋、ムカデとよぶカヤの搬出方法
2. 秋のカヤ刈り。立てて乾燥させる
3. カヤ束をニュウ(にお)に積み冬を迎える
4. 堅雪の春、雪の中から掘り出されたニュウ
5. 茅束を連結しヒキギリにして滑り降りる

100

シシリムカのほとりで
——アイヌ文化伝承の記録

北海道沙流郡平取町二風谷、日高町／沙流川流域

1996年

● 152分　●平取町・北海道開発局室蘭開発建設部沙流川ダム建設事務所委嘱
● 1997年度日本映画ペンクラブノンシアトリカル部門第3位
● 1997年度キネマ旬報文化映画ベスト・テン第3位

このフィルムは、明治以降急激に日本国家に包含されていったアイヌの人々が、その運命的激変のなかで、なお、忘れなかった大自然との共生のありようを、日高地方の一隅、シシリムカ（沙流川）のほとりにある平取町・二風谷で記録したものである。

日高山脈の最高峰ポロシリ（幌尻）岳。シシリムカに沿った河岸段丘にあるシンプイ（泉）のもとにアイヌの人々は生活を築いてきた。

春、プクサ（ギョウジャニンニク）、プクサキナ（二輪草）、ソロマ（ぜんまい）、コロコニ（蕗）、トレプ（うばゆり）等の豊かな山菜の採取。川原の砂地をも畑にしたピクタトイ（川原の畑）。アイヌの農耕の起源を思わせる重要な手がかりである。そして畑を耕す馬。明治以降、二風谷にも西欧風馬耕法が導入された。狩猟採集生活者から農耕者へ転じざるを得なかったアイヌの人たちの運命の象徴であった。六月、山でシナやオヒョウの樹皮を採って糸にし、アッドシ（オヒョウの木の皮の織物）やトマ（ござ）を織る。

夏、巨大な桂の木で丸木舟をつくる。丸木舟は二風谷の人たちにとってはなくてはならない生活用具であった。その丸木舟を石斧でつくった。各種の石材で試作し、沙流川の銘石「青トラ」が最も優れた石斧の材料であることも確認され、チプサンケ（舟下ろし儀礼）もした。秋、畑の作物が実り、川にはシペ（鮭）が遡上する。マレプ（回転銛）、ラウォマプ（筌）等のアイヌの伝統的漁法。そして、鮭の調理法、保存法、利用法にもアイヌの多彩な知恵と工夫がある。

アイヌの家作り。大地に貝を使って穴を掘り、柱を立て、チセ（家）を建てた。チセノミ（新築祝い）には、大勢のアイヌが集まり、火の神へ祈る。女たちのウポポ（すわり唄）、ホリッパ（群舞）やヤイサマ（即興歌）が始まる。

二風谷集落の目の前の沙流川に、一九九四年、ダムができた。沙流川の広い河川敷に作られていた多くの農地は水没した。この記録作業はその転換期のただなかで行われたものである。

101

たまはがね

——子どもがひらいた古代製鉄の道

福井県今立郡今立町

1997年

日本海にのぞむ越前の国は、古来、大陸・朝鮮半島にひらかれた地の一つであり、古代においては出雲とならび称せられる製鉄の地であった。越前平野東縁部の山地の裾にある小学校（今立町立南中山小学校）の子どもたちが、生まれ育ったふるさとの川から砂鉄を集め、古代の製鉄方法で、直径数ミリの銀白色に輝く鉄の粒、たまはがねをとりだした。この鉄づくりは大橋邦夫校長先生が提唱し、父兄や先生、地域の大人の協力のもと、子どもたちを主体に行われた。

砂鉄の採れる鞍谷川は、学校のすぐ近くを流れ、校区の新堂で服部川と合流する。子どもたちは、新堂の川床から磁石で砂鉄を集める作業を始めた。集めた砂鉄と木炭の粉を混ぜて砂鉄煎餅がつくられた。また、子どもと大人の協力で、砂鉄から鉄を取り出す炉づくりもした。そして、その作業が進むなかで、子どもたちは砂鉄をもたらす山々や、自然送風に適した峠の地形を学び、燃料となる炭を準備し、地域の歴史を知るために山の中の古墳を訪ねたりした。

炭と砂鉄煎餅を炉に入れ鉄をとりだす当日、風を送り続けた炉の温度は一四〇〇度を超えた。その熱の中からドロドロに溶けたノロ（鉱滓）を取り出し、冷して、割ってみると中からきらきらと輝く小豆粒程の玉、涙のようなかたちをした鉄の粒が見つかった。鉄分を九五％以上含有した鉄粒ということが後でわかり、この小さな鉄の粒は、作業に参加した子どもたちにとって大きな宝物になった。

自然の中から鉄をとりだすという作業を通して、ふるさとの土や水や風や火にふれ、心と体を解き放っていった子どもたち。大橋邦夫校長先生が言った。「鉄は宇宙からの贈物。私たち一人一人の体に流れる血流の中に鉄分があり、その働きによって生きていられる」。子どもたちは、自分たちと宇宙とのつながりを感じ、古代製鉄という自分たちの生まれ育った地域の古い歴史文化を実感することができた。

●85分　●自主制作

●（助成）芸術文化振興基金・ドラゴンリバー交流会への（財）河川環境管理財団「河川整備基金」

1

2

3

4

5

6

7

1. 平取町二風谷集落。向こうの川がシシリムカ（沙流川）
2. 氾濫原（砂地）を畑にするピクタトイの話をする萱野茂さん
3. 馬耕の復元作業のため馬の調教をした
4. 馬を使って畑を起こす馬耕
5. チセの囲炉裏でゼンマイを茹でる萱野れい子さん
6. 集めたガマの葉を整理する。乾燥させてトマ（ござ）を織る
7. アッㇳシを織る萱野れい子さん

101

たまはがね
——子どもがひらいた古代製鉄の道

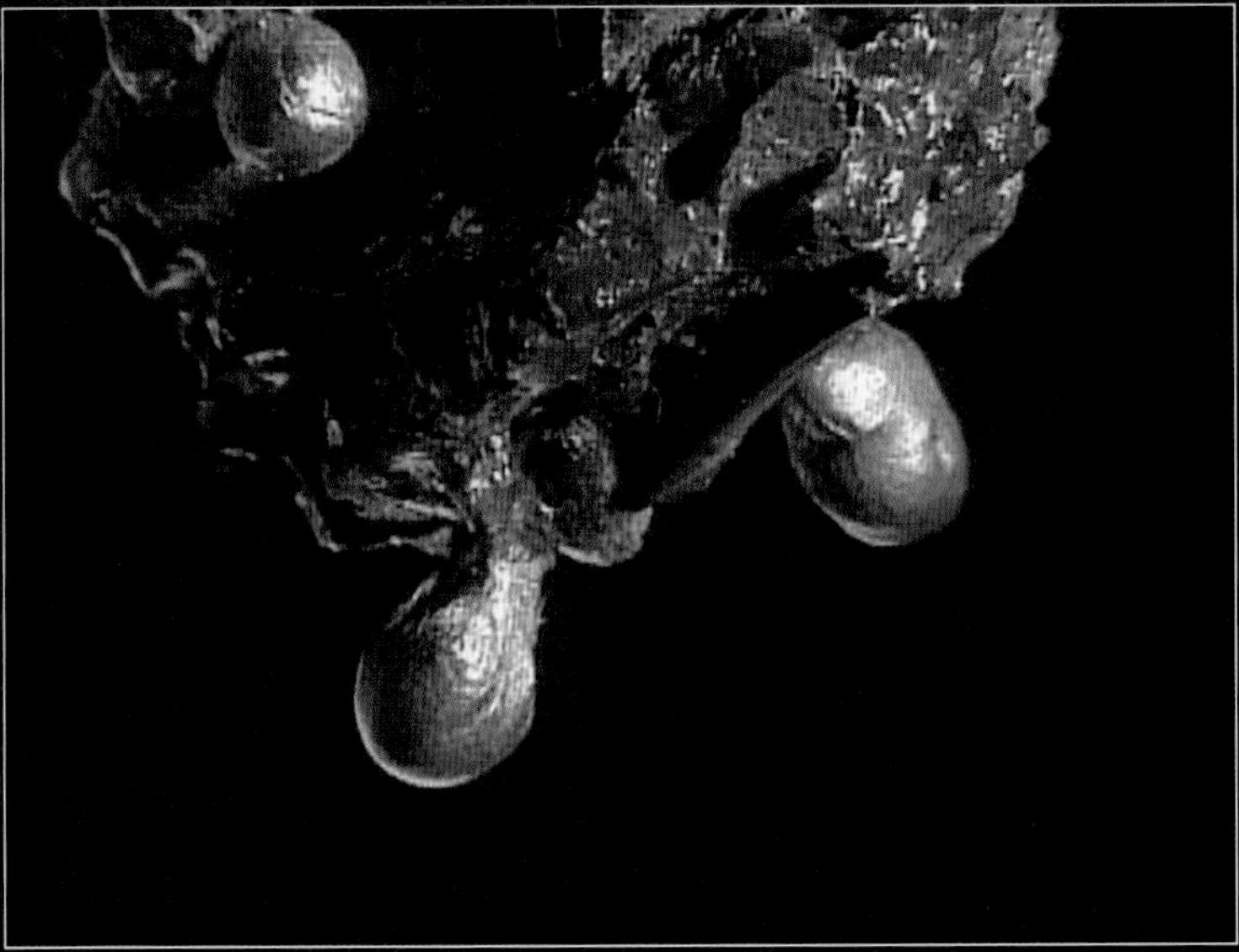

1

2

3

4

5

1. 砂鉄から小さなたまはがねが生まれた
2. 校庭に炉（の底の部分）をつくる
3. 炭を糸鋸で小さく切る
4. 炉に松炭を投入する
5. ノロの塊を割ってたまはがねを探す

102

太平洋の中の新島
——火山島・新島の成り立ち

東京都新島村本村・若郷・式根島

1997年

人はどのような地に自らの生活場所を開いていったのだろう。これは伊豆諸島、新島の姿である。新島村は、新島本島、式根島の二つの有人島と、地内島、早島、鵜渡根島の三つの無人島からなる。この姿を形成するまでの約一〇万年の間、二〇近い火山の活動があったとされる。

新島本島には、南に向山、北に峰路山、宮塚山といった火山があり、中央部には山地に挟まれた火山灰台地がある。この台地は、八八六年の海底火山の大噴火でできた。火山灰台地は水を通しやすく、山地に挟まれた地形も働いて、島の地下に水を豊かに貯えてきた。

島の東部にある羽伏浦。島の南端のシロママとよばれる白い断崖も、火山活動で降り積もった火山灰の厚い堆積層からなる。強い風と波の浸食で少しずつ崩れ、北へと長くつづく白い砂浜をつくった。

新島の砂が白いのは、島を形成したのが流紋岩質のマグマであったことによる。流紋岩に含まれる石英や火山ガラスが白くみえるのである。本島西側の和田浜では、新島の基本的な岩石である流紋岩や、その他、新島の基盤の深いところから噴出した岩石も見ることができる。宮塚山は、風化や自然の力で崩壊し、断崖となっている。大陥没した崖や崩落した岩は、磯になり、貝や海草、魚が繁殖する場になった。

新島北端にある若郷集落。ここの海岸には黒い礫が目立つ。黒い色は玄武岩質マグマによるもの。沖合の海底火山から噴出した。

式根島は平らな島である。成り立ちは新島よりも遥かに古い。島の周囲は崖や岩礁、海蝕洞など、入り組んだ地形となっている。

新島の島々の現在の姿は、度重なる火山爆発と風化や浸食の中で形成されたものである。人はその火山島の特徴を生かして暮らしてきた。火山島の恵みである温泉。噴火口跡の地形を活かして開かれた畑。岩礁によりつく豊かな海の幸。家材やガラス工芸に利用される石など。火山島であることを生かして生活を築いてきたのである。

●30分　●新島村博物館委嘱〔新島村博物館映像シリーズ　1〕

103 新島の植物

東京都新島村本村・若郷・式根島

1997年

太平洋の海底火山の噴火でできた新島。黒潮や強い西風の影響があり、その土壌は火山灰からなる砂地である。植物は、この厳しい環境の中で生き抜き、島の生物や人間の暮らしに恵みを与えてきた。

春、海辺の砂丘地帯に真っ先に顔を出すコウボウムギ。そしてハマエンドウやハマゴウ。これら海浜植物は地中深くに根を張ることで、砂丘の乾燥と強風に耐え、砂丘を安定させている。春はまた、自然の生き物にとっては食べ物のない端境期である。お墓に供えたお彼岸の団子をついばむカラス。その春の深まりとともに、スダジイやタブノキや椿の新芽が萌え出す。海風を受け、照葉樹林がきらきらと輝く。

梅雨。島頂部を包む濃い霧。湿度の高い環境に育つランが森林に数多くある。その代表に、優しい香りを放つニオイエビネラン。

多彩な海草もある。テングサやホンダワラ、トサカノリなど。海草は陸の青草とともに畑に埋め込まれ、土つくりにも利用されてきた。


植物は自ら環境を変えていく力がある。海岸沿いにつづく浜ン森。強風に耐える植物から陸にあがるほどに丈の高い柔らかな葉をもつ植物が育ち、その葉が腐葉土となり、樹林を育て、やがて風をさえぎり水を蓄える安定した森ができる。スダジイ林の下を掘ると、砂地の上にできた黒い腐葉土の十数センチの層が見えた。

秋、メジロなどの鳥やケモノたちの食べ物となるスダジイやオオムラサキ、トベラなどの実やシイなどの木の実。

新島には昭和三〇年代まで、ハルナマキという一年分の薪を春に伐り出す労働があった。山で鉈を振るい、薪を伐り出す。頭にマギムンとよばれる厚い帯状の布を巻き、薪の束にかけた縄をあてる。重い生木の束を山から集落まで運び出す、その労働の激しさ。自然の恩恵をいただくことはどれほど大変なことか。厳しい島の自然。その中で、植物も、生き物も、そして人間も精一杯に生きる努力を尽くしている。

●38分　●新島村博物館委嘱〔新島村博物館映像シリーズ 2〕

102

太平洋の中の新島——火山島・新島の成り立ち

1

2

3

4

1. オリーブ色の新島ガラス
2. シロママとよばれる白い断崖が浸食されて白い砂浜を形成した
3. 若郷にあるカルデラに拓かれた耕作地
4. 坑火（コーガ）石の採掘作業

1

2

3

4

5

1. 1年分の薪を伐り出すハルナマキ
2. ニオイエビネラン群生地
3. 海浜植物が深く根を張り砂丘を守る
4. 八丈キブシの花
5. テングサを干す

104 集落の成り立ち

東京都新島村本村・若郷・式根島

1997年

新島村には、三つの集落がある。本島の中央部にある本村《ほんそん》、北西部にある若郷《わかごう》、そして南西に浮かぶ式根島《しきねじま》。

冬、強い西風が吹きすさぶ。新島の集落は、西風から身を守るように作られている。海岸の防風林・浜ン森。風が吹き抜けないよう曲がった道。新島産坑火石《コーガ》製の塀。数軒の家々に残る屋敷林。

屋敷構えは大屋《おおや》と隠居《いんきょ》の二棟を中心に、便所、豚小屋、天水タンクをはじめ苗場、炭ガマまでもが、庭を囲んで配置されている。

家には、仏壇、床間のある奥座敷ディ、神棚のあるアラト、ユリィ（囲炉裏）のあるタルモトなどと呼ばれる部屋がある。それらは、節分などの行事の時、大事な儀礼を行う空間ともなる。家を大事にし、家族の健康を願っての行事・儀礼である。

家は人間生活の基礎である。その基礎を築きながら人々の暮らしは、外へ広がっていった。新島南部の石山には、坑火石の採掘場がある。火山活動によって形成された坑火石は、手鋸でも切れる軽石で、人々は、山から坑火石を切ってはおろし、家や町並みを築いていった。浜ン森の中には、共同のマイマイズ井戸がある。本村と若郷の井戸は江戸時代に、式根島の井戸は明治時代に掘られた。それ以前は、雨水を貯えるための樋と天水桶が頼りであった。

新島には古くから人が住み、長い歴史を築いてきた証がある。若郷渡浮根《とふね》の縄文時代後期の出土品。本村長栄寺のダントウ（共同墓地）にある流人《るにん》墓。本村十三社神社にある島最古の坑火石製の石垣。

七月。本村天王祭は、神輿、ヒサカキを持った子どもたち、カゴを頭上にささげたウンバァたちが、集落の道を練り歩く。行列が来る前に家々の人は、自分の家の道を砂で清める。自らの力で家をつくり村をつくり、そして神仏の力によってその末永い繁栄を祈る。新島には、その祈りを託した歌や芸能も伝えられている。

●40分　●新島村博物館委嘱〔新島村博物館映像シリーズ 3〕

105

漁の世界——海と新島①

東京都新島村本村・若郷

1997年

新島は、海産物の宝庫である。黒潮の流れにのってやってくる魚、新島の磯に住みつく魚。春は、イカ、サバ、シマアジ。夏は、タカベ、ヒラマサ。秋はアオムロ。冬は、タイ、ブリ。サザエやアワビなどの貝類。他、海草類、甲殻類、軟体類と多彩な海の幸がある。

また、入江、磯、岩礁、浜など、地形の変化に富む。そして季節とともにやってくる魚種に対応した様々な漁法を伝えてきた。

新島には広い砂浜がある。地曳網ができる浜の漁場をアンドと呼び、これを分割し、村の組毎に網を入れる権利をもった。地曳網には、春のサラダッコ（イワシの稚魚）、梅雨の夜網《よあみ》（アカイカ漁）の二種があった。それぞれの組の女、子ども、年寄も加わって全員が参加した。

春は伊勢エビの刺網漁が行われる。昼すぎ、共同船に乗った各家々の男たちが、海底地形や潮時を見定めて網を入れ、夜明け前、再び出かけて網をあげるのである。

六月一五日、若郷の祈漁祭。これから本格化する夏の漁の豊漁と安全祈願の行事である。氏子たちは海辺の近くに奉られている浜宮様を拝み、浜の祭壇で祈る。つづいて、神役のウンバァたちが、海の神様へ捧げる御歌神楽《みうたかぐら》を歌う。

浜まつりを終えると、若郷の大掛網漁《おおがけあみ》が始まる。まずアラミという潜水夫がイサキ・タカベなどの魚群を探し、カケダシという潜水夫が、大きく網をまわしこみ魚群を追い込みつつ、徐々に網をふさいでいく。

西風吹きすさぶ夏から初冬にかけては、謀計網漁《ぼうけあみ》が行われる。江戸時代に新島で開発されたとされる漁法である。漁場は、新島から最も離れた南西海上の岩礁群・銭洲《ぜにず》で、黒潮の真っ只中にある。漁船の取舵《とりかじ》（左舷）に、面舵《おもかじ》（右舷）竹竿で仕切りられたコの字型の網を入れ、面舵（右舷）に餌のコマシを投げ、アオムロ、ムロアジなどの魚群を網に誘い込んでいく。

●39分　●新島村博物館委嘱〔新島村博物館映像シリーズ 4〕

1

2

3

4

5

1. 少女たちとウンバァで執り行う天王様（若郷）
2. 背負子で抗火石を運ぶ
3. 節分。家の主人が煎り豆を撒く
4. ちまきを首に掛け、鉢巻き姿の天王様
5. 獅子木遣り。祝い事に奉納する

1

2

3

4

5

1. 春の伊勢エビ刺網漁
2. 刺網で捕れた伊勢エビ
3. 浜まつり。ウンバァたちが浜で祈る
4. 大掛網漁で捕れた根付きの魚
5. 伝統漁法·謀計網漁

106 舟づくり――海と新島②

東京都新島村若郷

1997年

舟なくして島の生活は成り立たない。舟大工なくして舟は生まれない。これはその舟大工の技術と舟誕生の記録である。

新島の人々は「ろくちょっぱり」とよばれる、六丁の櫓をもち、荒波を乗りきれる舟で、積極的に黒潮の海に乗り出していった。舟の材料は、強い西風にも耐えて、細かい年輪をもち柔軟な地元の杉を使う。舟づくりは、舟大工と漁師が綿密に打ち合わせをしながら進められる。

①シキズエ。シキは舟底の中心、背骨になる部分をいう。これを最初に板どりし、形をつくる。作業をしやすいように固定するため、台座（バン）にシキを据える。シキが据えられると、吉日を選んで、舟大工・船主・舟子がそろって立派な舟ができるようにとお祝いをする。

②ミヨシづくり。舟の舳先をミヨシという。波を切る先頭の部分なので粘りのある丈夫な材質である黒松を使う。シキの先頭に立てる。

③トダテ。舟の最後部であるトダテ。これもシキにつける。

④カジキため。舟底を広げるためシキの両側につく舟底の材をカジキという。カーブをつけるためにカジキを火であぶってたわめる。

⑤カジキつけ。たわめたカジキを、シキ、ミヨシ、トダテと合わせる。

⑥釘打ち。シキ、カジキを舟釘で打って留める。

⑦マキハダ打ち。浸水を防ぐためのマキハダ（ヒノキ皮の繊維）を、シキとカジキの合わせ目に詰め込む。

⑧タナドリ。タナは舟の側面部分。舟端につける。

⑨フナ張り。舟の側面がしっかりとシキに固定するように、タナ（側面）を突っ張らせる。

⑩舟を浜に上げ下げする時に舟底の滑りをよくするために、底にスベリと呼ぶ樫材をつける。

⑪フナダマ様を舟に納める。フナダマ様は男女一対の神人形に、五穀、船主の髪の毛、サイコロ、鼠の糞等を箱に入れたもの。

⑫舟下ろし。台座にしていたバンギをはずす。木遣り唄を歌って漁師仲間と浜まで舟を引いていく。大漁旗をなびかせ、港を三周する。舟の門出である。

●34分　●新島村博物館委嘱〔新島村博物館映像シリーズ 5〕

107

くさやづくり——海と新島③

東京都新島村本村

1997年

　くさやは、新島が発祥とされる保存食である。塩、水、魚のエキスで作られたくさや汁に生の魚を漬け、乾燥させると、独特のうまみを持つくさやが生まれる。くさやづくりの工程を追いながら、そこに秘められた庶民の知恵と歴史的背景を探る。

　冬、新島では、強い西風が吹きすさび、舟が出せない日が続く。そのために保存食・くさやが生まれた。ダッコ、トビウオ、サメ、アオムロ、ムロアジなど、油がのっていない魚が最適といわれている。新島には、古くからあるくさや加工場・イサバがあり、本村に一五軒、若郷に三軒ある。昔は、どの家でもくさやを作っていたという。

　まず、生魚のハラワタや肉の黒ずんだ部分・血合をとりのぞく。肉と骨がくさやになるのである。丹念に水洗いし、大きさ別に魚を分け、くさや汁タンクに漬け込む。

　翌日の早朝。漬けた魚にくさや汁がまんべんなくしみわたるように、引っ繰り返し、さらに午後までねかせる。そしてタンクから取り出し、水洗いをした後、乾燥作業に入る。

　くさや汁は、漬けた魚を水洗いした時に出る液体に、塩と水を合わせ蓄積していったものである。古いイサバのくさや汁は、百年もかけて蓄積された発酵液である。顕微鏡撮影されたくさや汁には、一グラム中一千億のバクテリア群が映し出される。くさや汁は生きている。これらの生命の働きによって発酵がうながされ、独特な甘味を醸し出し、そして腐敗をも防ぐ保存食品が生まれるのである。

　乾燥作業。くさや汁に漬けた魚は、水分が少ないほど保存性が高くなる。現在ほとんどは、機械乾燥機であるが、かつて、家の庭などで干す、天日乾燥だった。湿気が少なく、涼しい風が吹き抜ける秋に行っていた。

●20分　●新島村博物館委嘱〔新島村博物館映像シリーズ 6〕

1

2

3

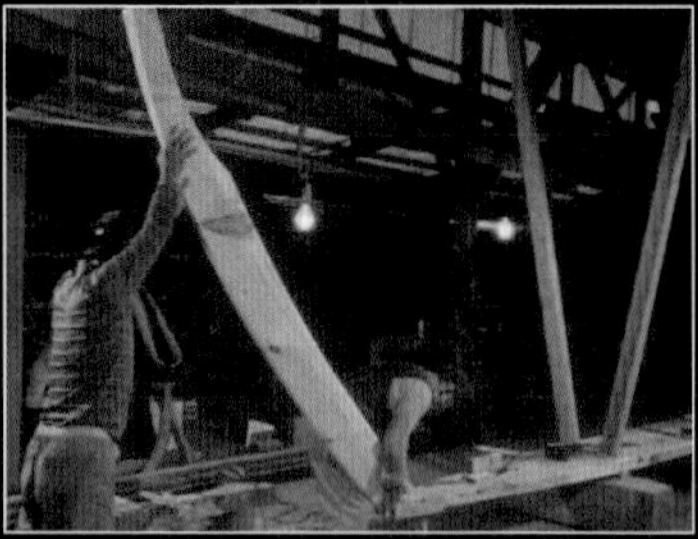

4

5

1. タナをミヨシに釘打ちし、輪郭が決まる
2. 6丁櫓の舟を「ろくちょっぱり」とよぶ
3. 仕事始め。 舟底の材·シキを清める
4. ミヨシをシキに取り付ける。長さ7尺9寸
5. 6丁の櫓で漕ぎ出す

1

2

3

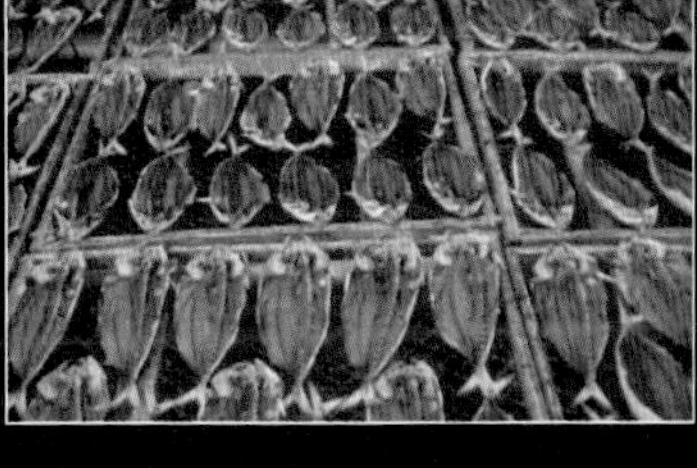

4

5

1. くさやの魚加工場·イサバ
2. アオムロが水揚げされた
3. 1日くさや汁に漬け込んだ魚
4. くさや汁に漬けた後は、天日に干す
5. 完成したアオムロのくさや

108 新島の年中行事
——正月行事

東京都新島村本村・若郷・式根島

1997年

新島には、古い畑作文化や海洋文化を髣髴させる古風な正月行事が伝えられている。

一二月、お正月を迎える準備が始まる。潮で清めた藁で年縄を作る。蓬《よもぎ》とさつまいもを搗き混ぜたクサーナ餅もでき、船の舳先近くにつける波除けと同じ形をしたニクサリが神棚に飾られる。新年にやってくる歳神様を迎える歳棚を天井の梁から吊るし、吉方に向ける。各家の竈神や水神には家の当主が、各神社には当番が注連縄やお飾りを飾る。

大晦日の夜。ディ（仏壇と床の間のある奥座敷）に注連縄を張り巡らし、歳神様を迎える。氏神、恵比寿様、竈神、吉方なども拝む。

元旦、若水汲み。若郷では共同井戸から水を汲み、新年のお湯を沸かし、神棚に若水、仏には若水とお茶を供える。浜では漁師が波に洗われた砂、潮花《しょばな》をとり、浜や船、家の北側にあるナンバドコロ（初漁の魚をまつるところ）に供える。

二日、船の初乗り行事。船主は潮花を船に供え、乗り子と神酒を交わす。ミカンをまき、無事と大漁を祈る。

三日、十三社神社での御籤神事。御籤を引き、一年の吉凶を占う。

四日夜、サカムカエ。大三王子神社でお籠りを終えた十三社神社の神官を、ヤカミ衆とよばれるウンバァや若衆が村境まで迎える。

五日、畑仕事の始まり。畑を拝んで回る。七草粥のための野草摘みもする。六日、消防組による出初め式。七日、七草粥。七草と七つの道具を用意し、心の中で唱え言をしながら粥をつくる。

一五日、正月行事の終わり。餅を搗き、竹に刺して飾る。シーラダンゴとよぶ。赤ちゃんの初年の祝いもこの日にされる。

一六日、歳神様の棚を納める。新島では「正月飾りは一月二四日のカンナンボーシ（海難法師）の風にあてるな」と言われ、二〇日を過ぎる頃までにはお飾りは浜や畑で燃やされ、正月が締めくくられる。

●34分 ●新島村博物館委嘱〔新島村博物館映像シリーズ 7〕

109

新島の年中行事

——盆行事

東京都新島村本村・若郷

1997年

先祖の霊を迎え、送るお盆。新島の人々は、先祖の魂・精霊様《しょうりようさま》をどのように迎え送るか、その全容を追った。

七月三一日、新盆の家では、海からやってくる精霊様が夜、道に迷わないように家の門口に灯籠の灯を灯す。八月七日頃になると、村の共同墓地・ダントウで、各家々の隠居した女性・ウンバァらが、自分の家の墓前に海の白砂を敷き替え、花などを取り替える。各家では、チガヤの葉を一本一本並べて編み、トバギ（精霊棚の敷き物）を作る。

八月一二日。新盆の家では、一般の家より一日早く、精霊棚が作られる。仏壇にトバギを敷き、篠竹をつり下げ、半紙と素麺を真ん中に、ホウズキと山椒の実、サトイモとシキミの葉を左右両脇に下げていく。トバギには、ナスで型どった牛を置き、モリコボシという台にのせた団子を供える。精霊様用に四《よ》つ団子、新仏様用に十《とお》団子、無縁仏様用にコロバシ団子。古いやり方の家は、床の間に精霊棚を作る。精霊棚には、盆の間、献立を替えた食事が毎朝供えられる。そして夕方、ダントウでは新仏の墓に、箱灯籠が飾られる。箱のなかには、死者の遺品、貝殻などが飾られ、砂が敷かれる。そして蠟燭や電気を灯す。

八月一三日。一般の家々でも精霊棚作りや墓掃除が行われ、夕方、人々は浜に出て、串団子、線香、花を渚に供え、精霊様を迎える。

八月一四日、若郷の大踊り。供養踊りともいわれ、寺で精霊様を供養するために踊られる。本村では、一五日に踊られている。昭和一五年頃までは、二日間にわたり役所と寺で踊られていた。妻折り笠に角帯着物の大踊り衆が、音頭とりの唄に合わせて優雅にしなやかに踊る。

八月一六日、精霊様を送る日。期間中の供物すべてをトバギに包み、海へ流す。島中から寄せられたトバギと精霊舟が、僧とヤカミ衆の供養の声に送られ、海へ旅立って行く。

●40分　●新島村博物館委嘱〔新島村博物館映像シリーズ 8〕

1

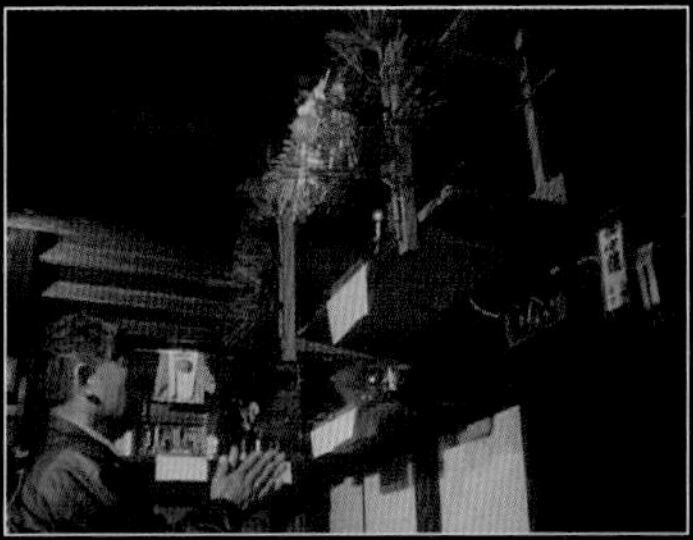
2

3

5

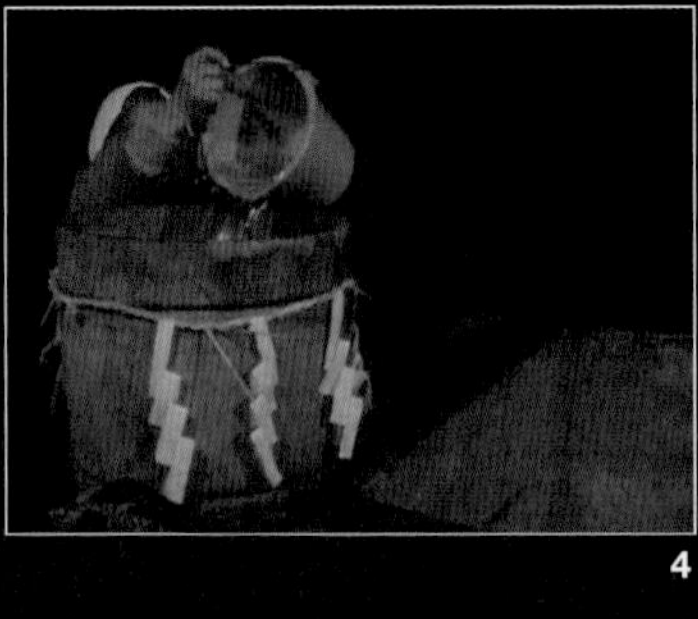
4

1. 若郷の浜、注連飾り用の藁を潮で清める
2. 大晦日。恵方に組まれた棚に歳神様を拝む
3. 若水汲み。重い水桶を頭に乗せて運ぶ
4. 昔、水運びの桶は嫁入り道具だった
5. 浜宮様の祠の後ろ、丸い海石を祀る

1

2

3

4

5

1. 若郷の大踊り（精霊供養の踊り）
2. 精霊棚の供物を水で清める（水むけ）
3. 白い浜砂を敷いたダントウで祈る
4. 渚での精霊迎え
5. 15日、本村の大踊り

110 新島の真田織り

東京都新島村本村・式根島

1997年

人は、自分の暮らしになくてはならないものを自分でつくった。これは真田織りという美しく丈夫で、帯や紐となる幅の狭い織物を織る技術の記録である。その帯や紐は子どもを負ぶったり、薪とり、畑仕事の時に使われ、嫁入り道具の一つでもあった。

新島村では、近世になって織り方が伝わったとされ、かつてはどの家でも織られていた。現在、お二人の技術伝承者が二つの織り方を伝えている。池田シンさんは一枚真田（平織り）の、百井ハルさんは袋真田（袋織り）の伝承者である。

織物は経糸と緯糸の組み合わせによってできる。はじめに経糸を作る。経糸を作るときにアヤとよばれる織物には欠かせない部分を作る。約六尺の長さの経糸をとっていく時に、手首をひねってアヤをとるのである。その手の動きは子どものアヤとり遊びを想わせる。

経糸となる糸が整うと、筬《おさ》とよばれる道具の櫛目状のところに経糸を通していく。筬は経糸がからまないようにし、織り幅を決める道具である。経糸に作っておいたアヤはアヤダケとよばれる道具にかけて、織りながら経糸が上下するたび、緯糸を通す空間ができるようにする。緯糸は杼《ひ》とよばれる道具に巻いておく。

コシバタとよばれる伝統的な地機で、経糸と緯糸を一枚真田を織っていく池田シンさん。経糸の張りは腰のひきで調節する。

袋真田は、一枚真田よりも複雑で、一枚の帯を二重に袋状にして織る。二組の経糸をつくり、一回の織りで二重に織り上げる。

真田織りの模様は、基本となる縦縞模様のほか、市松模様、ひし形、筍織りなどもある。

織物を機からはずすとき、アヤダケに使っていた糸にハサミを入れず、道具にご苦労さまと頭を下げる百井ハルさん。新島の真田織りは、生活の営みの中で生まれ、使われてきた。

●32分　●新島村博物館委嘱〔新島村博物館映像シリーズ 9〕

111

稲ワラの恵み
——飛騨国白川郷

岐阜県大野郡白川村荻町・馬狩

1997年

長い年月と風土の中から生まれた膨大な生活用具の蓄積がある白川郷。この雪深い山国に、稲ワラはどれほどの恵みを生活の中にもたらしていただろうか。

五月、田んぼに稲苗が植えられる。小さな苗が五ヶ月後には、食糧である米と生活の資となるワラをもたらす。ワラは、ワラすぐりやワラ打ちといった作業を経て、丈夫で細工しやすい〝使いワラ〟になる。

使いワラから、各種の用途に合わせた様々な縄がなわれる。さらに縄と縄を組み合わせた、縄テンゴ（背負い袋）等もできあがる。縄とワラの組み合わせからは、織物に似た平面状のムシロもできる。

ワラやスベをただ束ねたりするだけのものもある。ワラマブシ（蚕の巣）、サンダワラ（米俵の蓋）、ナベとり（鍋つかみ）など。そして赤ちゃんのゆりかごであるツブラ。ワラを厚く巻きこんだツブラの中には温かなスベが敷きこまれ、子どもを柔らかく守る。

稲穂の芯の部分であるヌイゴから作られるものもある。雨具のバンドリがそうである。ヌイゴを使うと丈夫で密になり、雨を通しにくくなるからである。一方、背当てのネコダは、使いワラをふんだんに使って、荷から背中を守るために厚く作られる。

柔らかく温かい材質をもつゆえに、ワラは体の身近な部分を保護するのに使われてきた。その特長がもっとも生かされてきたのはワラジ、ゾウリなどの足まわりに使われるときである。特に、冬、雪の上を歩いていくための特別な足ごしらえとして、複数の品を合わせて、足をワラでしっかりとかためるという工夫がある。

ワラから身の回りのあらゆるものを作り出した先人の知恵と、その材質を活かして作られたワラ細工の数々。稲ワラは、日本の雪国においてもっとも多彩に、その素質のもっている働きを開花させたといえるであろう。

●56分　●白川村教育委員会委嘱　●（助成）芸術文化振興基金

110

新島の真田織り

1

2

3

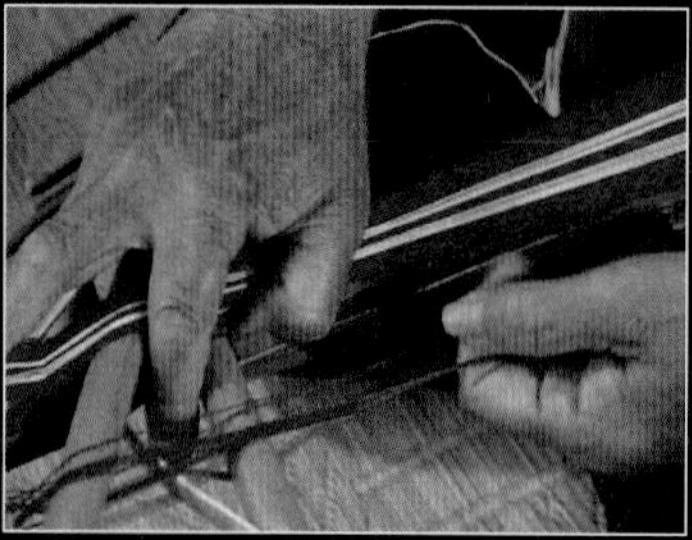

4

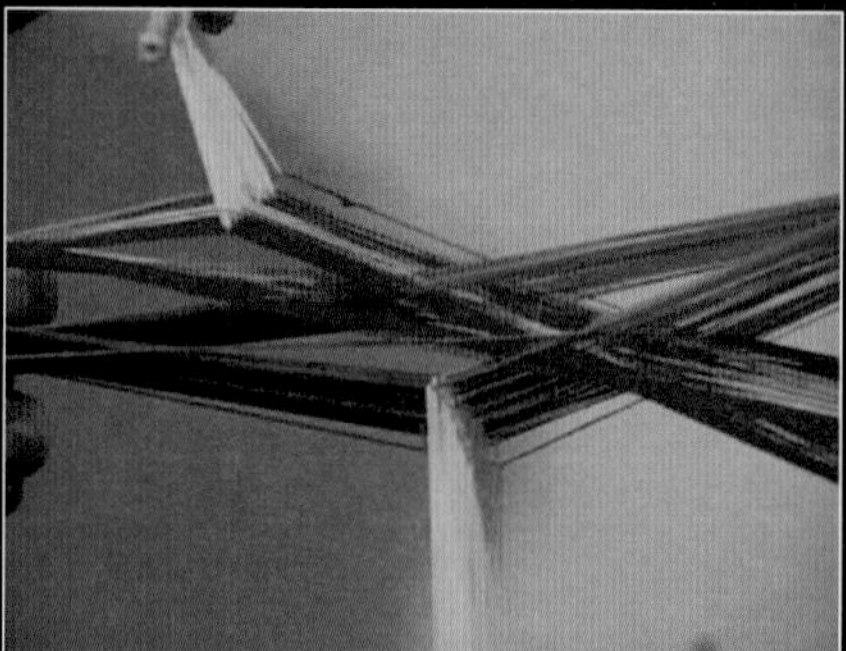

5

1. ジバタ。まず経糸を筬に通す
2. 真田織りをするウンバァの手元
3. 筬に通った赤と緑四段の経糸
4. 袋織りの複雑なアヤ掛け
5. 袋織りのアヤアシがきれいに揃う

111

稲ワラの恵み——飛騨国白川郷

1

2

3

4

5

1. 合掌造りの屋根裏でワラすぐりをする
2. ワラ細工の製作は囲炉裏端で行われた
3. 土木作業に使う道具、モッコを作る
4. サンダワラ（米俵の蓋）作り
5. ワラで作った深靴は雪の中でも温かい

112 川の大じめ——埼玉県上尾市川

埼玉県上尾市川

1998年

人は自らの生活場所の平安無事を願って様々な行事を行ってきた。関東平野のほぼ中央にある大宮台地。川（村）の地域はその台地を流れる河川の一つ、鴨川沿いの低地にあり、麦を中心としてきた農耕地帯である。土地の高低差はあまりなく、大雨による周辺の冠水が度々あった。

東に鴨川、西と南は畑や田に囲まれ、川村の出入り口は一つしかなかった。村の人たちは、この出入り口から村の中に悪疫が入ってこないように、道の両側に栗の木の柱を建て、中心に馬の草鞋のついた大じめ（大きな注連縄）をかけた。この道の他、田の畔道などを伝って行き来できる出入り口が六ヶ所あり、ここには小さな輪じめ（細い注連縄の両端を結んで輪にしたもの）をかける。

現在、注連縄づくりは、古くから続く川村一五軒の共同作業で行っている。大じめも輪じめも、毎年、架け替えられる。

五月一五日朝、一五軒の家から一人ずつ、神明神社に集まってくる。使う藁は昔は各家から二束ずつ持ち寄ったが、現在は田んぼをもつ一軒の家から三〇束ほど藁束を分けてもらう。

大じめづくり。長さは約七メートル。縄を締め、なっていく三人と、藁束を差し出す人が三人。都合六人がかりで交代しながらなっていく。縄が長くなると、大木に渡した桁にかけて、ねじりなっていく。大じめにつけられる馬の草鞋といわれる大きな丸い草鞋も作られ、竹や榊も用意される。馬の草鞋は村の長老が作る。大じめとは別に小さな輪じめも六つ作る。これは畔道などの出入り口にかける。

その日の午後、大じめを皆で担いで村の出入り口に行く。この時、大じめを地面に降ろしてはならないと言われている。去年の大じめを下ろし、新しい大じめと取り替える。一年間お世話になった古い大じめは粗末にならぬようにその場で燃やす。村境を大事にしてきた川（村）の地域の人々。昔は大じめをつけかえると、百万遍を皆で唱えた。

●40分　●埼玉県上尾市教育委員会委嘱

113

七島正月とヒチゲー
——鹿児島県十島村悪石島

激しい西風が吹き荒れる旧暦十一月から一二月にかけて、吐噶喇《とから》列島では、ひと月早い正月行事が行われる。オヤダマ（先祖の魂）を迎え祝福する七島《しちとう》正月、神を敬い畏れ慎むヒチゲー行事を悪石《あくせき》島で記録した。

〔七島正月・先祖の正月〕十一月一四日セツギムケー。各家々では、ユズルという木の枝と榊の枝を戸袋にさす。二九日、オヤダマおろし。夕方、位牌等、仏壇のものを全て床間に移す。三〇日（大晦日）、朝。縁側の上がり口に大根等の野菜でカケナを設え、オヤダマ様が出入りするためにトンビンタ（戸の頭）を少し開けて、先祖と無縁仏（ホウケシジョウ）の膳を供える。この日から送りの日まで、膳は毎朝夕替えられる。その晩、オヤダマ様にカエヨを歌い、各家の男が総代宅で歌ナラシをし、夜を明かす。一二月一日（元旦）の夜、総代宅で千本焼酎祭。各家の男が持ち寄った餅と笹で清めた焼酎が、祈願され、祝宴・歌ハジメとなる。オヤダマ様を迎え、歌で祝福し、島人は一体となる。二日は、船の安全と無事を神に願う船祝いが行われる。そして六日の夕方、女性司祭者ネーシの身体にお立ちの知らせがくると、各家で先祖立てが行われ、オヤダマ様は、南西の断崖風下《かざんした》を通って旅立つ。

〔ヒチゲー・神の正月〕ヒチゲーとは島中の神々が村に集まる日のことで日常と違う日（日違い）という意味である。初の午・未の日のコマヒチゲー（細かい日違い）は神様の洗濯日で、村人は静かに身を慎む。一二月二六日、オオヒチゲー（大きい日違い）。各家々では、悪いものが来ないよう、数日前から家の出入り口に魔除け・イバシカケをし、芭蕉の繊維でフ結びを作り首にかける。当日早朝、村人は、浜で身を清める。神役が祈願した後、ホンボイと浜のホーイが、神様の通る道を清めてまわる。翌日まで村人は外出せず、消灯し、静かに過ごす。但し夜のネーシ宅でのカミコウダツ（神のお告げ）だけは聞きに行く。翌日、神役の祈願によって、村人は元の生活に戻ることができる。

鹿児島県鹿児島郡十島村悪石島

1998年

●42分　●鹿児島県歴史資料センター黎明館委嘱

112 川の大じめ——埼玉県上尾市川

1

2

3

4

5

1. 村の出入り口にかけられた注連縄が大じめ
2. 大じめは木にぶら下げてねじりなう
3. 大じめは村人総出で行う
4. 入口に木を立てる
5. 両側に持ち上げて吊るす

113 七島正月とヒチゲー——鹿児島県十島村悪石島

1

2

3

4

5

1. オオヒチゲー:ホンボイの潔斎
2. 七月正月:先祖と無縁仏の膳
3. 七月正月:総代宅での千本焼酎祭
4. オオヒチゲー:魔除けの首飾り·フ結び
5. オオヒチゲー:道清めに出るホンボイ

114

草・つる・木の恵み
——飛騨国白川郷

岐阜県大野郡白川村荻町・馬狩・小白川・戸ヶ野

1998年

冬に数メートルもの降雪を記録する白川郷。豊かな雪解け水も加わり、多彩な草木がある。このフィルムは、その多彩な草木を活用した白川の生活文化を記録したものである。

まずスゲやガマなどの水辺の草がある。これらは節がなく、繊維が長い。その性質を利用し、ムシロやハバキ（脛あて）がつくられる。

樹木の利用には、樹皮をとるもの、木質部を使うもの、木全体を使うものがある。樹皮を使うのはウリハダカエデやシナノキ。この内皮を使って雨具のバンドリなどがつくられた。木質部を剝いで使うのは、しなやかで粘り強い性質をもつハナノキ。この木質から細い板状にしたヒデ（ヒゴ）をつくり、それを組んでヘンコ（腰カゴ）をつくる。薄いヒデからはヒノキ笠がつくられる。ハナノキのような材質は、雪に圧されては立ちあがるという雪国の環境が育てたものである。そして、木そのものを使うのはブナやナラである。割る時の裂け方にその木の繊維の特徴が現れる。

ツルは多様な使われ方をする。竹の育ちにくい白川では、サルナシ、マタタビなどの細いツルをヒゴにして、ショーケ（水切りザル）がつくられる。ヤマブドウなどの太いツルは、縄や綱となった。

山国雪国ならではの豪快な民具、ソリ。雪国に暮らすゆえの工夫から、使う場所や目的に合わせた各種のソリが生まれた。そして、深い渓谷を渡るための交通用具「カゴの渡し」も生まれた。ハナノキとブドウヅルを組んだ大きなカゴを、ブドウヅルを編んだ長大な綱に吊るし、自力で川を渡るというものである。急峻な山国で生きていくために、先人たちはこれらの交通用具を使って谷を越えた。草やつるや木は、生活の資をもたらしたばかりでなく、白川の風土に育つ植物を熟知し、知恵と工夫をもって力強く生きてきた、この土地の先人の姿をも伝えてくれているのである。

●57分　●白川村教育委員会委嘱　●（助成）芸術文化振興基金

115/116 越前笏谷石——石と人の旅

福井県福井市／坂井郡三国町、丸岡町／吉田郡松岡町／和歌山県高野山／北海道檜山郡江差町／松前郡松前町／函館市／青森県下北郡大畑町／むつ市／西津軽郡深浦町／山形県酒田市

2000年

福井市内にある足羽山《あすわ》。三つの大河、九頭竜川、日野川、足羽川によってできた福井平野のほぼ中央に浮かぶ標高一一六メートルの山である。この山から青く美しい凝灰岩、笏谷石《しやくだにいし》が古くから採石されてきた。笏谷石の形成は一七〇〇万年前、はるかな地質時代の火山活動に始まる。厚く堆積した火山灰は、長い年月の中で不思議な色合いをもった石となり、それを見出した人間は山から石を採掘しつづけた。

いくつもの坑道がはしり、長い採掘の歴史によって巨大な地中空間をもつ足羽山の体内。そこに残された無数のツル、ノミ、クサビの跡。

笏谷石の利用は、足羽山麓の地区のいたるところにみられる。塀や敷石、石垣、石段、井戸枠など。そしてこの石山で働いた石工たちがいる。山に横道を掘って採石の場所をつくる「切り込み」の石工、闇の中でカンテラの灯りだけを頼りとして石を切り出す「切り出し」の石工、その石を運びだす「フシギ」とよばれた人たち、石を整形する「造り前」の石工、さらに彫刻し、組み、築き上げていった人たち。暗く湿気の多い危険な地下で岩層にとりついてきた、その労働の凄さ。

笏谷石は、古くは古墳時代の石棺などに用いられ、神聖な石として扱われてきた。中世、朝倉時代には壮大な石仏や石塔などがあり、時代が下るにしたがって、囲炉裏枠や井戸枠、行火《あんか》など、庶民の生活用具にも使われるようになった。江戸時代には、三国湊から北前船によって日本各地に広く運ばれた。北海道、東北などに残された石造り製品、石造美術の数々。越前からはるかに旅してきたこの石は風雪に耐えつつ、各地でその歴史を伝えていた。

足羽山で生まれた笏谷石。大自然の生み出した岩層に向かって、黙々と取りつき、石を広い世界へと伝播した遠い祖先たち。その石と先人への想いを、福井の人々は伝えていこうとしている。

＊このフイルムには同名タイトル短縮版（作品116／二五分）がある。

●56分 ●25分《短縮版》 ●福井市委嘱

114

草・つる・木の恵み——飛騨国白川郷

1

3

2

5

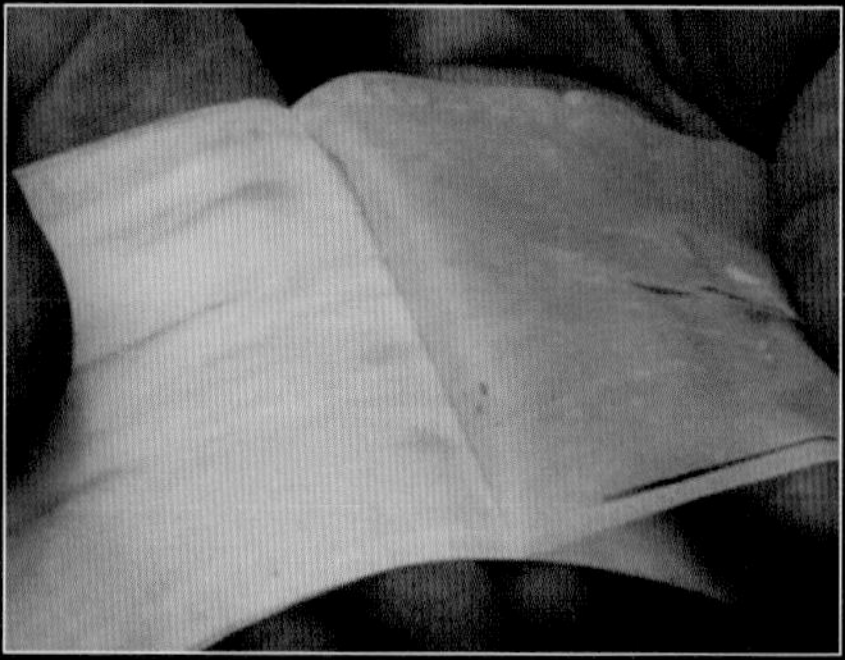

4

6

1. 再現されたカゴの渡し
2. 左からカヤ、ガマ、スゲ、ワラ
3. ウウリハダカエデの樹皮を剝ぐ
4. ウリハダカエデの繊維を薄く剝ぐ
5. ハナノキのヒゴで腰カゴを編む
6. ガマを編んですね当てをつくる

1

3

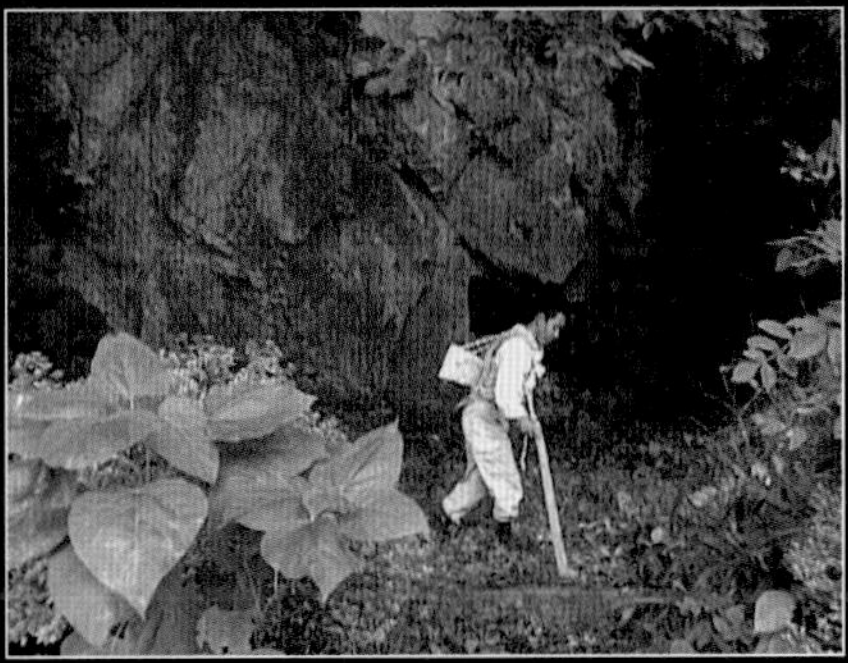

2

4

5

6

1. 足羽山内部の笏谷石採掘跡の巨大空間
2. 石を搬出する人、フシギ（再現）
3. フシギが運べるサイズに切り出す
4. 石材の平面を見る
5. 笏谷石で組まれた石垣
6. 古墳時代の石棺

117 飛騨白川郷のどぶろく祭

岐阜県大野郡白川村平瀬・木谷・荻町・鳩谷・飯島

2000年

これは白川村の五つの集落（平瀬・木谷・荻町・鳩谷・飯島）で、毎年九月から一〇月にかけて集落ごとに順繰りに行われる「どぶろく祭」の記録である。各集落の神社には「春祭（祈念祭）」「例祭（本祭）」「秋祭（新嘗祭）」の三つの祭があるが、「どぶろく祭」はこのうちの「例祭」にあたり、五穀豊穣と一年の無事を感謝する最も大きな祭である。

祭に供えられるどぶろくは、醸造権をもつ五つの神社（平瀬八幡神社・木谷白山神社・白川八幡神社・鳩谷八幡神社・飯島八幡神社）で、各社の氏子たちによってつくられる。

雪国であり、ブナ林に恵まれた白川村はよい湧水が豊富である。どぶろくは、この涌水を使い、寒の時期（一月下旬）に仕込む。原料はかつて稗や粟であった。今は米を蒸し、麹を混ぜて仕込む。仕込んだ材料は発酵し、約半年を経て御神酒となり、祭で初めて神前に供えられる。

仕込みの責任者は氏子たちから選ばれた「杜氏」。それを手伝うのが「鍵取り」当番組である。「鍵取り」はその名の通り、神社の鍵を管理し、祭の一切の裏方を務める大切な役目をもつ。祭は、神様のお守り役である「宮司」、神社のお守り役の「鍵取り」、氏子のまとめ役である「氏子総代」が中心となり、氏子たち全員によって運営される。

祭には、「御神幸」あるいは「村まわり」と呼ばれる御輿の巡行がある。たとえば荻町では鬼が先頭に立ち、その後ろに闘鶏楽、獅子、吹流し、大榊、楽人、稚児、御輿、宮司とつづく長い列となる。獅子は、露払いの役目として欠かせないものである。各家では御神幸の通り道に砂を撒き、御手洗など不浄な場所に柴を立てておおい、神を迎える。

夕方。御神幸の行列が神社に戻ると、神前に供えたどぶろくを下げいただく「どぶろくの儀」が行われ、氏子や観光客にも振舞われる。夜、奉納される獅子舞などの多彩な芸能。そこには、酒を醸し、神を迎え、喜びを共にする村人の気持ちがこめられている。

●48分　●白川村委嘱　●（助成）財団法人全国市町村振興協会・財団法人地域創造

118

竹の焼畑

——十島村悪石島のアワヤマ

鹿児島県鹿児島郡十島村悪石島

2001年

悪石島の全島を覆う琉球寒山竹《りゅうきゅうかんざんちく》は、株立ちで育つ熱帯性の竹で、その旺盛な繁殖力で島の地力を養ってきた。その竹山を焼いてアワを栽培する焼畑・アワヤマは、昭和三〇年代末に途絶えていた。これは、その復元作業である。

旧暦一月下旬。島の北東部・大峰とよばれる台地状の緩斜面地区。山の神々へ祈り、アワヤマキリの作業開始。まず一列にまっすぐ竹山を切り開くシリアケに始まり、そこからワキを切り開き、焼畑地全体を広げていく。旧暦二月下旬。アワヤマ日和（ハーヤマビヨリ）。切り開いた竹がよく乾燥し、火入れ時期である。まずホサギ作業、防火のため畑地の縁の枯葉や枯れ竹を取り除く。風下から火を入れ、風上に向かって燃やしていく。サカモエと呼ぶ。猛烈な音で竹がはぜ、火が逆巻き七畝（七〇アール）の畑地を一時間半で焼き尽くした。アワの種をムラなく散るよう、地面に蒔いていく。旧暦五月中旬。アワヤマが、短期間で約二メートルの若い竹林になる。タカベエといい、火入れされた竹の株から芽生えたヒコバエで、成長するアワを駆逐するため切り除く。旧暦六月下旬。アワの収穫。穂は、銅版製の爪や竹製のヘラで摘む。穂は天日で乾燥して保存し、家々で食べる分ずつ搗く。まず筵の上で足の裏と甲を使って穂から籾を落とし、サンバラという笊で屑をとばし、臼と杵で搗く。旧暦八月上旬。アワの収穫感謝祭・八月祭。島の各宮へのお供え。ツワブキの葉の上にゴス（粟飯）を水で濾して作ったお神酒を注ぎ、収穫を感謝する。かつてアワは島の人々の主食だったのである。

悪石島の焼畑は一〇年周期。一区画を一年耕作し、次の地に移り、地力が回復する一〇年後にそこへ戻る。また竹は、焼畑以外にさまざま活用した。食料、竹細工、家材。悠然たる自然の循環への人間の対応。悪石島の竹の焼畑文化は、海を通じて遠いラオスやベトナムなど東南アジアの国々にもつながる。

●50分　●鹿児島県歴史資料センター黎明館

117

飛騨白川郷のどぶろく祭

1

4

2

3

5

1. 神前に供えた御神酒と樽の中のどぶろくを混ぜ合わせる。どぶろくの儀
2. 蒸し米に麹を混ぜる
3. 発酵が進むどぶろく
4. 祭の行列が村をまわる
5. どぶろくを振舞う

118 竹の焼畑——十島村悪石島のアワヤマ

2

1

3

4

5

6

7

1. 竹山を切り開く作業、アワヤマキリ
2. 竹切り用の鉈鎌、「ヤマキリ」。新たに復活させた鉈。左が従来のもの
3. 焼畑地の火入れ
4. 焼き終わった畑
5. まだ地面が熱を帯びている間に種を蒔く
6. 収穫されたアワを運ぶ
7. 「このアワを食べて我々の先祖は生きてきたのです」と西さん

119 粥川風土記

岐阜県郡上市美並町

2005年

日本は国土の七〇パーセント以上が山地におおわれた山国である。また、水に恵まれ、草木の成育条件に恵まれた水の国、森林の国である。が、近年、その山や水、森林の荒廃が激しい。いったい日本の自然は、そして人間の生活、文化はどこへ向かおうとしているのか。日本屈指の清流・長良川の源流域南端部にある支流・粥川《かいがわ》。

長篇記録映画「粥川風土記」は、その粥川流域の人々が、いかに山や水に接し、そこに育まれた草木、虫、鳥、魚、動物などの生物たちと接し、そしていかに人と人のつながりの歴史を培ってきたかを、足かけ四年、初動から数えれば七年の歳月にわたってたずね、記録したものである。長良川の水がきれいなのは、支流の水がきれいだからである。粥川と長良川の合流点に立てば、それが誰の目にもわかる。一目瞭然である。では、なぜ、粥川の水は、長良川の本流のそれよりきれいなのか。「粥川 風土記」は、おのずからその理由に踏み込んでいく。自然の水、自然の流れがきれいなのは、その自然そのものの力であり姿である。と同時に、それに寄りそって生きる人の生活のありようと心の反映である。この地の人々の心を知りたい。この長篇記録映画には、おびただしい人々の姿と声があらわれる。

本来、「風土記」とは、単なる表面的知識の羅列、集積物ではない。激変する歴史的激動期に、人間の生活、生存にとってぎりぎり何が必要なのか、それを必死に探し、考え、記したものである。古代の出雲風土記に、例えば、菌類を含めて九九種の草木類の名があり、それらはすべて薬草と考えられる。古代の人の生存にとって、薬草がどれほど大事なものであったか。以下、近世には『新編風土記』が、さらに第二次世界大戦後には出版界に『風土記日本』があらわれている。「粥川風土記」は、激変混迷する二一世紀初頭のいま、私たちなりにはじめた映像による風土記編纂事業の嚆矢《こうし》と言える。

そしてこれはまた、粥川流域の人々が、山について、水について、森林について、虫や鳥や魚や動物について、そして人間のあり方について、交々《こもごも》語る「庶民風土記」、「語り部風土記」でもある。

●162分　●自主制作　●2005年度キネマ旬報文化映画ベスト・テン第2位

1

2

3

4

5

6

1. 復元した筏流し
2. 長良川でのアユの簗場の設置作業
3. キンマ（木馬）での木材搬出
4. 整備された木馬道
5. 2月 10日、山王祭
6. 粥川と長良川合流点近くの堤防の水神碑

撮影地一覧

【全国二六ヶ所】

4 うつわ——食器の文化

【北海道】

2 アイヌの結婚式　沙流郡平取町二風谷／勇払郡鵡川町

3 チセアカラ——われらいえをつくる　苫小牧市

8 イヨマンテ——熊おくり　沙流郡平取町二風谷

10 沙流川アイヌ・子どもの遊び　沙流郡平取町二風谷

11 アイヌの丸木舟　沙流郡平取町二風谷

40 標津・竪穴住居をつくる　標津郡標津町伊茶仁

41 沙流川アイヌ・子どもの遊び——冬から春へ　沙流郡平取町二風谷

100 シシㇼムカのほとりで——アイヌ文化伝承の記録　沙流郡平取町二風谷、日高町／沙流川流域

115 116 越前笏谷石——石と人の旅　檜山郡江差町／松前郡松前町／函館市

【青森県】

56 わたしたちのまち・自然・いのち　上北郡天間林村

115 116 越前笏谷石——石と人の旅　下北郡大畑町／むつ市／西津軽郡深浦町

【岩手県】

57 陸奥室根の荒まつり　東磐井郡室根村

【宮城県】

56 わたしたちのまち・自然・いのち　気仙沼市

57 陸奥室根の荒まつり　本吉郡唐桑町舞根

【山形県】

83 湯——山形県大蔵村肘折温泉郷　最上郡大蔵村肘折

115 116 越前笏谷石——石と人の旅　酒田市

【福島県】

5 奥会津の木地師　南会津郡田島町針生

35 **金沢の羽山ごもり** 福島市金沢

49 **田島祇園祭のおとうや行事** 南会津郡田島町

63 **からむしと麻** 大沼郡昭和村大芦・大岐

69 **茂庭の炭焼き** 福島市飯坂町茂庭梨平

70 **奥茂庭——摺上川の流れとともに** 福島市飯坂町茂庭岃振・梨平・名号

80 **麟閣——千少庵の茶室** 会津若松市

85 **茂庭のしなだ織** 福島市飯坂町茂庭

89 **茂庭の焼畑** 福島市飯坂町茂庭岃振

92 **茂庭のくらし——狩猟・漁労・採集** 福島市飯坂町茂庭

【新潟県】

22 **佐渡の車田植** 両津市北鵜島

23 **越後二十村郷・牛の角突き** 古志郡山古志村／小千谷市／北魚沼郡広神村

45 **奥三面の熊オソ** 岩船郡朝日村奥三面

46 **山人の丸木舟** 岩船郡朝日村奥三面

47 **奥三面の「ドォ」つくり** 岩船郡朝日村奥三面

48 **ぜんまい小屋のくらし** 岩船郡朝日村奥三面

50 **越後奥三面——山に生かされた日々** 岩船郡朝日村奥三面

75 **山北のボタモチ祭** 岩船郡山北町中浜

79 **青海の竹のからかい** 西頸城郡青海町青海

88 **根知山寺の延年** 糸魚川市山寺・和泉・大神堂・別所

97 **越後奥三面** 第二部——ふるさとは消えたか 岩船郡朝日村奥三面／村上市

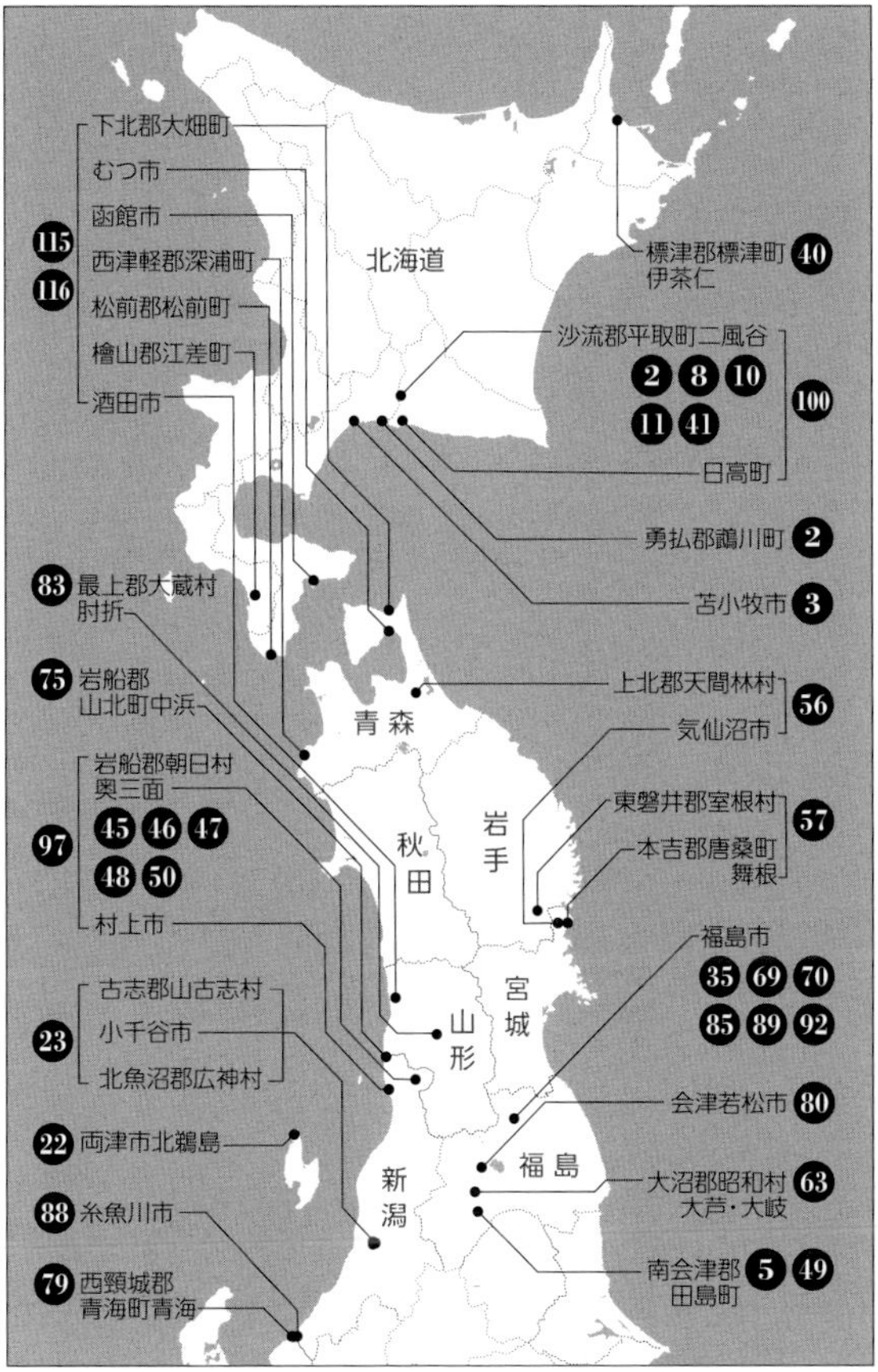

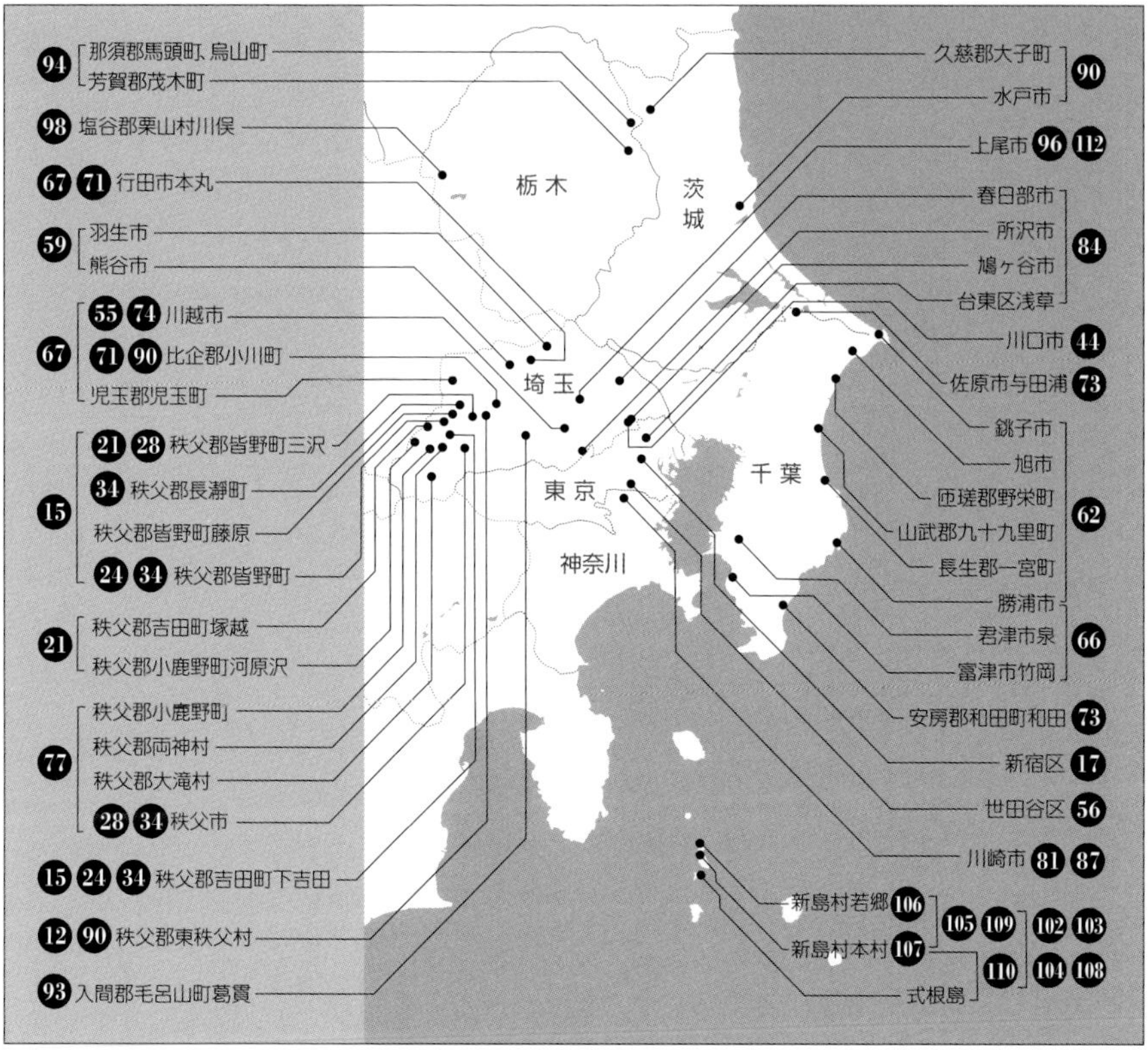

【東京都】

17 周防猿まわしの記録　新宿区
56 わたしたちのまち・自然・いのち　世田谷区
84 埼玉の押絵羽子板　台東区浅草
102 太平洋の中の新島——火山島・新島の成り立ち　新島村本村・若郷・式根島
103 新島の植物　新島村本村・若郷・式根島
104 集落の成り立ち　新島村本村・若郷・式根島
105 漁の世界——海と新島①　新島村本村・若郷
106 舟づくり——海と新島②　新島村若郷
107 くさやづくり——海と新島③　新島村本村
108 新島の年中行事——正月行事　新島村本村・若郷・式根島
109 新島の年中行事——盆行事　新島村本村・若郷
110 新島の真田織り　新島村本村・式根島

【神奈川県】

81 旧岩澤家住宅の復原　川崎市
87 旧原家住宅の復原　川崎市

【山梨県】

58 奈良田の焼畑　南巨摩郡早川町奈良田

【岐阜県】

99 コガヤとともに——世界遺産登録記念　大野郡白川村荻町

111 稲ワラの恵み——飛騨国白川郷　大野郡白川村荻町・馬狩

114 草・つる・木の恵み——飛騨国白川郷　大野郡白川村荻町・馬狩・小白川・戸ヶ野

117 飛騨白川郷のどぶろく祭　大野郡白川村平瀬・木谷・荻町・鳩谷・飯島

119 粥川風土記　郡上市美並町

【福井県】

78 越前和紙　今立郡今立町五箇

91 神と紙——その郷のまつり　今立郡今立町五箇

101 たまはがね——子どもがひらいた古代製鉄の道　今立郡今立町

115 116 越前笏谷石——石と人の旅　福井市／坂井郡三国町、丸岡町／吉田郡松岡町

【愛知県】

17 周防猿まわしの記録　犬山市

【三重県】

95 寝屋子——海から生まれた家族　鳥羽市答志

【和歌山県】

115 116 越前笏谷石——石と人の旅　高野山

【高知県】

7 椿山——焼畑に生きる　吾川郡池川町椿山

【広島県】

6 豊松祭事記　神石郡豊松村

【山口県】

17 周防猿まわしの記録　光市高州

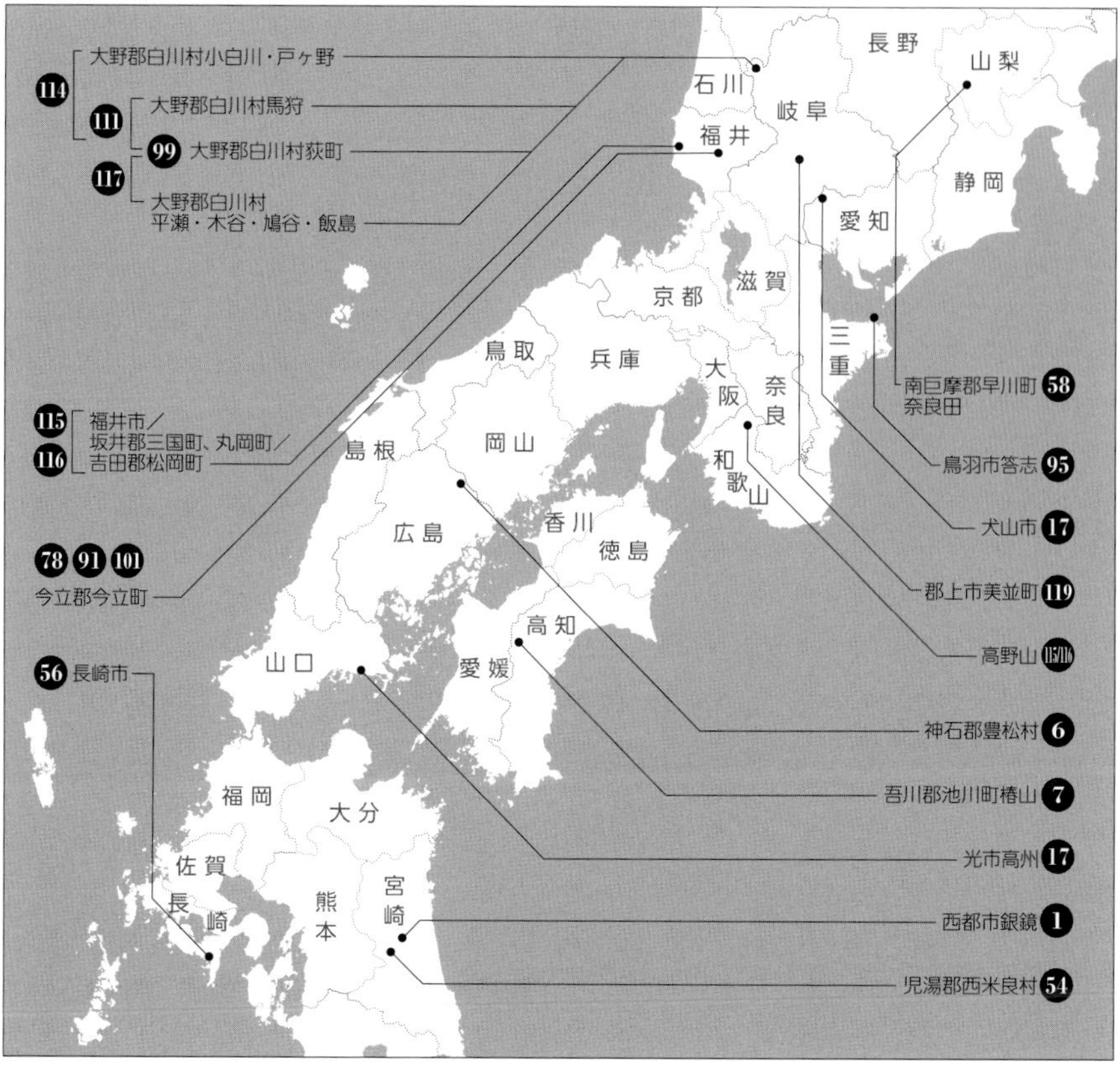

【長崎県】

56 わたしたちのまち・自然・いのち　長崎市

【宮崎県】

1 山に生きるまつり　西都市銀鏡

54 西米良の焼畑　児湯郡西米良村

【鹿児島県】

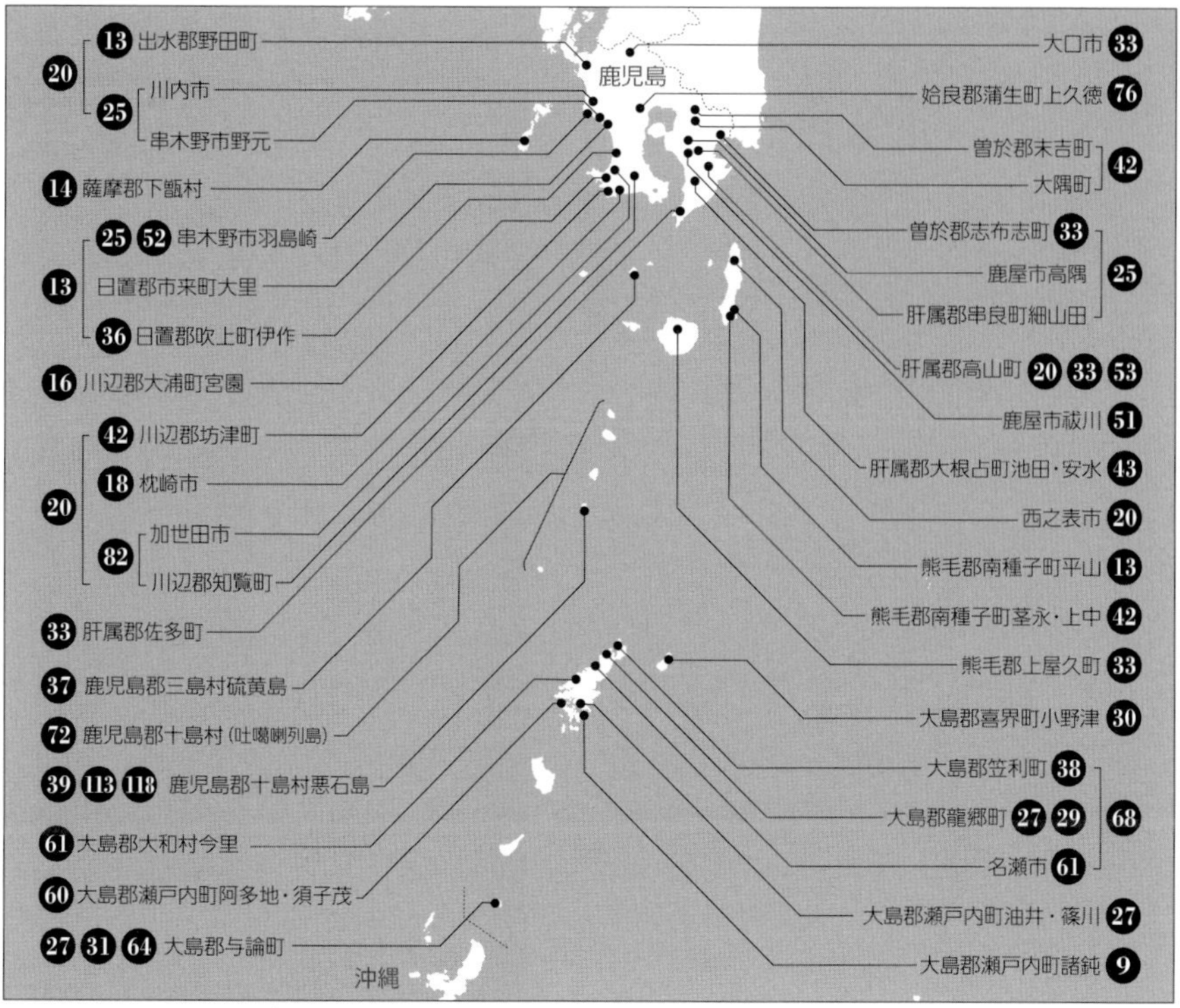

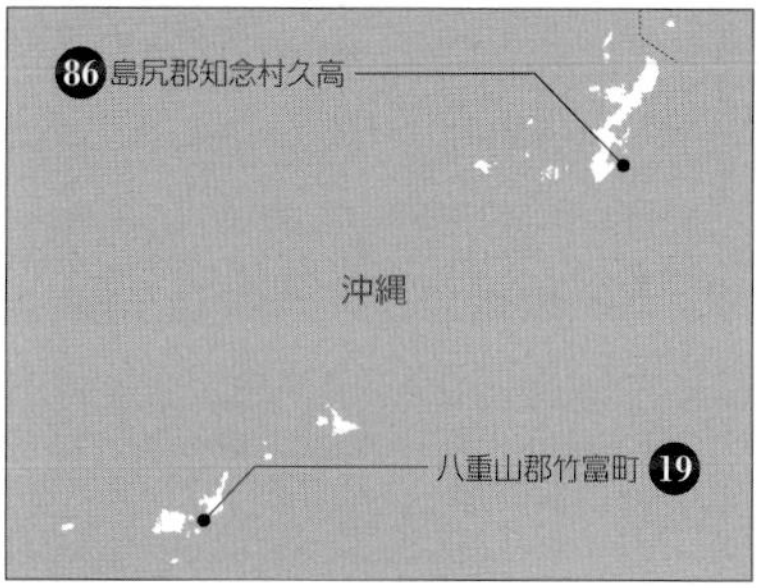

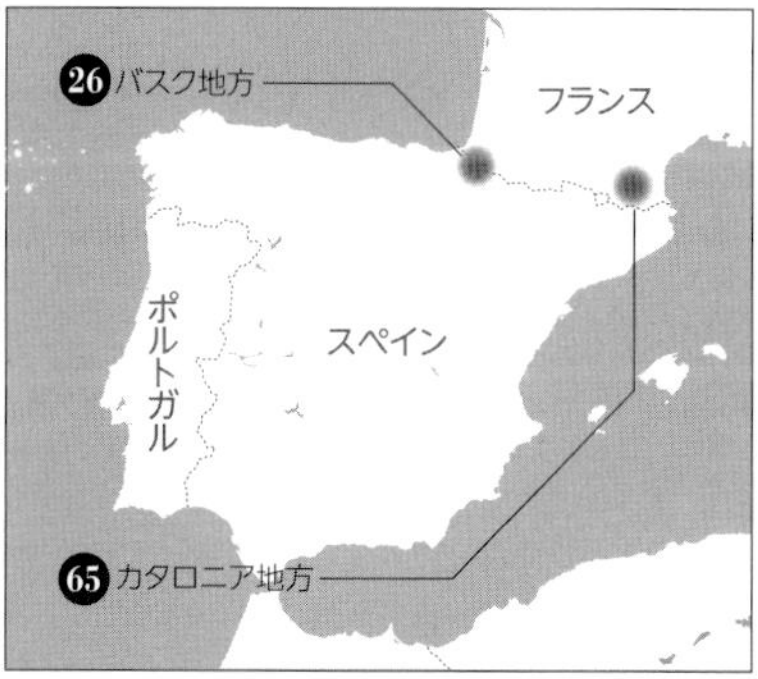

【沖縄県】

19 竹富島の種子取祭　八重山郡竹富町

86 イザイホー一九九〇年——久高島の女たち　島尻郡知念村久高

【フランス／スペイン】

26 アマルール——大地の人バスク　バスク地方（フランス／スペイン）

65 カタロニアの復活祭　カタロニア地方（フランス）

フィルム作品以外の民映研作品及び刊行物

民映研は映画フィルムによる作品にのみ番号を付けて世に発表してきました。一九八〇年代になると、民映研でもビデオ作品が生まれてきます。初期の頃は、それまでのフィルム作品を生かしビデオに変換した博物館の展示用短編が主な作品群でした。ビデオ映像が普及してからは、ビデオ作品、テレビ番組など多くの作品を制作するようになります。作品番号が記載されていない貴重な作品も生まれました。

ビデオ作品

公共展示施設用VTR作品

［国立民族学博物館］

■ **1976年**

- ●No.1 狩りのまつり
- ●No.2 集落の連合と三十三番神楽の組立
- ●No.3 奥日向の地主信仰―土地を拓いた先祖のまつり
- ●No.4 西日本におけるカシの実の食べ方
- ●No.5 木地師の小屋づくりと山の神まつり
- ●No.6 奥会津の木地師と手びきのロクロ
- ●No.7 クバの葉でつくった鍋とクバの葉餅
- ●No.8 叩きの技術と野焼き
- ●No.9 焼きものガマの発達
- ●No.10 漆と漆かきさん
- ●No.11 輪島塗り 今と昔
- ●No.12 縄文土器のつくり方と使い方
- ●No.13 青森県上北地方のヒエ・ソバの食べ方と食器
- ●No.14 網代編みによる竹かごづくり
- ●No.15 吉野・津軽の曲げものづくり
- ●No.16 沖縄・西表島の船漕ぎ競争
- ●No.17 沖縄・与那国島の豊年感謝祭
- ●No.18 中国山地における年越しと正月の行事―広島県豊松村
- ●No.19 中国山地における小正月ととらへい―広島県豊松村
- ●No.20 中国山地における田の神迎えと田の神送り―広島県豊松村
- ●No.21 中国山地における荒神まつりとめぐり祈禱―広島県豊松村
- ●No.22 中国山地におけるかまど鎮めとかまどあげのまつり―広島県豊松村
- ●No.23 中国山地における太鼓田植え―広島県豊松村
- ●No.24 中国山地におけるコンニャクづくり―広島県豊松村

■ **1977年**

- ●No.1 南島の製糖技術―与論・沖永良部
- ●No.2 南島の用水技術―与論・沖永良部
- ●No.3 日本の祭礼と芸能―与論の十五夜踊り
- ●No.4 離島の農業と交通―対馬 鴨居瀬
- ●No.5 離島の漁業―対馬 鴨居瀬の海人
- ●No.6 北海道・沙流川アイヌの結婚Ⅰ―嫁ぐまでの準備
- ●No.7 北海道・沙流川アイヌの結婚Ⅱ―儀礼と祝宴
- ●No.8 北海道・沙流川アイヌの家づくりⅠ―場所選定から屋根組

みまで

●No.9 北海道・沙流川アイヌの家づくりII—屋根ふきから仕上げまで

●No.10 北海道・沙流川アイヌの家づくりIII—新築祝いと家の神まつり

■**1978年**

●No.1 アイヌの熊送り(1)—祭場と祭具づくり

●No.2 アイヌの熊送り(2)—イナウづくり

●No.3 アイヌの熊送り(3)—酒・団子・こげ菓子づくり

●No.4 アイヌの熊送り(4)—弓矢づくり

●No.5 アイヌの熊送り(5)—客迎えから熊を射るまで

●No.6 アイヌの熊送り(6)—熊の解体と熊の神を家に迎える

●No.7 アイヌの熊送り(7)—熊の神の化粧

●No.8 アイヌの熊送り(8)—熊の神を神の国へ送る

●No.9 焼畑のむらの変遷と生業—高知県池川町椿山

●No.10 焼畑の生態—高知県池川町椿山

●No.11 山焼きと地ごしらえ—高知県池川町椿山

●No.12 焼畑の作物(アワとヒエ)—高知県池川町椿山

●No.13 焼畑の作物(大豆と小豆)—高知県池川町椿山

●No.14 焼畑の作物(サトイモ)—高知県池川町椿山

●No.15 焼畑の換金作物(ミツマタ)—高知県池川町椿山

●No.16 豆腐づくり—高知県池川町椿山

●No.17 焼畑における虫送りの行事—高知県池川町椿山

●No.18 先祖まつりと太鼓踊り—高知県池川町椿山

■**1979年**

●No.1 秩父の子育て行事(1)安産の祈りから出産まで—埼玉県長瀞町・吉田町

●No.2 秩父の子育て行事(2)雪隠まいりからオグイゾメ(百日目)まで—埼玉県長瀞町・吉田町

●No.3 秩父の子育て行事(3)ホウソウ流しから帯とき祝い(七才)まで—埼玉県長瀞町・吉田町

●No.4 甑島のトシドン

■**1982年**

●No.1 南薩摩の十五夜行事

●No.2 大隅・薩摩の打植えまつり

●No.3 太郎太郎祭と船持ち祝い—鹿児島県羽島崎

●No.4 佐渡の車田植

●No.5 奄美の芸能・諸鈍シバヤ(1)—準備

●No.6 奄美の芸能・諸鈍シバヤ(2)—開始禊からシシキリ(獅子退治)まで

●No.7 奄美の芸能・諸鈍シバヤ(3)—ダットドン(座頭殿)から終曲まで

■**1983年**

●No.1 奄美・喜界島の八月行事

●No.2 秩父・吉田町の花まつり

●No.3 アイヌの子どもの夏の遊び

●No.4 アイヌの子どもの魚とり

●No.5 バスクの概観と歴史

●No.6 バスクの羊飼いの生活

●No.7 バスクのチーズ作り

●No.8 バスクの農村と信仰

■**1986年**

●No.1 山に生きる・越後奥三面—熊オソの構造

●No.2 山に生きる・越後奥三面—ドォ(窒)づくり

●No.3 山に生きる・越後奥三面—ゼンマイ小屋のくらし

【鹿児島県立歴史民俗博物館黎明館】

●硫黄島のメンドン/一九八二年/6分

●悪石島のボゼ/一九八二年/6分

●示現流と野大刀自顕流/一九八二年/5分

●佐仁の八月踊り/一九八二年/5分

●湯之元の太鼓踊り/一九八二年/5分

●本町の八月踊り/一九八四年/5分

●羽島崎神社の太郎太郎祭/一九八四年/7分

●祓川の棒踊り/一九八四年/7分

【川崎市民ミュージアム】

●川崎・宮内の雨乞い行事／一九八七年／21分

【大井町郷土資料館】

●川越街道と大井宿／一九八八年／8分／タイムアート・デザイン受託

【群馬県館林市 市立田山花袋記念館】

●田山花袋(1)／一九八八年／5分

●田山花袋(2)―田山瑞穂父を語る／一九八八年／5分

●田山花袋(3)―花袋とその文学 小林一郎／一九八九年／6分

【龍ケ崎市立歴史民俗資料館】

●龍ヶ崎の水と歴史／一九八九年／11分／タイムアート・デザイン受託

●撞舞／一九八九年／5分／タイムアート・デザイン受託

●オピシャー別所町／一九八九年／8分／タイムアート・デザイン受託

●ナラセモチと鳥追い―長仲町／一九八九年／3分／タイムアート・デザイン受託

【東京都江戸東京博物館】

●種蒔き正月とフセギ／一九九一年／34分

●まちに生きる厄除の大蛇／一九九一年／30分

●羅宇屋／一九九二年／33分

●武蔵野の富士講―丸嘉講武州田無組中里講社／一九九二年／45分

●富士信仰と富士講―丸藤宮元講／一九九二年／45分

●江戸川区の富士講―割菱八行講／一九九三年／46分

●漉返紙／一九九三年／30分

●檜原村の式三番―笹野の式三番／一九九三年／30分

●神と食事をする人々―檜原村春日神社の御飼(おとう)神事／一九九四年／36分

●檜原村の式三番―小沢の式三番／一九九四年／45分

●山の獅子舞―檜原村湯久保／一九九四年／35分

●下町にのこる念仏講―下谷竜泉木魚講／一九九五年／28分

【埼玉県吉田町竜勢会館】

●吉田町散歩／一九九二年／16分

●小川の百八灯／一九九二年／5分

●竜勢まつり／一九九二年／16分

●竜勢筒つくり／一九九二年／10分

●竜勢打ち上げ櫓／一九九二年／3分

●塚越の花まつり／一九九二年／6分

●大波見のとんど焼き／一九九二年／4分

【ひめゆり平和祈念資料館】

●平和への祈り―ひめゆり学徒の証言／一九九四年／72分／NHKエデュケーショナルとの共同制作

●平和への祈り―ひめゆり学徒の証言短縮版／一九九四年／20分／NHKエデュケーショナルとの共同制作

各地方自治体及び公共団体教材用VTR

【岩槻市教育委員会】

●街並み探訪『城下町いわつき』／一九八九年／22分／タイムアート・デザイン受託

●児玉南柯と遷喬館／一九八九年／20分／タイムアート・デザイン受託

【北口本宮富士浅間神社】

●北口本宮富士浅間神社の太々神楽／一九九一年／180分

【(財)青少年福祉センター】

●みんなで歩こう―(財)青少年福祉センター30周年／一九九一年

／32分

【東秩父村教育委員会】

●竹縄を伝承する―東秩父村／一九八九年／31分

【東洋英和女学院】

●幼な子のように―保育者育成の歩み／一九九二年／63分

【川口市教育委員会】

●赤山渋／一九九三年／30分

【白川村教育委員会】

●白川郷の合掌民家―技術伝承の記録／一九九四年／60分

●世界文化遺産へ―白川村合掌集落／一九九四年／18分

●旧田島家―技術伝承普及版／一九九四年／21分

●白川郷・五箇山の合掌造り集落／一九九四年／16分

●白川郷・五箇山の合掌造り集落（英語版）／一九九四年／16分

【沖縄戦記録フィルム1フィート運動の会】

●1フィート映像でつづる―ドキュメント沖縄戦／一九九五年／57分／NHKエデュケーショナルとの共同制作

テレビ番組

【特集番組】

●歩け三郎！／一九八二年放映／40分／朝日放送

●おれたちの村が湖底に沈む―新潟県朝日村奥三面／一九八四年放映／60分／朝日放送

●若者宿で育つ―答志島寝屋子たちの青春／一九八七年放映／52分／名古屋テレビ

●新発見筑紫哲也のカタロニアに究極の温泉とエスカルゴ料理のルーツを見た／一九八七年放映／90分／テレビ朝日

●浜美枝・ピレーネ讃歌―バスクのまつりと鳩りょう大作戦‼／一九八九年放映／90分／テレビ朝日

●バルセロナの青い空―知られざるカタルーニャの長い時／一九九二年放映／90分／テレビ朝日

●日の神と伊勢海人族／一九九三年放映／60分／名古屋テレビ放送

●ETV特集　姫田忠義・果てしない記録の旅／一九九四年放映／45分／NHK教育放送／『第一夜 日本の基層文化を求めて』・『第二夜 ピレネーの文化を見つめる』

●ETV特集　菅江真澄の世界／一九九五年放映／45分／NHK教育放送／『第一回 北方日本への旅立ち』・『第二回 天・地・人の記録』・『第三回 記せしことの生命』

【『親の目子の目』シリーズ
全国テレビ朝日系列放映】

●花まつりの子どもたち／一九八九年／30分

●さよみちゃんとブナの山／一九八九年／30分

●働き学ぶ16才の日々／一九八九年／30分

●竹で縄を作る子ども達／一九九一年／30分

●ぼくらの家ができる／一九九一年／30分

●家出だけはしないで／一九九一年／30分

●チョゴリを着せて／一九九二年／30分

●花で心を染めあげる―心障者学級の子どもたち／一九九三年／30分

外国語版映像作品

●アイヌの結婚式／英語版／16㎜フィルム
●チセアカラ／アイヌ語版―われらいえをつくる／16㎜フィルム
●チセアカラ／英語版―われらいえをつくる／16㎜フィルム
●イヨマンテ―熊おくり／英語版／16㎜フィルム
●イヨマンテ―熊おくり／仏語版／16㎜フィルム
●越後奥三面―山に生かされた日々／英語版／16㎜フィルム
●越前和紙／英語版／16㎜フィルム
●越前和紙／仏語版／VTR
●越後奥三面第二部―ふるさとは消えたか／英語版／VTR

書籍等刊行物

【民族文化映像研究所発行刊行物】

●民族文化映像研究所資料集No.1 アイヌの結婚式、チセ・ア・カラ／一九七四年
●民族文化映像研究所資料集No.2 奥会津の木地師／一九七六年
●民族文化映像研究所資料集No.3 豊松祭時記／一九七六年
●民族文化映像研究所資料集No.4 椿山―焼畑に生きる／一九七九年
●民族文化映像研究所資料集No.5 イヨマンテ／一九七九年
●山に生かされた日々―朝日村奥三面の生活誌／一九八四年
●越後奥三面―山に生かされた日々シナリオ集／一九八四年（一九九二年改訂）
●民族文化映像研究所の歩み／一九八〇年（一九八五年改訂）
●資料集カラムシと麻／一九八八年
●民映研を支えてくださったまなざし／一九九一年
●15周年記念映像記録セミナー『奪う』から『共生』へ―大地の文明を問う／一九九二年
●深い日本―スウェーデン上映会の記録／一九九四年
●資料集寝屋子―海から生まれた家族／一九九五年
●野にありて目耳をすます 姫田忠義対談集1／一九九六年
●野にありて目耳をすます 姫田忠義対談集2／一九九六年

【民族文化映像研究所製作刊行物】

●佐渡の車田植／一九八一年／両津教育委員会発行
●大隅・薩摩の春まつり／一九八一年／鹿児島県教育委員会発行
●奄美の豊年祭／一九八二年／鹿児島県教育委員会発行
●鹿児島の正月行事／一九八三年／鹿児島県教育委員会発行
●西米良の焼畑／一九八六年／西米良教育委員会発行
●奈良田の生活と自然のつながり―焼畑を中心に／一九八七年／早川町教育委員会発行
●鹿児島県文化財調査報告書第37集 民俗文化財映像記録保存事業シナリオ集／一九九一年／鹿児島県教育委員会発行
●茂庭の焼畑／一九九三年／福島市教育委員会発行
●合掌造り民家はいかに生まれるか―白川郷・技術伝承の記録／一九九四年／白川村教育委員会発行

野にあるものとして

民映研と私

野にあるものとして——民映研と私

父・姫田忠義が記録し続けたもの

姫田　蘭

民族文化映像研究所理事、映像製作 Director/Photographer

この度『民族文化映像研究所作品総覧』を復刊することになりました。撮影や演出などで長らく制作に関わってきた伊藤碩男さんと澤幡正範さんが、作品を軸に書かれることでもあり、私は家族の立場で一文を記すことにします。

父・姫田忠義本人の生い立ちを含む人生は、初めての単著である『ほんとうの自分を求めて』(一九七七年筑摩書房初版、二〇一三年クリエ・ブックス新装版)に詳しく書かれています。是非御覧いただきたく思います。

しかし私と父の関係をという件は、非常に長い文章になってしまうので困ったことなのであります。

私が生まれた一九六五年は、姫田三七歳の時、ちょうど姫田の活動の重要な前史、テレビ番組「日本の詩情」

（六五〜六六、全六五作品、日経映画社製作）で、日本全国を飛び回っていた時期です。監修に宮本常一先生、姫田は構成と脚本を担当し、そのほとんどの作品に携わっています。この「仕事」によって姫田は、高度経済成長期で激変する日本の姿を、それも一年間という短時間で体験します。このことが後の民映研活動に大きく関わっていると私は考えています。

さて、生まれた時より宮本常一先生や伊藤碩男さんたち、姫田の仲間の中で育ったものですから「はじめ」の記憶は定かではありません。いつも優しい宮本先生、仲間たちと何かわからないが侃々諤々《かんかんがくがく》と議論しあう父の姿を記憶しているだけです。民映研の作品については、第一作「山に生きるまつり」は全く幼児に過ぎず記憶がありません。しかし第二作「アイヌの結婚式」からの記憶は鮮明です。一九七一年、北海道・二風谷から萱野茂さんたちご一行が国立劇場で公演され、その楽屋に姫田はバナナを抱えて行った逸話がありますが、その時も連れられて出かけて行きました。私がアイヌの人たちの存在をしっかりと認識したはじまりです。この楽屋の場から「アイヌの結婚式」の制作が生まれ、以降民映研作品の「アイヌ文化の記録作業」が続いて行きました。

私は東京・新宿生まれという都会育ちですが、小学生の時代までは父に連れられ、いろいろな地方に出かけました。庶民の生活文化を記録しようという父ですから、東京の生活とは違うものを体験させようとしたのだと思います。まだ民映研という名前が存在していない時代です。広島県豊松村《とよまつそん》など、後年作品の地となる場所へ出かけた体験は私の宝物と言えます。小学生の高学年になった頃には、姫田がお世話になった地へ、ひとりで出かけて行くようにもなりました。

一九七六年七月一日、民族文化映像研究所の看板があがります。まだ小学六年生の私にも、「何という堅苦しい名前」と思えました。また当時から何故「民族」で「民俗」ではないのかとも。しかし今は、実に姫田たちらしい「民族(民俗)の文化を映像で記録しよう」という実直な心意気を感じています。

一九七八年の夏、私は一か月間、萱野茂さんたちが暮らす北海道・二風谷でお世話になっていました。そこへ「沙流川アイヌ・子どもの遊び」(七八年、作品❿)の撮影に民映研チームがやってきます。ちょうど同年代以下の地元の子どもたちを萱野さんが引き連れ、アイヌに伝承する遊びを記録するというものでした。

私も参加したくて、カメラの前に出ようとしたところ、いつも優しい萱野さんに「お前はダメだ、アイヌの子どもじゃない」と言われました。さすがに私は「その通りだ」と思ったのですが、これを目撃した父は、歳をとった後まで「あの時は可哀想なことをした」と私に話します。いや、あの体験があったことで、対象者と対峙する映画の世界を感じられるようになったのだよ、と父に逆に話しました。以降、これは冗談ですが、私はカメラの後ろにすっと回り、映りこまない様にする技を体得したのでした。

そして、撮影チームと一緒に東京まで車で戻りました。戻りついた場所は新宿の知らない場所。「ここは何?」と父に聞くと、「民映研の事務所だ」と言うのです。このモルタル二階屋が初めて民映研として独自に借りた場所で、姫田たちに言わせれば神聖なる場所のはじまりでした。記憶では、父たちも撮影で出かけていたために留守中に借りられて引越ししていたと思います。部屋の中は、折りたたみ机と電話、そして大きな日本地図しかなかったと思います。そして誰も覚えていないのですが、この日、隣の家がボヤで消防車が来る騒ぎがありました。私の中では初事務所と消防車が何故かセットの記憶なのです。

この七八年の事務所開設以来、次々と作品が生まれ、またアチック・フォーラムという上映の場も生まれて行きます。様々な人たちが集い、映画を共に制作する仲間たちも集まって来ました。任意団体として始まる民映研も後年株式会社となります。固定費も増えて行きますが、とにかく企業PR映像など作らず、ひたすら庶民の暮らしと生活文化を映像で記録しようと活動して行きます。幸い文化庁をはじめ各地で映像による記録の重要性が認識され、その波に乗ったと言える一九八〇年代だったのかもしれません。それでも代表である姫田は毎年必死でした。暮れになると資金繰りに苦しみ「正月を越えられるか？」と心配する姿をみておりました。

二〇一三年七月、姫田忠義は八四歳で亡くなりました。亡くなる四か月ほど前の三月二日に、姫田は声を失いました。六〇代より肺気腫を患い、苦しい息の中、仕事を続けてまいりましたが、重篤な肺炎に陥りやむなく気管切開し、そのために声を発することが出来なくなったのです。本人は知らず、目を覚ました時には話が出来なくなっているという受け入れがたい状況を、家族は決断するしかありませんでした。この時のことを思うと私たち兄弟は今でも苦しいです。

宮本常一先生と出会った一九五四年から日本各地を歩き、晩年は酸素ボンベを携えながらも人に会おう、人から学ぼうとしていた父。最後の手段であった電話での会話も気管切開によって叶わなくなりました。この文を書いている今、新型コロナウイルス流行のニュース映像などを見ると、あの時のことが思い出されます。

最後に、この「作品総論」をご覧いただくことで、何か父・姫田忠義の生き様を感じていただければと思います。編年（制作年度順）であるので、中には違和感を抱く作品もあるかもしれません。それでも全作品、姫田が全身全霊で格闘した記録だと私は思っております。

シナリオライターとして始まった姫田の仕事ですが、多くの映画作品、ビデオ作品、テレビ番組を制作いたしました。お気づきの方がいるかわかりませんが、民映研作品には「監督」の名前はありません。姫田は主に制作と演出、そして営業・広報、更にナレーターとしても活動しましたが、監督作品はひとつもないのです。これは民映研の姿勢の表れでした。人からは姫田監督と言われることもありましたが、本人としてはどうでもいいことだったようです。自分は「記録者でありたい」といつも話しておりました。現在、その記録し続けた膨大なもの、映画作品群をはじめ、民映研前史と言える様々な写真や録音物、記録ノートが遺されました。整理する困難を抱えています。しかしこれらの遺されたものは、私にとって大切な「手がかり」だと思っています。

これまでも民映研の広報活動に努めてまいりましたが、近年は積極的にウエブを使っています。Facebookページ「民映研」では作品紹介を行なってきました。また、Facebookページ「姫田忠義資料室」では取材ノートなどの公開も始めています。小原代表理事が冒頭に触れていますが、貸し出された民映研作品は全国で上映されています。

大きな災害が起きたあと人々の生き方は変わる、とも言われます。民映研作品がより多くの人に、より深く受け入れられることを願ってやみません。

野にあるものとして——民映研と私

対馬の旅、そして忘れ得ぬ人々

伊藤碩男
民族文化映像研究所理事、記録映画作家

私は、キャメラマンとして、また演出・編集者として、民映研創設前その「初源」から、その作品に関わってきた。そこで出会った人々に私は大きな影響を受けてきたが、これを機に思い出のいくつかを列記してみよう。

星千代世さん、木地師・星平四郎さんの奥さんだ(作品❺「奥会津の木地師」)。初めて会ったのが一九七五年六月一六日であった。六月九日から我々スタッフは針生《はりゅう》に入っていたが、木地屋敷もできあがっていて、千代世さんは妹の湯田文子さんと山の神への供え物を作っていた。大きな木地鉢で米粉を練り丸めて湯がく団子だった。

六月は梅雨時、雨の多い季節だ。

木地屋敷は笹葺きの屋根で、茅葺き屋根と比べるとかなり薄い。当然雨漏りがする。この時も木地屋敷の笹葺き屋根からぽたぽたと雨漏りがしてきた。

千代世さんはすっと立ち上がり壁の笹を引き抜いて（壁もクマザサで作られている）、雨漏りの場所に水滴を受けるようにさす。水滴はさした笹の先に伝って落ちる場所が変わる、そこへさらに別の笹をさす、雨漏りが移動していく。こうして繰り返して軒先へ水滴を誘導し、屋敷の中の雨漏りはなくなった。

私の知っている雨漏り対策は水滴の落ちてくるところに鍋やバケツ、洗面器などを置いておくのがせいぜいだ。雨漏り誘導を平然とやる千代世さんの動きに呆気にとられてしまった。

この時は、カメラを回してはいなかった。限りあるフィルムを目的以外に使えるような余裕のある状況ではなかったからだ。今にして思えば、無理してでもカメラを回しておけばよかったなぁと思う。当時はただ驚いてしまって、撮るなんて考えもしなかった。これは反省材料になり、「わからないものは撮っておく、後から考えればいい」という、これ以後の撮影態度、指針になった。

千代世さんは岐阜の人で、遠い福島の平四郎さんの所へお嫁に来たんだそうだ。その際、山の中を御伴もなく一人で歩いて来たそうだ。街道は通らなかった、山からやまへ。何日かかったかわからない、食べ物は事欠かない、山のものを何でも食べたそうだ。自然に生きることを、生まれながら知っていたのだろう。笹の扱いも平生慣れたものだったろう。

桂離宮や茶室如庵《じょあん》などの修復で知られる建築家・安井清氏は、竪穴式住居を蓼科高原の「笹離宮」につくった。そこは、蓼科高原に一〇〇種を超えるクマザサの類を集め、自ら設計した庭園である。クマザサは本州では高山帯に生える。材料の整えやすい地で笹葺きは当たり前のことなのだろう。

竪穴式住居は屋根だけの住居だ。屋根を地上でつくり、一気に持ち上げて柱を嚙ませ、家をつくるということをやったのは、アイヌ伝統的民家をつくった萱野茂氏だ。このやり方はチセ（われらの巣）というアイヌ民家の卓抜な建築法だ（作品3「チセアカラ――われらいえをつくる」）。私は、家の屋根は、柱を立て桁や梁を箱状に組んでから屋根を組むという段取りしか知らなかった。それが地面で屋根を組む縄文竪穴の方法を取り入れている、歴史を辿っている萱野さんの方法は驚かされる。チセ・プニ（家起こし）と言っている。

この笹をさす行為から連想したことがある。

端午《たんご》の節句で、入口の軒に菖蒲《しょうぶ》やヨモギなどをさす習慣がある（作品50「越後奥三面――山に生かされた日々」、作品15「秩父の通過儀礼その一――安産祈願から帯解きまで」）。厄払いとか魔除けだと信じられている。

また奄美地方では、旧暦八月は夏の正月、新節（八月最初の丙《ひのえ》の日、アラセツ、アラセチとも）で、「シバサシ」「ドンガ」とともに三八月（ミハチガツ、御八月とも）と呼ぶ。中日にあたるシバサシに家の四隅の軒、井戸、納屋、門にススキの束をさす（作品27「奄美の豊年祭」、作品38「佐仁の八月踊り」、作品60「奄美のノロのまつり」）。これも魔除けだという。

千代世さんの雨垂れ処理を思い出して、この二つの行事に共通する事柄があることに気づいた。両方とも雨の季節だ。端午の節句は旧暦五月、梅雨のさなか、アラセツは台風襲来の時期。ともに雨対策をしっかりやろうという戒め行事と考えるのは行き過ぎだろうか。

雨は自然現象で、素直に受け止めると人間生活に善くも悪くも働く。雨漏りは悪い例だが、よく受け止める考えがある。アイヌ民家―チセを建てて最初に降る雨を「家洗いの雨（チセフライアプト）」と言ってアイヌは喜ぶ。また新築の家の雨漏りテストでもある（作品❸「チセアカラ――われらいえをつくる」）。

次に驚かされ大きな影響を与えてくれた方。対馬《つしま》、厳原《いずはら》の醴泉院《れいせんいん》、安藤良俊《りょうしゅん》和尚である。

一九六一年三月三日、夜行列車「雲仙」で博多へ、着いたその日の船は海が荒れて欠航だという。博多で一泊、翌日の三月五日発の対馬丸に乗れた。

対馬に行くことになったのは、姫田忠義先輩の強い勧誘にのったからだ、二八歳になっていたばかり、何か面白いことはないかなぁと漫然としていた日々だ。長女が生まれて父親になっていて、親の責任とは何か、悶々《もんもん》とし、仕事はアルバイトで始めた映画照明に飽き飽きしていた。そんな時に前々年に訪れたという姫田先輩の話に新鮮な興味を覚え、映画照明の仕事に同じく飽き飽きしていた岩下春生君を誘って、三人で対馬に向かった。

岩下君も何かを求めていたのだ、何かはわからない。対馬なんて一生のうちに行けるかどうか、遠い、しかも国境の島である。この時初めてカメラを回してみよう、俺にできることはこのくらいだと思っていた。撮影の技術は知らない、写真は趣味でやってはいたが、専門の学校で勉強したことはなかった。映画照明でいくらか知っていただけ、「門前の小僧、習わぬ経を読む」で、少しは見聞きしていた程度だ。カメラを回してみようなんて、一生を決めるような事柄ではなく気楽にやってみようと思ったに過ぎない。今にして思えば滅茶苦茶の始まりだった。

カメラは出入りしていたプロダクションから、Filmo というアメリカ製の16㎜カメラをただで借り出した。

有名なEyemoというベルアンドハウエル社製の35㎜携帯カメラの16㎜版で、戦時ニュース向けに開発されたカメラだった。

初春の寒い航海で海は荒れていた。船酔いでずっと船室に籠っていた。姫田先輩はずっと外にいて荒れる海を見続けている。その姿に鬼気迫るものを感じた。この人は何を思って寒い甲板に立ち尽くしているのだろう。

さて厳原に着いて訪ねたのは天道茂にある醴泉院で、そこの住職が安藤良俊和尚だ。この方を訪ねろと宮本常一先生のアドバイスを受けていた。

宮本先生と安藤和尚の関係は、第一回九学会連合調査（一九五四年）で一緒に調査されたからだと聞いた。九学会連合が初めて選んだ場所は対馬。戦前要塞化されていて、学術調査など一切できなかった。対馬は、長らく学会として入れない、調査できない処女地だった。

九学会連合とは、戦後しばらくして澁澤敬三氏が提唱してできた民族学や人類学、言語学といった近似学会の連合組織、六つ、さらに七つ、のちに九つになった。そして、合同踏査をしようということになって、民俗学会から宮本先生が調査員として対馬へ、安藤和尚の所を訪ねたのだそうだ。対馬は、鎌倉時代からのちに藩主となった宋氏《そうじ》に治められ、膨大な中世文書が残されているとのことだった。醴泉院は宋家菩提寺万松院《ばんしょういん》の分院である。

九学会を迎えた対馬、安藤良俊和尚は自分の預かっている寺に中世文書があることを知っていた。良俊和尚はこれらの調査に地元としてかかわり一本歯の高下駄で全島を歩いた豪傑である。一本歯の高下駄は山だらけの対馬を歩くには便利な履物だと言っていた。

また、閉鎖状況の対馬で守ってきたその寺は、大きな伽藍《がらん》があるわけでなく、普通に見かけるような寺だった。酒好きの和尚に伴われて飲みに行ったのを覚えている。そこで対馬についての知っておくべきことを教えてもらった。

それは害獣駆除である。対馬を九つの地域に分け、その境に石垣を築き、北から順に人海戦術で農耕地を荒らす猪を捕まえていった、この時のしし垣は今でも残っている。この壮大な政策をやったのは陶山鈍翁《すやまどんおう》、対馬藩の郡奉行で、農業振興に努め、元禄一三(一七〇〇)年から九年かけて猪鹿追詰《いじかおいつめ》を実行した。当時は五代将軍の徳川綱吉が施行した生類憐み令の真っ最中であり、鈍翁は死を覚悟したともいう。獣害に苦しんでいた島民は鈍翁を「対馬聖人」と崇めた。

鈍翁は最後の猪を二頭、沖の島に放した、良俊和尚は、すべてを駆除するのでなく、二頭だけを生かしめていたことに鈍翁の思想を知るというのだ。江戸時代にこんな偉人がいたこと――それを教えてくれた良俊和尚に感謝するばかりだった。

飲み屋から帰って、本堂の脇の小部屋に三人肩を寄せ合って寝ることになった。着の身着のままのごろ寝だった、すると、和尚が毛布を一枚かけてくれた、まだ寒い日のことで、やれやれありがたいと思った瞬間、毛布にお乳の匂いがする。驚いた。生まれたばかりの赤子と添い寝の奥さんにかけていた毛布だったのを後になって知った。強烈な思い出で今になっても忘れられない、こんなやさしさはどこから生まれるのだろう。

厳原に他地区も人がやってくる時の定宿があった、郷宿という。厳原は対馬の中心地、所用を足すのになくてはならない習慣である。宿泊食事みな家族と一緒である。これを「まかない仕」と呼んだ。われらに良俊和尚は「まかない仕」をしてくれたのだった。

郷宿に似た習慣は、ほかの地域でも聞いた。鹿児島県吐噶喇《とから》列島である。吐噶喇列島、十島村《としまむら》ではそれぞれの島には行き来するのに決まった宿があった、普通の家同士が親戚のように宿を提供しあい、田植などの手助けもした。こうした習慣は離島の厳しさから生まれている。

共同作業あるいは労働の貸し借りは、日本の各地に生まれている「ユイ」だ。吐噶喇や対馬だけのものではない。古くは若者宿や娘宿といった習慣も各地にあった。現在もただひとつ残った若者宿が伊勢湾の湾口にある答志島《とうしじま》にある（作品❾❺「寝屋子――海から生まれた家族」）。ここの寝屋親、山下正弥さんにも大変世話になった。

最近私自身体験してずいぶんと良い思いをさせてもらったことがある。世界中を繋ぐ組織で、Friendship Force という。国の違う市民同志が Home Stay で生活を共にし、相互理解と文化交流をし、世界平和を実現しようとの趣旨で活動しているボランティア団体である。本部はアメリカ州アトランタにあり、世界70か国に各支部があり、人々が行き来している。日本には27クラブがあり、その FF Tokyo に参加し、ロシア、ウクライナ、イギリスの会員の家を泊まり歩いた。世界も郷宿と同じように動いていることに元気づけられた。

対馬の猪鹿追詰作戦から関連して思い出されるのは、宮崎県西都市《さいとし》銀鏡《しろみ》、浜砂正衛宮司である。この方から、猪の頭を神として祭壇に祀り、神楽を舞うお祭りに参加させてもらった（作品❶「山に生きるまつり」）。

これを初めて〝発見した〟姫田先輩は農耕文化のみと思われていた中に狩猟文化が生きていると感激し、映像化を目論見、発見の翌年（一九六九年）の一二月に二人で行った。

浜砂宮司の家に泊めてもらい、さまざま銀鏡の話を聞いた。どれも面白く、焼畑のことを初めて知った。焼畑をコバといい、コバにする斜面の木を払うため立木の枝を切り落とし、隣の木へは棒を使って飛びつくという曲芸のような技があったのだそうだ。枝払いした木から地上に降りて、隣の木の根元から再び登る手間を省くのだそうだ。時間を節約した賢い生活のあり方だ。ちなみに、八五年には同地域の焼畑記録を制作している(作品54「西米良の焼畑」)。

この第一作の「山に生きるまつり」は、のちに姫田先輩には民映研としてやってはならないことを指摘された。それは、私の主観を入れたことである。主観を排除して、土地の人の言葉を、働きを生き生きと表すのが我々の役目で、自分の主張を入れてはならない。土地の人が自分たちのことを自分たちの言葉で語る、それを記録する。これがこれ以後の民映研の制作姿勢である。

このことは萱野茂氏と共同作業するようになって実感できた。アイヌのことはアイヌ自身が語るもので、我々はその事実を伝えることに徹しなければならない(作品❷「アイヌの結婚式」)。アイヌ流の結婚式を決意した小山妙子さんの強い願いを萱野茂氏が聞き入れ、これは大事なこととして、最も信頼していた姫田忠義先輩に声をかけてくれた。

その後宮本常一先生と出かけ教えを請うた豊松村(現在神石高原町)鶴岡八幡宮の赤木勇夫宮司には長いことお世話になった。一九七一年一〇月から七七年のほとんど毎年、赤木宮司に付き従って大小の祭りに参加させてもらったことは忘れられない。生活のさまざまを勉強させてもらったのだ(作品❻「豊松祭事記」)。稲が人間に寄り添って時が流れていくことを知るきっかけになっていった。それは「サンバイ様」を祀る田植に先駆けて行う重要かつ個々人のお祭りである。

「サンバイ迎え」は田の水口の近くに、栗やウツギの枝を囲い立てモリキとし、山の神を田の神としてサンバイ様を迎え、稲の生育を願うものだ。こうした祭りは広島県のあちこちに残り、ユネスコの無形文化遺産に登録された「壬生《みぶ》の花田植」にも登場する。

民映研作品は、紙面では紹介できないほど、たくさんの方々がおられてできあがっている。言い換えれば、民映研を支えてくれた方々のなんと多きに上ることか。私もその恩恵に与《あずか》ってきた。思えば感謝の日々である。

【参考書籍】
宮本常一著『忘れられた日本人』(岩波文庫、一九八四年)
九学会連合対馬共同調査委員会編『対馬の自然と文化』古今書院、一九五四年)
小野重朗著『南日本の民俗文化　小野重朗著作集(2)神々と信仰』(第一書房、一九九二年)
安井清著『伝統建築と日本人の知恵』(草思社、二〇〇七年)

野にあるものとして——民映研と私

『民映研作品総覧』の向こう側

澤幡正範
記録映画カメラマン

『民映研作品総覧』に記されている解説の向こう側には沢山の出会いと思いが積み重なっている。どんな経緯で作品は生まれ、どのようなことがあったのか、出会い、教えられ、学んだ事柄など、思いつくままに記してみる。向こう側にある、それらの出会いに深く感謝したい。

私が民映研作品に初めて触れたのはまだ民族文化映像研究所という組織が成立する以前のことである。フリーランスの撮影助手をしていた頃、カメラマンの伊藤碩男氏に声を掛けられた。「今度自主製作の作品が完成して東洋現像所での試写があるので見に来ないか」との誘いだった。

一九七〇年完成の作品❶「山に生きるまつり」宮崎県銀鏡。銀鏡神社の秋の例祭ではイノシシの頭を飾り、夜通し神楽を奉納する。狩猟文化を色濃く残している祭りの記録である。試写室での私は失礼ながら眠ってしまった。始まりの少しと最後の精霊送りやその前の「シシトギリ」の猪狩りの持ち場を決める「マブシワリ」のシーンは覚えている。

翌七一年、作品❷「アイヌの結婚式」の撮影に参加した。この記録は姫田忠義氏と萱野茂氏との信頼関係から出発している。姫田氏の熱列な思いがスタッフを動かした。

私は伊藤カメラマンの撮影助手として参加した。日本の結婚でいう「結納」に当たる儀式、「イコロ渡し」の時に初めてフィルム100フィート(約三分)を詰めたカメラを持たされた。イコロ(宝物)を受け取るお嫁さんの表情を撮れとの指示だった。緊張の中、私がカメラを廻したのは数十秒だった。

「山に生きるまつり」の試写、「アイヌの結婚式」の撮影に参加してから、このような記録作業の大切さが見えて来た。コマーシャルベースの映像制作ばかりでなく、もっと何かに役立つ仕事として映画と付き合いたいと思っていた。それがこのような形で目前に現れたのだった。

「アイヌの結婚式」が完成した頃、フリーランスのライター姫田氏とカメラマンの伊藤氏、そして映画製作会社グループ現代の代表小泉修吉氏の三人が中心となって日本文化の記録作業を進めてゆこうと話し合ったのもこの頃のことであったと思う。小泉氏の文章に寄れば「日本文化のふるさとを記録する会」ができるのである。

民映研のアイヌ関係の作品は、「アイヌの結婚式」の翌年七二年には作品❸「チセアカラ――われらいえをつくる」のアイヌの家作りの記録が完成。そして、作品❽「イヨマンテ――熊おくり」、作品❿「沙流川アイヌ・子どもの遊び」、作品⓫「アイヌの丸木舟」、作品㊵「標津・竪穴住居をつくる」、作品㊶「沙流川アイヌ・子どもの遊び――冬から春へ」など一連のアイヌ関係の作品につながってゆく。

民映研姫田氏と萱野茂氏そして二風谷集落の人々との関係は本当に長く深い。一九九六年、初めてのアイヌ関連の作品から二五年が過ぎ、作品100「シシリムカのほとりで――アイヌ文化伝承の記録」が完成する。超大作二時間半に及ぶ自然採集、農耕、漁労、機織りなどアイヌ文化の日常の生活に視点を置いた記録であり、これまでのアイヌ文化の記録の集大成ともいえる作品である。

この撮影のために三年間、沙流川の河岸段丘に開けた二風谷集落に家を借りて住み込んだ。途中からは伊藤孝一君が名古屋大学を一年間休学して住み込んだ。彼は熱心に作業のメモを残してくれたし、集落の子どもたちに勉強も教えた。

二風谷での記録作業は、貝澤貢男さんと共に馬耕の撮影のために馬小屋を建て、馬を帯広で買付けた。大きなペルシュロン種の馬、名前は「哲姫」。偶然とはいえ、姫田氏の「姫」がつく。二風谷で馬を扱った経験者たちも応援して調教を指導してくれた。また、営林署と交渉して巨木を調達し、沙流川の遺跡から発掘された石斧の複製を作り、丸木舟を刳《く》った。そして、北海道庁に申請してアイヌ伝統漁法の許可も取り記録できた。最後にはアイヌの家「チセ」も建て新築祝いを行った。数多くの事象の撮影準備から材料の手配まで、村の人たちの大きな協力がなければ、この作業を完結することはできなかった。

また、この記録作業が始まって直ぐ、萱野氏はアイヌ民族として初めての国会議員になり東京へ行く機会が多くなった。記録作業の指導者が二風谷から遠くなったのである。

作品4「うつわ――食器の文化」は、近畿日本ツーリストが設立した観光文化研究所の所長を務める宮本常一先生を通じて、同社の創立二〇周年記念映画の制作を依頼されたものである。南は沖縄県与那国島から北海道の二風谷まで、ほぼ一年間日本中を駆け巡った。北東から南西に長い日本列島と島々は、それぞれの地方に異なる自然とそれに依拠した文化がある。それを感じることができた。

この撮影行程の中から生まれた作品が福島県針生での作品❺「奥会津の木地師」と高知県の作品❼「椿山――焼畑に生きる」である。

「椿山」は私が駆け出しの撮影助手からカメラマンへの足掛かりとなった仕事で、四年間椿山に通い続けた。椿山という集落は日本で最後まで生業として焼畑を行ってきた所である。村での焼畑の撮影はなかなか難しいものだった。村人の滝本繁一氏が言う「千日の日照りよかわ、一時の焼日。良く晴れた風のない、太陽がキラキラ光る日」を待って山焼きをするのである。天候に左右される中、撮影日程との調整も大変だった。

一九七五年夏、台風5号、6号と連続して猛烈な台風に襲われた。椿山集落のある斜面の足元が鉄砲水で崩壊し、村人全員が避難。数人の男たちとともに姫田氏と私、そしてもう一人の若者が村に残った。集落の目の前の斜面が崩れ、植林された樹木が流されるのも目撃した。町に繋がる道路は崩れ、停電し、水道の水源は土砂に埋まってしまい復旧に苦労していた。村人全員が下山するとともに私たちも下山した。

帰路、このような状況の時であったが、避難先での村人たちへのラッシュフィルムの試写をお願いし許可された。映像を見た人たちは、もうこのような姿の椿山が見られなくなるかもとの思いが生まれたようであったが、しかし椿山は復活した。

ある時、焼畑の作業の場所に向かう分かれ道に「目印を置いておくから」とのことで、私たちは村人の後を追って焼畑地に向かったが、その目印が見つからない。どうにかして焼畑地に到着し、目印のことを聞くと、「道の真ん中に椿の花を置いておいた。あの付近には椿の木はないよ」との返事。都会育ちの私たちにはまったく「山」が「森の木」が見えていなかったのである。改めて教えられたことの大きさに反省させられたのだった。

村の人たちは、焼畑の空いた土地に「地がもったいない」と作物を作り、家の前の倉の中には食べることがあってはならない飢饉への備えである稗の山積みの俵があり、焼畑の火入れは二列に火を打つと炎が立ち上がって良く燃えることなど、多くのことを教えられ学び、山村の豊かさを知ったのである。焼畑農業のことは大変興味深く、その後も焼畑のことを追いかけている。近年、友人に誘われてインドネシアの焼畑の山村に出かけ、記録作業を行う地元カメラマンの撮影にも協力した。

現在の私が農業に興味を持っているのは、この椿山での体験がきっかけになっている。

焼畑農業は、以前は日本全国の山村で行われていた循環型農耕である。それが昭和三〇年代以降ほとんど消えてしまったが、民映研には「椿山」の他にも焼畑の記録が四作品ある。経験者たちの元気な存在が記録を可能にしたのである。

宮崎県の作品㊴「西米良の焼畑」。山梨県の作品㊳「奈良田の焼畑」。福島県の作品㉙「茂庭の焼畑」は福島市茂庭地区での焼畑作業の記録。摺上川ダム建設で沈む地域の記録作業の一環で復元した。

鹿児島県吐噶喇列島の悪石島での二〇〇一年作品118「竹の焼畑——十島村悪石島のアワヤマ」は竹林を伐採して粟を育てる「アワヤマ」の復元作業。この作品はフィルムで撮影した最後の記録となる。鹿児島県黎明館の学芸員川野和昭氏が保存性の高い映画フィルムによる記録を強く希望したのである。この前後の時期から記録はビデオに変って行ったのである。〇五年作品❶❶❾「粥川風土記」はビデオ映像をもとにしたフィルム作品である。

アイヌの記録作品を二風谷の資料館で見たフランスの血液学の権威、ジャック・リュフィエ教授が木造家屋二階の民映研を訪ねて来られ、「バスク民族の記録映画を一緒に作らないか」との声をかけてくださったのも、この椿山の記録作業が終わった頃。小さな民間の映画制作グループにフランスの最高学府コレージュドフランスの教授が、である。

姫田氏と数人がバスク地方の調査に行くのに合わせ、パリで民映研作品の上映会を行うことになった。そこで、それまで撮りためてあった映像三作品を一気に完成させたのである。

作品❽「イヨマンテ――熊おくり」はアイヌ文化最大の儀礼である。編集は小泉氏。作品❻「豊松祭事記」は広島県豊松村での祭りを七年間追った記録である。そこには中世の日本文化の姿が記録されている。編集は伊藤氏。作品❼「椿山――焼畑に生きる」は私が編集を担当した。それぞれ約一時間半の長編記録映画である。小さな映画制作グループが大作三作品を一気に完成させたと関係者の話題にもなった。

バスク地方での撮影は、ツールーズ大学のバスク研究者ジャック・アリエール教授の協力を受け、多くの現地の人々の協力を得て、フランス、スペイン両バスク地方の生活の様子を撮影できた。バスク民族とはどのような人たちなのかを解説する人類学研究者バランディアラン神父のインタビューをはじめ、放牧のために数百頭の羊を追ってピレネーの山に行き、チーズ作りを見たり、古代遺跡クロムレックの撮影では知らずに国境を越えてしまい、突然銃を構えた国境警備兵に取り囲まれたり、滅多にできない経験もさせてもらった。そして一九八一年、作品❷❻「アマルール――大地の人 バスク」が完成する。

民映研の記録作業が進む中、人々との親交が次々に生まれていった。

一九九〇年の作品78「越前和紙」も深い思いのある作品である。私が大学を飛び出しアルバイトの撮影助手を始めた頃、撮影で越前和紙の取材に同行したことがある。その時に知り得た先代岩野市兵衛氏の仕事に対する矜持とカメラマンの仕事ぶりは私にとって忘れられないものとなった。以来私は和紙が大好きになった。それからおよそ二〇年、越前和紙の映画を民映研が制作することになった。

和紙が大好きだった福井医科大学の遺伝学の権威、藤木典生教授とジャック・リュフィエ教授の学術的関係から民映研姫田氏に撮影依頼が来たのである。福井県今立町での撮影作業は順調であった。映画の中心となった九代目岩野市兵衛氏は「和紙の『和』には、家族みんなが和して穏やかに漉《す》かなければなければ良い紙はできないという意味も込められている」と語っている。

そしてまた、この撮影を通してとても素晴らしい出会いがあった。教育者であり芸術家であった渡邊光一先生、照子先生夫妻の存在である。撮影期間中はほとんど渡邊家に宿泊させていただき、ご夫妻を取り巻く多くの人たちと出会うこともできた。ここから福井市での「民映研の映画を見る会」が生まれ、のちに民映研の全作品上映と上映後のお話の全書き起こしを行ったのである。

以降、九三年には作品91「神と紙——その郷のまつり」が、九七年には作品101「たまはがね——子どもがひらいた古代製鉄の道」が、さらに二〇〇〇年にはひとりの老婦人の笏谷石《しゃくだにいし》への思いから作品115116「越前笏谷石——石と人の旅」が作品となっていく。全て渡邉先生夫妻とつながる人々が実現していったのである。

民映研には和紙の映画が他に二本ある。一本は鹿児島県教育委員会、黎明館の委嘱、九〇年制作作品76「薩摩の紙漉き」、野村正二、マツ子ご夫妻の和紙作りである。この作品では既に他では見ることのないカジと呼ぶ楮《こうぞ》の川晒しも紹介されている。ご夫妻の作る紙はその人柄どおり、優しく温かい。

もう一本は埼玉県教育委員会、民俗文化センターの委嘱。九二年制作作品⑨⓪「小川和紙」。この地では楮のことを「カズ」と呼ぶ。紀伊国高野山麓の細川村から伝えられた細川紙から始まったという。この作品では紙漉きの工程だけでなく、江原土秋氏の漉く極薄く丈夫な紙と出会って「紙布《しふ》」を復元した桜井貞子さんの話にも触れている。紙布とは細い紙縒りを糸にして織った布で経糸《たていと》に絹や麻や綿を使い、経糸も緯糸《よこいと》も和紙の糸で織った布を「諸紙布《もろじふ》」と呼ぶ。しなやかで繊細で美しい布である。

岐阜県白川村での記録作業も忘れられない。合掌集落の世界遺産への登録に必要なユネスコに提出する映像記録を当時の白川村教育長が民映研に依頼に訪れたのが始まりである。この時は岐阜県白川村荻町をはじめ、富山県の平村相倉集落と上平村菅沼集落も含めて記録した。そして、無事ユネスコの世界遺産に登録されたのである。

それから白川村での記録作業は続いてゆく。合掌家屋の屋根葺き職人の人たちを中心に多くの映像が生み出された。「総覧」では番外のビデオ作品、九四年制作六〇分「白川郷の合掌民家――技術伝承の記録」は移築の記録で、家屋の構造と屋根葺きの技術が余すことなく記録されている。同時に資料集も出版された。以降、九六年作品⑨⑨「コガヤとともに――世界遺産登録記念」は屋根葺きの素材の茅をどのように調達してきたかの記録で、雪を利用してジェットコースターのように山を下り降りる運搬方法も記録されている。九七年の作品⑪①「稲ワラの恵み――飛騨国白川郷」、九八年の作品⑪④「草・つる・木の恵み――飛騨国白川郷」はタイトルにあるとおり、稲わらや自然の素材を生かした生活用具作りの記録。二〇〇〇年の作品117「飛騨白川郷のどぶろく祭」と続く。

福井の人と白川郷の人たちのつながりは民映研の作業が取り持った。福井の渡邊照子先生が大判の越前和紙に描いた「合掌曼陀羅図」は白川村の子どもたちが描いた合掌民家の絵と屋根葺き職人さんたちの話を書き起こした文言が虹色の渦の中に描かれている。この額装作品は白川村の田島家に、軸装作品は白川村に収められた後、白川村から返還され、今立町芸術館に展示されている。

民映研の映像制作を通じて、さまざまな地域で多くの人々とつながっていった。

一九八四年の作品50「越後奥三面——山に生かされた日々」、採集、狩猟、焼畑などで支えられて豊かな暮らしを追った。ある山人《やまど》が語る「山、山、山、山しかねえなあ」の言葉の思いの深さ。八八年の作品64「まちゃん(待網漁)——与論島」、サンゴ礁の中の追い込み漁を島唄と息遣い、海の音で描く映像詩となった。漁に出る菊千代さんは民具や言葉など与論文化の保存と継承に務めた。八九年の作品72「吐噶喇——七つの島々」、鹿児島県十島村の島々の生活と文化を記録した。故郷小宝島に帰った家族の子供のために開校した小学校の先生家族と島人とが交流する姿。さかのぼって八〇年の作品17「周防猿まわしの記録」、昭和三〇年代末に消滅した大道芸の復活に信念を貫く村崎義正氏と仲間たち。調教を続けてきた猿が初めて立ち歩いた時の喜びの瞬間は忘れられない。

私たちは、さまざまな地域に生き、生かされている人々と、ある時間を共有したことは確かだ。深い思いをもつ地域が沢山ある。ほぼ半世紀に渡る民映研の長い時間。とても書き尽くせない。

民映研で昔から語られてきたこと。記録する側の人間と、記録される側の人々との関係こそ常に大切にされるべきであり、記録することの意義と人間的つながりの大切さを思いの中に置くべきである、と。民映研の作品群は、その二つを固く守りながら、土地の人との共同作業だという意識で作ってきたのである。

【本書制作を終えて】

民映研をめぐる人々

元・はる書房編集者
宮川典子

一九八九年八月、『民族文化映像研究所作品総覧』発行。裏表紙にある奥付を見ると、「監修：姫田忠義・伊藤碩男　編集：小川久美子・小林久美・宮川典子　編集協力：小泉修吉・福井清子」とある。ああ、そうだったんだなと思う。そのくらい昔のこと。けれど、長らく品切れだった「作品総覧」を民映研が編集、はる書房が発行することになり、制作を手伝ったので、少し思い出を書かせていただくことにした。

そもそも民映研と私は――と常套的に書きはじめれば、竹野広行さんや橋本和雄さんらとアチック・フォーラムに参加したことが、その後のお付き合いにつながっていく。八三年の夏のことだったと思う。

アチック・フォーラム（通称、アチック）は、民映研事務所で開いていた上映会。『アチック・フォーラム1981年〜2006年　今』（荒巻節子さん・久保礼子さん・高井敬子さん製作）によると、八一年の二月にスタート、当初は週に三回同じ作品を上映していた。八三年当時は毎週金曜の夜開催、切り盛りをしていたのは小林久美さんだった。上映後に参加者は自己紹介をして感想などを言う。最後は姫田さんが作品の背景などを語り、参加者の質問に答え、みんなで話し合う。姫田さんに代わって伊藤さんがその役を担当するときもあった。姫田さんの場合、時に参加者に逆質問を矢継ぎ早に出した。参加者は一〇人前後だったたか、多くて三〇人くらい、二人だったこともある。二〇代から四〇そこそこのまだ若者と言っていい人がほとんどで、いわゆる血気盛ん。姫田さんも若かったから、怒鳴りあうように議論していたこともあった。アチック・フォーラムの名前の由来は、澁澤榮一の孫で日銀総裁などを務めた民俗学者澁澤敬三が主宰したアチック・ミューゼアムなのだという。

　アチックに顔を出しはじめて間もないころ、私は知人の紹介で面接を受け、はる書房の社員になった。そして、ある日、編集者兼創業者の古川弘典さんの机の上に姫田さんの名刺が置いてあるのを発見。面白い人がいると聞いて民映研を訪問、姫田さんとお会いしたのだという。

　こうして、古川さんと私は金曜の夜にもお目にかかることになる。古川さんと竹野さんは、民映研が新宿という好立地であったためか、よい飲み友達になっていく。アチックが終わったら有志で飲みに行く。アチックに連続出席の記録を立てようとしたのは、日本書房という古本屋に勤めていた西岡和夫さんだ。日本書房もはる書房も神保町界隈にあったので交流もしやすかった。

　アチックの延長にある集まりが八三年に始まった映像アンデパンダン。民映研に縁ある方に場所を提供、研究等を発表するしくみで、第一回は神奈川県林業試験場の中川重年さんが「ろくろとアジアの木の文化」をテーマにお話した。同年一〇月には木考会《もっこうかい》とのジョイント企画として、中川さんのフィールドの丹沢で、里山を歩き元樵《きこり》のお話を聞く「木と人間の生活を考える会」というセミナーを開催。木考会というのは、竹野さんたちが七七年に始めた若手木工家を中心とした勉強会だ。竹野さんは七四年に「でく工房」という障害者の座位保持椅子などの道具を作る木工所を立ち上げた一人だ。

　このセミナーは朝日新聞に紹介されて申し込みが殺到した。古川さん、私の友人でフリーライターの蜂須賀裕子さんなども参加して大盛況。竹野さん発行の木考会通信『黙木《もくもく》』には「アチックの小林さんの心配はいかばっていますと書かれていた。

ここで、民映研〝内部の人〟の紹介を試みたい（姫田忠義さん、伊藤碩男さん、小泉修吉さん、澤幡正範さん、小原信之さん、姫田蘭さんはこの本を参照のこと）。それぞれ民映研に興味を持って、あるいは姫田所長や前任者に乞われて、民映研に来た人たちだ。

小林さんのあと、アチックの切り盛りをしたのは、吉野奈保子さん・七海由美子さん・小野智子さんの三人組ローテンションがあって、その後は民映研事務局が兼任したり、アチック出身ボランティアが担ったように思う。吉野さんは民映研所員となり、出版社勤務の経歴を生かして報告書等の制作をはじめ、映像制作スタッフとしても活躍する。

二〇〇一年にはアチックを運営するアチック・クリエができている。手許の宣言文を見ると、同人に名を連ねたのは民映研内部（所員）と小倉美惠子さんたち外部（アチック参加者）の一四人だった。

『民映研通信』は八六年スタート、アチックや映像アンデパンダン、各地の民映研作品上映会のお知らせ、民映研の動向、姫田さんと識者の対談などを収めて、小林さん、吉野さんなどが編集のバトンをつなげて発行した。ここから『姫田忠義対談集〈1〉野にありて目 耳をすます』同〈2〉（はる書房、九六年）が生まれている。

また、二〇〇七年にはブログ「民映研ジャーナル」を姫田蘭さんが始め、今井（白石）千洋さん、小原さん、中川美帆さんがつなげている。岩井友子さんは千洋さんと「MIRU?・」という冊子を作成した。岩井さんは九八年に、武蔵野美術大学・生活文化研究会の仲間と民映研の白川郷での記録作業の手伝いに入り、九九年には自主制作者集団「放牧舎」を結成。以降、放牧舎は民映研の制作を支えていくことになる。民映研とは北海道二風谷で出会うべくして出会った。

八九年版「作品総覧」の編集協力にお名前のある福井さんは、発行時の事務局で〝京おんな〟のイメージが合うたおやかで芯の強い方だった。ここで事務局というのは、民映研の一般事務・経理・渉外等々を事務所に腰を据え、電話やファクシミリを受けながらこなす所員。須藤ゆきさん、山本則子さん、伊東琴さん、佐藤由紀子さん、浅井桂さん、大江純恵さん、千洋さん、美帆さんと事務局歴代のお名前を記すと、全員女性であることに気づいた。事務所は新宿(二ヶ所)から町田市鶴川、浅草橋と移転し、アチックに出入りする人も少なからず場所の影響を受けたと思う。

映像スタッフは、鈴木正義さん、中川邦彦さん、青原慧水さん、吉野さん、水野慶子さん、柴田昌平さん、由井英さん、今井友樹さん。映像スタッフでも事務局の仕事をしていたりもする。小川久美子さんは主に調査関係を担当していた。映像関係はフリーランスも多く、また、さまざまなシーンでボランティアが協力するというのが常だった。

事務局の千洋さんは、姫田忠義さんの書き下ろし『ほんとうの自分を求めて』(一九七七年)の復刊を企画した。筑摩書房の初版をスキャンして使うのではなく、希望者が原本のコピーを見て入力していくという参加型の構想だった。本人の魅力もあって賛同者を増やしていったが、二〇一一年一二月に千洋さんは若くして亡くなった。そして、一三年七月には姫田さんが八四歳で逝去。千洋さんのあとを受けて、刊行の中心となったのは高嶋敏展さんと今井友樹さん。石川陽春さん、海津研さん、繁村周さんが分担し、装幀・装画等を、谷崎信治さん、藤井洋子さんが校正を担当して、一三年一二月に「クリエ・ブックス編集室」から発刊、はる書房が発売元を引き受けた。発刊にあたって、姫田さんのご遺族の支援を得ているという。

大江さんは、ご家族で東京を離れて農業を始め、現在は岐阜県恵那市で「大江自然農園」を開いている。美帆さんは、「郷土映像ラボラトリー」を主宰、東京や横浜で民映研作品の上映会を開いている。

民映研出身のドキュメンタリー映画監督とその作品をあげれば、次の通りだ。

青原さとし（慧水）さん『土徳流離〜奥州相馬復興への悲願』『タケヤネの里』など、柴田さん『ひめゆり』『森聞き』など、由井さん『オオカミの護符〜山びとと里びとのあわいに〜』『うつしの世の静寂《しじま》に』など、今井友樹さん『鳥の道を越えて』、『明日をへぐる』（二〇二一年完成予定）など。テーマは違っても対象に耳を澄ませ目を凝らす姿勢は同じだ。クリエの小倉さんは、由井さんとプロダクションを設立している。

◎作品50「越後奥三面——山に生かされた日々」（八四年）をめぐって

話を八三年に戻すと、のちに民映研所員になった小川さんは、私と同じころにアチックに通い出していた。造園会社の環境アセスメント部門で植生調査をやっていたが、辞めたという。そんなわけで時間もあり、アチックで奥三面というダムで沈む山村の話を聞いて、一緒に訪ねることを決めた。

さて、三面に着くと、民映研が借りていた民家、通称「三面ハウス」に荷を置き、二人で「水道山」に登ってみることにした。澄み切った空のもと、家々と畑が、川が、林が、向こうの「前山」が目に映り、なんだか日本昔ばなしの世界を覗いているようで涙ぐんでしまう。ダムのため移転することはずっと前に決まっていたが、人の営みが感じられる平和で美しい風景だった。前年（八二年）七月には一〇〇名以上を集めて三日間のセミナー「羽越国境のマタギの村・三面に学ぶ——日本の山地自然と山村文化を見直そう」が開かれ、なかにはダム反対派もいたという話は聞いていたが、どこか別の地域のことかとさえ思った。

なお、奥三面というのは旧三面村の中心部から離れた三面川の上流域にあったことから呼ばれたという。大字は三面で、集落に一つある学校は三面小中学校である。澁澤敬三は昭和八（一九三三）年に調査に訪れ、「越後三面村」の映像記録を残している。

八四年に入って民映研の取材も終盤に近づいたころ、三面の高橋宏区長の願いから本を作ることになり、はる書房の古川さんと私も手伝うことになった。それが『山に生かされた日々――新潟県朝日村奥三面の生活誌』である。制作資金は一冊五〇〇〇円の予約購読で集めるという計画。調査チームが入っていたので、姫田さんは内容は心配していなかったと思う。関係者を中心に予約をとっていたが、姫田さんの友人の本多勝一さんが朝日新聞に紹介したことから申し込みが一気に増え、それに伴い姫田さんの構想は広がり、結果として判型もページ数も増大、発行予定の八月一五日を遅らせ、さらに遅れに遅れ、やっと一二月一二日の山の神の祭りの日に三面に届けることができたのだった。

内容は、調査チームがまとめた三面の生活技術のほか、三面の人の言葉と写真で追う四季の流れ、三面の人が携わった民具調査書などの抜粋、総戸数四二戸の各一頁の紹介など。お名前を載せた予約購読者が二〇〇〇人を超え、写真をお借りした方も多く、関わった人数はなにしろ多い。編集部にはいつものメンバーのほか、古沢広祐さん、田口洋美さんが所属、古沢さんは主に食の分野の、田口さんは主に山猟の分野の執筆者でもあった。この二人のほか映像アンデパンダンの講師中川さんも、調査メンバーで執筆者の一人。小川さんの同僚だった村上(前島)美江さんなども調査に加わり、校正は西岡さんや蜂須賀さんの友人の桜井真理子さんなどが担った。美江さんは女子美術大学出身、この本の図版の一部を担当、その後も「奈良田の焼畑」(作品58)、「からむしと麻」(作品63)などの報告書の調査・作図を行なっているが、郷里の前橋市に戻って竹皮編の伝統工芸士となった。青原監督の『タケヤネの里』でも重要な役割を果たしている。

本は予約購読料のおかげで写真や図版も多い〝豪華版〟となった。巻頭折込み観音開きの「行動領域図」は田口さんの調査が凝縮した力作だ。通常カラーは四色のところ五色刷り、作図は地図を扱う出版社に紹介された名人で、「頑固な職人だから夜には電話するな」と申し送りがあった。

その後、古沢さんは地域と地球の視点を持つ食・農・環境の研究者の道を歩まれ、國學院大學教授になられた。日本国際ボランティアセンター（JVC）、「環境・持続社会」研究センター（JACSES）などの役職に就く環境社会経済学の実践者である。

田口さんは三面をきっかけに山猟を軸に調査・研究をつづけ、九六年「狩猟文化研究所」を開く。九〇年三月、三面住民の集団移転先の一つ新潟県村上市で第一回「マタギサミット」を開催、昨年（二〇一九年）で三〇回を数える（二〇年は新型コロナ禍に鑑み中止した）。現在は東北芸術工科大学の教授で、同大学のサイトでは「山と人と動物を知る異色のフィールドワーカー」と紹介されている。

八四年の完成以降、「越後奥三面――山に生かされた日々」の上映会は、新潟はじめ各地で開かれてきた。二〇〇八年に十日町市（旧松之山町）の浦田で開かれた上映会は、小川さんたちが開催し、姫田さんとたまたま地元の駐在さんだった三面出身の小池悌二さんの対談が行なわれた。小川さんは三面の本作りなどを経て民映研所員になり、その後、退職して松之山町に移り住み、有機無農薬農業に取り組み、山間の棚田で天日干しの魚沼産コシヒカリを生産している。

ちなみに、一三年に始まった「民映研ドキュメンタリー十日町上映会」は、門脇洋子さんが「アチック・フォーラム銀座吉水」に行ったのがきっかけだ。このアチックは、宿屋の経営者中川誼美女将《おかみ》が〇八年から民映研事務所のアチックと並行して開いていたもの。自分が住む十日町市に元所員がいると聞いた門脇さんが小川さんを訪ねたことから、連続上映会が始まった。第一回は一〇月開催、図らずも姫田さんの追悼上映会となった。

門脇さんは学生時代に博物館実習の一環で十日町市にある「鉢の石仏」の民俗調査を行ない、その後も調査メンバーは当地の人たちと交流をつづけていた。調査時の分宿先の一軒は亡き夫が木挽きをしていた方の家で、調査を契機に妻自ら木挽きを中心に昔の道具類を集め、〇二年に自宅に展示室を開いていた。しかし、〇四年の中越地震で家は被災し、〇五年には本人が病に倒れ療養生活に入ったため、かつての調査メンバーが動いて、〇九年にはその家を「石仏・語らいの家」とした。そして、一〇年に門脇さんが移住して管理人になった。

一〇年には『山人《やまど》の話〜ダムで沈んだ村「三面」を語り継ぐ〜』（語り手：小池義茂さん、聞き手：伊藤憲秀さん、はる書房）が刊行された。この本は、伊藤さんが、樹木・環境ネットワーク協会「聚《しゅう》」が一九九八年に開いた上映会に参加、二〇〇〇年に姫田さんが発起した「奥三面に行こう」委員会の趣意を受けて、委員会の事務局長となった「聚」の澁澤寿一さんと事務局となった吉野さんたちとともに同年七月に映像作品・本に登場する善茂さんを村上市に訪ねたところから始まる。その年一二月に伊藤さんは村上市に転居して、聞き取りとスケッチを開始した。それをまとめたのがこの本だ。ちなみに、澁澤さんは榮一の曽孫《ひまご》である。

なお、〇三年には前年に林野庁・文部科学省共催で始まった「森の聞き書き甲子園」（現在「聞き書き甲子園」）の事務局機能を澁澤さんが引き受け、吉野さんも民映研から移り事務局長になる。〇七年には「共存の森ネットワーク」を立ち上げ、発展的に事業展開をしている。ポスターや報告書のデザイン・レイアウト等は岩井さん、樋口潤一さん、三橋彩子さん、吉田葉子さんら放牧舎のメンバーが担ってきた。今年（二〇年）の第一九回「聞き書き甲子園」（一一年に改称）は新型コロナ禍のなかでやはり中止している。柴田監督の『森聞き』は聞き書き甲子園のドキュメンタリーで、一一年に公開された。

◎「清太郎日記」と日本山村会議をめぐって

民映研の活動を振り返るとき、忘れてならないのは「清太郎日記」書き写しと日本山村会議の開催だと思う。書き写しは、作品❻❾「茂庭の炭焼き」（八九年）など茂庭シリーズ制作がきっかけだ。福島市教育委員会と民映研の共同事業として九〇年夏に始まった。

茂庭はダム建設で移転することが決まっていたが、ある日、岩振《なたぶり》集落に住まう加藤昇さんという方が姫田さんに父親の日記を見せた。昇さんの父親の清太郎さんは明治一二(一八七九)年生まれで、日記は明治三三年から亡くなられた昭和三八(一九六三)年までのもので総数四七冊。姫田さんは、この日記を知って、これを大学ノートに書き起こし、読めないところ意味の分からないところなどを当時八四歳の昇さんにうかがうというプロジェクトを考えた。そして、一年近くかけて、福島市民や東京勢計五三名で書き写しを終了。東京勢はアチックの常連や民映研のスタッフ、伊藤碩男さんの妻の由紀子さんや所員になる前の蘭さんなどが時間を見つけては福島に通った。

九二年からは書き写したノートと日記の照合作業を小川さん、吉野さん、那須正尚さんと私とで合宿形式で行なった。那須さんは映像の編集で実績のある方で、民映研の手伝いもこなし、三面の「山に生かされた」というタイトルの発案者と言われる。無人となった岩振集落の公民館で合宿をしていたときは水道が止められていたため、毎日ポリバケツを下げて川のそばの水場まで水汲みに行った。すると、朝靄のなかにカモシカが立っている。夜、公民館の戸口までカモシカの子がやってきたこともあった。地元の方の話では、果樹園にサルの群れがやってきて困っているという。人が引っ込めば動物が出てくる。いま、新型コロナウイルス対策での外出自粛がつづくなか、世界中でクマやシカの出没が伝えられている。野生生物、細菌やウイルス、人間とのせめぎあいの歴史を思う。

書き写し作業は『加藤清太郎氏の日記』という報告書にまとめられたが、さらに昇さんから聞いたお話の膨大な量のテープ起こしを民映研スタッフで行ない、語彙を拾って分類したカードを作成して一連の作業は終わった。

日本山村会議は、一九九八年に福井県今立町で第一回が開催されてから、二〇一一年「豊松祭時記」(作品6）ゆかりの広島県神石高原町で開催されるまで八回開催されているが、山村会議の起点は九六年の民映研創立二〇周年記念「ひだ白川郷セミナー」だという。

　白川郷セミナーは、作品99「コガヤとともに——世界遺産登録記念」（九六年）と連動するもので、民映研編集の『合掌造り民家はいかに生まれるか——白川郷・技術伝承の記録』（白川村教育委員会、九五年）も制作されている。調査と作図は高橋俊和さんと村上素子さんが中心となった。高橋さんは、でく工房に習い障害者の道具作りに従事したあと、木造伝統工法を学び、現在は都幾川木建《ときがわもっけん》という木造建築士事務所を主宰している。村上さんは二〇代半ばの若手建築家だったが、〇八年公開の青原監督の『藝州かやぶき紀行』の上映映画館で偶然お会いし、岩手県滝沢市で若葉デザインという一級建築士事務所を開いていることを知った。

　山村会議は、主催地の人々と民映研とその関係者が協同で準備して実行するのが特色だ。私が関わったのは、〇二年開催「第三回日本山村会議in阿仁『山人の世界へ』」（実行委員長山田博康さん、参加者約八〇名）、〇八年開催「第六回日本山村会議in三重・御浜　年中みかんのとれる町『15年後のわたしの暮らし』～熊野の恵みをかてに～」（実行委員長赤根正憲さん、参加者約八〇名）だ。参加者は全国からやってきて、テーマ別フィールドワークと全体会を二泊三日でこなす。山田さんは阿仁マタギの家に生まれ、現在、北秋田市議、はる書房の古川さんは御浜町の海産問屋に生まれ、当時は御浜町長。二人は一貫して地元を思い、都会と地元をつなぐ活動を行なってきた。御浜町の山村会議には、はる書房の社員で編集者の佐久間章仁さんも参加している。

　御浜町の山村会議で記しておきたいのは、福島県昭和村との交流だ。昭和村は当日も上映されたが、作品63「からむしと麻」（八八年）の舞台で、この作品も同村の菅家博昭さんと姫田さんの出会いから生まれている。会議初日には花き農家の菅家さんがカスミソウのブランド化について講演、さらに菅家さんと村役場職員の佐藤孝雄さんたち「なかよしバンド」のミニコンサートがあった。ちなみに、佐藤さんは八六年に撮影支援を目的に若者たちが作った「昭和ボランティア協会（ＳＶＡ）」の機関紙『じねんと』の創刊号からの編集人（九〇～九三年は菅家さんが代替）。一〇年前、役場職員を定年前に辞め、「ファーマーズカフェ大芦屋」を開店、今年（二〇二〇年）十一月には『じねんと』第４２６号を発行している。

◎時は巡りめぐって

八三年に民映研と出会って今日まで一定の密度でお付き合いがつづいたのではなく、三面、茂庭の時代は関係が濃かったが、時の流れとともにだんだん薄くなっていった。近年のことは書けなかったわけだ。また、周年記念のシンポジウムや作品のＤＶＤ化などをめぐる動き、受賞歴などの大きな出来事はいずれ民族文化映像研究所正史に記されることとパスした。

今回刊行される新版『民映研作品総覧 1970－2005 日本の基層文化を撮る』のレイアウトは、初版と同じく日戸秀樹さんが行なっている。『山に生かされた日々――新潟県朝日村奥三面の生活誌』のアートディレクターはブックデザイン界の重鎮である多川精一さん。実質的なレイアウトは弟子筋の日戸さんが担当している。白川郷の合掌造りの本のレイアウトも日戸さんだ。

古川さんは社長を佐久間さんに譲り、御浜町と東京を行き来する生活をつづけながら、大学時代の仲間と同人誌『限』を作っている。佐久間さんはいま、この新版の編集作業を担い、販売戦略を立てているところだ。

竹野さんは五三歳で亡くなり、でく工房は妻の節子さんが継いでいる。橋本さんはでく工房の実習生を経て八四年にこっぱ舎を設立した。私ははる書房を辞めたあとも編集稼業をつづけてきたが、二〇一一年のこっぱ舎法人化を機にメンバーとなる。四年前に節子さんに声をかけられて日本車椅子シーティング協会（ＪＡＷＳ）の監事をいっしょにやることになった。そうそう今年、はる書房の監査役にもなったのだった。

竹野広行さんたちの木考会に指物師の須田賢司さんがいた。彼は二〇一四年に重要無形文化財「木工芸」の保持者(人間国宝)に認定された。昨年、展覧会でお会いしたとき、人間国宝になると原則として作品作りの様子が、フィルムで記録されるのだと言って、民映研の話をされた。今年五月、「工芸技術記録映画　木工芸―須田賢司のわざ―」(文化庁製作・毎日映画社制作)が完成した。制作期間は足掛け三年だったという。

姫田さん、小泉さん、伊藤さんの三人が立ち上げた民族文化映像研究所はフィルムで基層文化を記録した。しかし、映像プロダクションにとどまるものではない。研究所であり活動団体であった。民映研を核に、さまざまな活動が行なわれ、多くの人を育てた。「作品総覧」の足許にいた人たちそれぞれのなかに、かたちを変えて「作品総覧」は生きているのだと思う。

そして、いま『民映研作品総覧』が復刊される。ほぼ全作品がＤＶＤ化され、貸出しが行なわれている。各地での上映会活動もつづく。伝統的な暮らしや技術を知りたい、自分たちのありようを見直すきっかけにしたい、地域おこしと結びつけるのが目的、面白いから……。それぞれの地で思い思いの上映会が開かれていることだろう。望んだわけではないが、新型コロナ禍は社会のあり方を変えると言われている。この「作品総覧」が、民映研を初めて知る人に、懐かしく新しい価値観をもたらすことを夢見てみたい。

(二〇二〇年十一月)

【おことわり】ここに書いたことは、手許にある書籍や冊子を基に記憶を呼び起こしたものである。ウエブ検索も参考にした。紹介すべき方々のお名前が見当たらなかったり、事実関係が間違っていた場合は何か意図したのではなく、紙幅の問題、あるいはミスや表現力のせいである。民映研五〇年の歴史のなかの限られた時代の極私的体験に基づくことをおことわりします。

執筆者プロフィール

姫田忠義（ひめだ・ただよし）
映画監督（ドキュメンタリー）
映像人類学／日本民俗学。一九二八年九月一〇日神戸に生まれる。
旧制神戸高商卒。
一九五四年上京し、新劇活動、テレビのシナリオライターのかたわら民俗学者宮本常一氏に師事。一九七六年、基層文化を映像で記録・研究する民族文化映像研究所（民映研）設立。同研究所所長。民映研の製作した映画作品は一一八本。ビデオ作品は一五〇本を超える。二〇一二年、同研究所名誉所長に就任。徹底したフィールドワークを基礎とするその活動は、日本記録映画史においてもユニークな立場を築き、海外の研究者からは「映像人類学」と捉えられている。二〇一三年七月二九日逝去。
主な受賞歴
一九八四年　日本映画ペンクラブ賞
一九八九年　フランス芸術文学勲章オフィシエール
一九九八年　第七回日本生活文化大賞個人賞
二〇〇六年　伝統文化ポーラ賞優秀賞
二〇〇七年　日本建築学会文化賞

小原信之（おはら・のぶゆき）

一九六〇年東京都港区に生まれる。日本大学芸術学部映画学科卒業。以後フリーランスの撮影助手を経てカメラマンとなる。フリー撮影助手で民映研と出会い、八一年鹿児島ロケに参加。作品㉝「鹿児島の正月行事」。以後いくつかの作品に携わり、八三年に作品㊿「越後奥三面——山に生かされた日々」の編集を担当、完成させる。それ以後、数作品のカメラと編集を担当する。民映研の株式会社時代二代目代表取締役を経て、現在は一般社団法人の民族文化映像研究所代表理事。

姫田　蘭（ひめだ・らん）

一九六五年東京都新宿区に生まれる。学生時代より記録映画・CM等の音楽制作で活動。二〇〇〇年頃より映像制作をはじめ、現在はコンサートや演劇の舞台収録を主に、ビデオ・写真の撮影、演出を行っている。一般社団法人民族文化映像研究所理事、「映像のまち・かわさき」推進フォーラム理事。

伊藤碩男（いとう・みつお）

一九三三年東京市本所に生まれる。日本大学文学部歴史学科に入学するが五八年に中退。PR映画などの照明技師として活動、のちにカメラに転向、六二年より記録映画の撮影を担当する。元日映の撮影者、浅井達三より多くを学ぶ。六一年、姫田忠義と対馬での調査、記録活動を行ったことで自主制作を決意、七〇年に作品❶「山に生きるまつり」を演出・撮影したことが契機となって、七六年姫田、小泉修吉らと民族文化映像研究所を設立。自身の監督作品でも撮影をすることが多く、〝技術屋〟を自認。作品❷「アイヌの結婚式」（七一年）はイタリア・ポポリ映画祭で入賞している。

著書に『〈風土と歴史をあるく〉西表島：森と生きものたちの詩』（日本観光文化研究所編、そしえて、八三年）、『〈ブルーガイドブックス145〉南九州・奄美』（実業之日本社、八一年）がある。

澤幡正範（さわはた・まさのり）

一九四七年東京都文京区に生まれる。フリー記録映画カメラマン。元民族文化映像研究所役員。七一年作品❷「アイヌの結婚式」以降、民映研作品一一八作品の約半数の撮影を手掛ける。九六年民映研作品⑩⓪「シシリムカのほとりで——アイヌ文化伝承の記録」で、一九九七年度第六回日本映画撮影監督協会JSC賞スピリット賞受賞。八七年日本映像記録センター作品「ギサロ——カルリ族の歌宴」でイタリア・ポポリ国際記録映画祭審査員特別賞受賞。二〇〇六年プロダクション・エイシア作品「ひめゆり」（平成一九年度文化庁映画賞文化記録映画大賞他）、二〇一四年工房ギャレット作品「鳥の道を越えて」（一五年第五六回科学技術映画祭内閣総理大臣賞他）の撮影を手掛ける。

■上映会について

＊日本各地に民映研作品を継続的に観る上映会活動があります。また映画祭で上映される機会もあります。

＊上映会の開催は、Facebook：「民映研」で随時告知しています。

■レンタル DVD のご案内

＊ 16mm カラーフィルムの民映研作品をデジタル変換した DVD をレンタルしています。

＊1本 8,800 円〜2万 2,000 円（税込）、送料別途実費。

＊各々1回の上映権付きです。

＊レンタルを中止している作品もあります。お問い合わせください。

＊お問合せ・レンタル申込み先

minneiken@alpha.ocn.ne.jp まで〔担当：箒(ほうき)〕

民映研作品総覧 1970-2005——日本の基層文化を撮る

2021年11月30日　初版第1刷発行

編　集　民族文化映像研究所

発行所　株式会社はる書房
〒101-0051 東京都千代田区神田神保町1-44 駿河台ビル
電話・03-3293-8549　FAX・03-3293-8558
http://www.harushobo.jp
郵便振替　00110-6-33327

組版・装幀　日戸秀樹

印刷・製本　宏和樹脂工業株式会社

ISBN978-4-89984-189-0